武术运动训练的多维探究

孙秋燕　著

吉林文史出版社

图书在版编目（CIP）数据

武术运动训练的多维探究 / 孙秋燕著 . — 长春 ：
吉林文史出版社，2024.10. — ISBN 978-7-5752-0577-1

Ⅰ.G852.02

中国国家版本馆 CIP 数据核字第 2024PP1807 号

武术运动训练的多维探究

WUSHU YUNDONG XUNLIAN DE DUOWEI TANJIU

著　　者：孙秋燕
责任编辑：蔡屹婷
出版发行：吉林文史出版社
电　　话：0431-81629359
地　　址：长春市福祉大路 5788 号
邮　　编：130117
网　　址：www.jlws.com.cn
印　　刷：河北万卷印刷有限公司
开　　本：710mm×1000mm　1/16
印　　张：14.5
字　　数：236 千字
版　　次：2024 年 10 月第 1 版
印　　次：2025 年 1 月第 1 次印刷
书　　号：ISBN 978-7-5752-0577-1
定　　价：88.00 元

前 言

　　武术，作为中国传统的体育项目之一，其历史可以追溯到古代，是中华民族智慧的结晶。近年来，随着中国文化的全球化推广，武术作为文化传播的重要载体，越来越受到国际社会的关注和欢迎。中国政府高度重视武术的传承和发展，将其作为国家非物质文化遗产进行保护，并推动其教育和体育实践在国内外的普及。从专业角度看，武术不仅是体育运动，也是一门包含丰富哲学、战术、艺术等多个元素的综合学科。当前，武术教育在全球多个国家的学校和体育机构中开设。然而，武术在教学和训练实践中仍面临一些挑战，如训练方法的科学性、系统性不足，以及与现代体育科学不接轨等问题。为了提高武术训练的专业性和效果，需要深入研究现代体育科学的理论与方法，创新和完善武术的训练体系。本书的写作意图是将传统武术与现代体育科学相结合，提供一套系统的理论和实践指导，以支持武术教育和训练的专业化发展。本书详细阐述武术的基本功、套路、散打等多方面的训练方法，旨在帮助教练员和运动员提高训练效果，优化技能发展。此外，书中也注重武术文化的传承与创新，探讨如何在尊重传统的基础上，融入现代科学技术和教育理念，促进武术的全面发展和国际化进程。

　　全书共分七章：第一章介绍武术的相关概念、内容与分类，以及不同流派的特点，旨在为读者提供一个全面的武术基础知识框架。第二章追溯中华武术的起源，分析武术从古代到现代的演进历程，帮助读者理解武术发展的历史脉络和现状。第三章详述武术功法训练的目标、原则和多元价值，探讨训练的分类与有效方法。第四章聚焦于武术散打及其训练实践，包括散打的特点、训练原则以及身体和技术训练的具体内容。第五章专注于武术套路及其训练实践，从基本功到专项力量训练，以及提升身体柔韧性、协调性和灵敏度的方法。第六章探讨武术兵道的历史和现代化演进，讨论兵道的得分标准及技术动作，以及训练要点。第七章提出对武术运动训练的思考与展望，涵盖运动损伤的处理、营养学视角下的能量消耗与补充，以及现代信息技术在武术训练中的应用。

　　本书的特色在于其全面性和实用性。不仅回顾了武术的历史演进，还融入了现代训练理念和科技的最新成果，使之成为一部理论与实践并重的教程。书中的训练方法和理论依据均来自资深武术教练和体育科研人员的长期研究与实践经验。

　　本书适合武术教练员、运动科学研究人员、体育教育工作者以及广大武术爱好者阅读。本书观点客观、剖析全面、通俗易懂，既适合专业人士阅读，也适合对文创产品开发感兴趣的普通读者。由于时间、水平有限，书中难免存在疏漏之处，恳请广大读者批评指正，以便我们在未来的研究中不断完善。我们相信，本书将为您带来新的思考，为您的事业和生活带来更多的帮助。

目　录

第一章 概 述

第一节 武术相关概念诠释

自古以来，关于武术的命名众多，如"拳勇""武艺""技击"以及"技巧"等多种表述。当前，媒体上对"功夫""国术"与"武术"三词的使用频繁且交叉，常将"功夫"和"国术"的定义与武术的定义视为同一概念。针对三个术语的内涵与外延是否具有同一性，以及三者之间是否可以互相替换的问题，武术学界迄今为止鲜少有系统性的研究与讨论。本节对此进行初步的探讨，旨在抛砖引玉。

一、武术

武术是指通过系统训练与实践，将身体技巧、战术策略、精神修炼等有机结合的综合性技艺。中国武术的历史可以追溯到古代，早在商周时期，人们就开始用拳术和兵器作为防身和战争的手段；春秋战国时期，随着战争的频繁爆发，各种武术技艺得到进一步的发展和实践；秦汉时期，武术与军事训练密切结合，成为士兵的重要技能；唐宋时期，随着经济文化的繁荣，武术逐渐走向民间，形成了许多流派和门派。古代的武术主要作为军事训练和防身自卫的手段，在战争和社会动荡时期得到了广泛应用。在中国古代，关于武术的术语并不统一，人们更多地使用"拳术""技击""武艺"等词语来描述各种身体技艺和战斗技巧，直至19世纪末至20世纪初，在西方列强的侵略和内忧外患的冲击下，中华民族的自强意识不断增强，"武术"作为一种防身自卫的技能和民族精神的象征，"武术"一词才逐渐被广泛采用并形成系统的概念。

南朝梁武帝的长子萧统编纂的《文选》是中国文学史上的一部重要文献。

在这部作品中，出现了"武术"一词。然而，这里的"武术"更多指代的是军事技艺和武备之术，而非现今所理解的武术概念。在中国古代，武术的概念经历了漫长的演进过程。早期，武术主要是指与军事相关的技艺，涵盖了兵器的使用、战斗策略和战场技法。例如，战国时期的《孙子兵法》和《吴子》等兵书中，虽然没有明确提到"武术"一词，但描述了许多军事技艺和战斗策略。后人将"武术"一词作为自卫强身之术的专门用语，从词源学角度来看，在古汉语中，"武"字通常与勇力和军事相关，原意指"止戈为武"，即用武力停止战争和暴力，是从"戈"（古代兵器）的形象和"止"（停止）的意义合成，强调通过武力确保和平与秩序。"术"是技巧或方法，涵盖了各种手艺、技能和操作方法。这个字由"木"（表示相关工具或材料）和"尤"（表技能）构成，原本用来指代技艺和操作的具体方法。在古代中国，"术"广泛应用于描述各类专业技能，包括医术、占术等。将"武"与"术"结合，原本表达的是通过特定技巧和方法执行的武力应用，也就是说，武术并非简单地使用武力，而是强调技巧和方法的应用。

中华人民共和国成立后，武术被正式确立为体育运动项目，并明确称之为"武术"，在此之前，武术主要被视为传统的武力应用和自我防御技艺。随着中华人民共和国的成立，武术得到了蓬勃发展，党和政府也非常关心武术的传承与发展，并逐步使武术规范化和体系化，不仅在国内得到广泛的推广和普及，还在国际舞台上展现出独特的魅力和影响力。武术逐渐被纳入学校体育课程，成为青少年体育教育的一部分，通过这种方式，武术的基本技能和理念得以广泛传播，同时促进了青少年的身体健康和道德培养。为了更好地推广武术，政府和体育相关部门开始组织各种形式的武术比赛和表演活动，提升了武术的竞技性，增强了武术的观赏性，使武术逐步成为一项受欢迎的国际体育运动。

二、功夫

"功夫"一词在全球范围内极具影响力，是中华文化的精粹。在世界文化中，功夫被认为是"武术文化"的象征，其魅力在于动作的力量和美感以及其背后深厚的文化内涵。功夫中融合了中国先哲们对生命和宇宙的思考，是中国人民通过长时间的实践和创新，逐渐积累和完善的。刘峻骧在其著作《中国武术文化与艺术》中提到，功夫这一术语是由一位法国传教士自广东传播至欧洲的，这种文化交流使得自 20 世纪 70 年代起，"功夫"二字在全球范围内广为人知，不仅与中国武术紧密相连，还成为国际认可的文化标志。[①]

对于"功夫"的理解，学术界尚无统一的定义。从广泛的网络资源和文献分析来看，关于功夫的解释主要集中在两个方面。

一方面，功夫是武术的代名词。将"功夫"等同于中国武术的观点源于武术本身在国际上的传播途径。自 20 世纪中叶以来，随着东西方文化交流的加深，中国武术通过电影、书籍和武术展演等方式被介绍给世界。特别是通过影视作品的广泛传播，如李小龙和周星驰等作品，使得"功夫"一词快速流行并广泛被接受为指代中国武术的专有名词。

李小龙是现代武术的革新者，他的影响力来自他对功夫实用性的强调以及对不同武术流派的融合。李小龙提出的"截拳道"，强调无形的、适应性强的战斗哲学，突破了传统武术对固定形式的依赖，注重实战中的效率、速度和直接性，他的电影作品，如《猛龙过江》和《龙争虎斗》，将中国功夫的概念传播到全球的每一个角落。李小龙将功夫的理念推向实用性与个人表达的结合，他的许多思想，例如"像水一样思考"，强调适应性、流动性和形式的无拘无束，这些都深刻地影响了他的追随者和广大的电影观众。周星驰的电影《功夫》（Kung Fu Hustle）则以戏剧化且充满幽默感的方式重新诠释了功夫的概念，影片通过夸张的动作和特效，将传统功夫的元素与现代电影技术相结合，创造既奇特又引人入胜的视觉体验。《功夫》中的功夫概念超越了简单的武术技巧，虽然带有幻想色彩，却有效地传达了功夫的深层文化含义，即真正的力量来自内心的平和与坚持到底的精神。

另一方面，功夫可以说是达到了一定的境界的某种技能。在广义的理解中，"功夫"不再局限于武术的范畴，而被视为修炼和实践过程，涵盖艺术、学术、手工艺以及其他技能。例如，画家长时间地研究和实践画技，不断地探索和创新，最终能够在画布上自如地表达自己的想法和情感，画家在此过程中所获得的高水平绘画技能和独特的艺术表达能力被称为"功夫"。同理，科学家不断地研究、实验和思考，对某一科学领域有了深入的理解和创新的贡

---

① 刘峻骧.中国武术文化与艺术[M].北京：新华出版社，1991：24-27.

献，这种科学探索和成就也是一种"功夫"。无论是画家，还是科学家，他们对功夫的理解强调了时间和努力的重要性，功夫在这里不仅是简单的技能或者动作的熟练，更深层次的含义在于通过长期不懈的努力和持续的自我提升，达到技艺和认知的高度，这种理解与传统中国文化中对"修身养性"的强调相辅相成，坚持认为个人的成长和成就需要长时间的坚持和努力。此外，将功夫视为达到一定技能境界的过程，也与现代社会对专业化和精细化工作的需求相契合。在任何专业领域，无论是艺术、科学还是商业，高水平的成就都需要深厚的基础知识、丰富的实践经验和持续的创新能力，都是"功夫"的现代演绎，是个体在其专业领域的精进和专业化的成果。

三、国术

国术是中华民族文化的重要组成部分，国术的称谓，强调其在强身、诚意、正心、明智等方面的作用，以及术德并重、内外兼修的理念，是一种实战性极强的武术，其核心在于实战应用，而非单纯的表演。在中国文化中，武术被视为术或艺，而非简单的体育运动，这种区分深植于中国哲学的根基之中，特别是对"道"的理解。

在中文语境下，"道"常被视为宇宙万物的根本法则，是包容一切的存在。由于其包罗万象的特性，"道"在中国哲学中占据极其重要的地位。作为技能和修养方式的国术并未涵盖生命和宇宙的全部方面，因此较少与"道"直接相连，而是被称为"术"或"学"，这里的"术"意味着具体的技巧和方法，强调的是技能和实践。国术在中国也常被称作"武艺"，强调武术不仅是身体锻炼，更是一种艺术形式，突出了武术的技巧和美学维度，提升了其在文化和哲学上的价值。这种理解和表述在公众中常有误解，许多人将国术视为武术，即身体上的技巧和对抗，有些人甚至将其误称为"舞术"，看作是表演艺术，这种观点忽视了国术深层的文化和哲学意义，没有理解国术所代表的是涵养身心、提升个人精神与道德层面的修为。国术中的"国"，不仅指国家，而且是对国民身体和精神强健的期许，与中国传统的强身健体思想相连，强调通过提升个体的能力和道德来达到强国的目的。而"术"在这里，既是技巧的展现，也是通过实践技巧来养成良好品德的过程。因此，练习国术能够强健身体，提高自我防御能力，并且在身体上得到锻炼，精神和道德层面得到提升，反映了中国传统文化中"修身齐家治国平天下"的理念。

国术的历史渊源深远，可以追溯至古代人类的原始生活和生产活动。原始社会，生产力极其落后，人们主要依靠狩猎和采集来维持生活，在这种环境下，人类不得不与自然环境中的各种野兽作斗争，以争取生存与食物，斗争过程中往往需要使用简单的工具，如木棍、石头等，同时涉及徒手格斗的技巧，这些基本的防御和攻击技巧，虽然起初是出于本能和自发性的，但逐渐积累和传承下来，形成一套较为系统的战斗和自卫技能。随着历史的发展，原始的格斗技术在实战中得到应用，更在社会和文化活动中发挥了重要作用。例如，在古代的部落冲突和战争中，这些技能是战士必备的生存技术。同时，在和平时期，这些格斗技能也被用于狩猎和体育竞技等，逐渐演化为训练身体和精神的方法。特别是在中国历史悠久的文明中，武术不仅停留在实用的层面，更重视精神、道德和哲学的修养。武术训练强调"内外兼修"，即内修心性与外练身体，与道家的"无为"和儒家的"中庸之道"等哲学观念相结合，使得武术成为集体育、战斗、艺术于一体的独特文化形式。在全球范围内，虽然每个文化都有其独特的格斗技术，如西洋的击剑、拳击，或是东南亚的泰拳等，但国术的独特之处在于其深厚的文化内涵和哲学基础。

使用"国术"一词指代中国武术，在历史和文化语境中确实具有一定的正当性，但这一术语的广泛含义也带来了概念上的模糊和混淆。在中国文化中，"国术"不仅可以指代武术，也可泛指书法、绘画、音乐、雕塑、刺绣、针灸等的各种传统艺术和技艺，广泛的定义使得"国术"在专业性和精确性上存在不足。将武术称为"国术"容易引发关于这一术语所涵盖内容的误解。在不同的文化和历史背景中，"国术"被理解为各种不同的国家传统技艺，这种模糊的范围不利于武术作为一门独立体育和文化项目的推广和传播。例如，在国际交流中，如果使用"国术"来代表武术，会使非中国文化背景的人难以理解其指代的具体内容，从而影响武术的国际形象和普及。与此同时，"国术"一词具有较为浓重的民族主义色彩和历史痕迹，在某种程度上限制了武术的普遍性和国际性。在全球化背景下，强调武术的"国家"属性会无意中将其局限于中国特定的文化范畴内，而不是作为全球性的体育运动来推广，极有可能会减少武术在国际体育场合中的吸引力，限制其作为现代竞技体育的发展。更重要的是，关于"国术"的定义和界定问题，如果不能明确其专指的是武术，那么在学术研究和教学实践中容易引起混淆。学者和教练在传授或研究"国术"时需要额外说明其具体指向哪一种或哪些技艺，这种额外的解释需求减少了术语的便利性和实用性。综上，为了保持武术在国际文化和体育实践中的专业性，建议继续使用"武术"这一术语。

第二节　武术的内容与分类

武术是一门具有深厚历史与文化底蕴的体育活动，涵盖广泛的技艺和种类。在武术领域，若从组织和机构的视角出发，武术团体通常表现为各种门派；从传承与特色技艺的维度来探讨，武术团体则体现为不同的拳种和套路。门派强调的是更加鲜明的社会关联性，拳种与套路则更加聚焦于技术与艺术的展现，两种分类方式虽从不同的视角进行划分，却在实践中相互融合，交叉存在。

依据武术的运动形式可划分为三个主要类别：功法运动、套路运动以及格斗运动。[①]

一、功法运动

功法运动是武术众多分类中的重要分支之一，它专注于通过单一的武术动作或一系列相关动作的反复练习，以达到增强体质、提升身体某些特定能力的目的。

在功法运动中，分为内壮功、外壮功、轻功和柔功等几大类。

（一）内壮功

内壮功主要强调通过内部练习，如呼吸、气息的调节和精神的集中，来增强内脏的功能和提高身体的内在能量。内壮功与中国传统的气功相似，要求在静态或缓慢动作中寻找和调节体内的气流，故称为"气功"。

（二）外壮功

外壮功着重于肌肉和骨骼的锻炼，通过一系列外部动作的训练，如拳打、

---

① 张娟娟.武术功法内容的分类研究[D].哈尔滨：哈尔滨师范大学，2011：1.

脚踢、身体抗击等，来增强身体的外在力量和耐力，也称"硬功"。外壮功直接关系武术实战能力的提升和身体防御能力的强化。外壮功的练习通常较为激烈和动态，需要练习者具备高度的体能和良好的体力基础。

（三）轻功

轻功主要训练跳跃、翻滚和身体的轻盈性，强调通过特定的体术训练，能够帮助武术者在复杂的战斗环境中快速移动和避险。轻功在对抗和表演中尤为重要。

（四）柔功

柔功侧重于身体的柔韧性和延展性，通过拉伸和柔化筋骨来提升身体的柔软度和可动范围。

二、套路运动

套路运动被定义为综合性训练方法，其核心在于采用武术技击动作为基本素材，通过攻击与防御的交替、动作的快慢变化以及刚柔和虚实的相互转换，遵循矛盾运动的变化规律。套路运动主要包括三种形式：单人套路、对练及集体演练。在单人套路中，又分为拳术类与器械类，均各具特色。

（一）单人套路

1. 拳术

包括长拳、太极拳、南拳、形意拳、八卦掌、八极拳、通臂拳、翻子拳、劈挂拳、少林拳、截脚拳、地躺拳、象形拳等。

（1）长拳

长拳是查拳、华拳、炮拳、花拳等在内的多种拳术的总称，该技术以其舒展的姿态和灵活的动作而著称，特点是快速而有力，节奏清晰，涵盖跃起、翻滚、闪躲及多种复杂动作和技巧。查拳、华拳等各具特色的拳种均展现出独特的技术属性和运动风格，对运动者的肌肉和韧带的柔韧性及弹性有着较高的要求。因此，练习长拳可以提升肌肉和关节的灵活性与弹性，尤其是脊柱的柔韧性。长拳的运动往往涉及大肌肉群的活动，要求较大的肌肉活动量和快速的动作，对肺活量也有较高的要求，对增强心脏和血管循环系统以及呼吸系统功能有着积极影响。长拳的复杂结构，如伸屈、旋转、平衡、跳跃、翻腾和跌扑等，对中枢神经系统的平衡器官及神经与肌肉的协调能力提出了较高的要求，促进了相关系统和器官的功能，全面提升了运动者的身体素质。

（2）太极拳

太极拳是中国传统武术中的著名拳种之一，归属于内家拳的短打类别，其命名源于中国古典哲学中的"阴阳学说"，体现为柔和、缓慢以及流畅的动作，寓意着阴阳之间的开合、虚实、呼吸、柔刚及速度变换，进而显现阴阳对立统一的哲学思想。在太极拳的实践中，基本技术包含掤、挤、捋、按、采、挒、肘、靠、进、退、顾、盼、定共十三势，是太极拳的核心框架。随着时间的推移，此拳种衍生出陈式、杨式、孙式、武式、吴式五大流派。其中，陈式太极拳为历史最为悠久的流派，杨式、孙式、武式、吴式等其他流派均是直接或间接地基于陈式太极拳发展而来。太极拳的共性特征表现为动作的柔和与缓慢，动作间常带有弧形，形成连绵不断的动作流，实现动作的连贯与统一。尽管如此，各个流派的太极拳也各具独特的风格和特色。从生理健康的角度考虑，太极拳对人体的中枢神经系统、呼吸与心血管系统、消化系统及骨骼肌肉等运动器官均具有积极的影响。太极拳强调以意识引导动作，并要求配合均匀而深沉的呼吸。① 因此，练习太极拳不仅能促进全身血液循环，而且能够避免呼吸急促，使身心得到舒缓，精神状态也随之焕发。

（3）南拳

南拳主要流行于中国的南方地区，南拳的技艺和风格多样，其中较为典型的包括广东南拳和福建南拳。广东南拳以简洁实用著称，动作较为直接和迅速，注重实战，强调短打快攻，其技法多以短距离的冲击和爆发力为主。南拳的形成与广东地区的社会环境有关，历史上广东多为商贸繁华之地，民间自卫和抗争活动频繁，因此，发展出了适合快速解决冲突的武术风格。福建南拳则在技术上更为复杂，包含更多的腿法和跳跃动作，动作上也更为圆滑和连贯。福建南拳的特点是运动范围广，动作大而不失稳重，其流派如五祖拳、白鹤拳等均有鲜明的特色。南拳与福建山区多、地形复杂的环境有关，拳法在提供自卫之余，适应了复杂地形的需求。总的来说，南拳的一般特点是强调内外兼修，即注重内功的培养和外部技法的精练，其拳理讲究"以柔克刚"，在实战

---

① 吴洪革．关于太极拳"心静体松"及"以意导体"[J]．黑龙江农垦师专学报，1995：94．

中灵活运用，能根据对手的力量和动作变化进行相应的调整和应对。

（4）形意拳

形意拳是建立在三体式的基本姿势上，包括劈拳、崩拳、钻拳、炮拳和横拳五种基本拳法，拳法简练而富有力度，每个动作都强调以直接、简洁的方式达成攻防的目的。更为独特的是，形意拳借鉴了龙、虎、猴、马、鼍（水龙）、鸡、鹞（鹰类）、燕、蛇、骀（大鹿）、鹰和熊等十二种动物的动作形态，在模拟动物动作的过程中理解力量的运用和体能的协调。形意拳的动作追求直接和效率，其发力沉着而强劲，动作朴实而明快，讲究力从脚起，经由腿传、腰导、肩发、手出的顺序，将体内潜在的力量转化为实际的攻击力。此外，形意拳重视意的导引，即内在意识的驾驭和外在动作的统一，体现了内外合一的训练理念。

（5）八卦掌

八卦掌是以掌法和步法的灵活转换为主，深受道家思想的影响，其训练套路主要围绕八种掌法和四种步法展开，包括单换掌、双换掌、双撞掌、穿掌、挑掌、翻身掌、摇身掌及转身掌等，每种掌法都有其独特的应用场景和战术意图，共同构成八卦掌的基础攻防体系。其基本步法包括起步、落步、扣步和摆步，有助于在实战中迅速调整位置，灵敏应对各种攻击。八卦掌的实践特点可以概括为四个方面：首先是步法的连续性和变化性，即"一走"，要求行者在实战中步法连续，随时应对变化；其次是"二视"，行者需要随时注意观察对手的动向，以便作出快速反应；再次是"三坐"，即在移动中保持身体的稳定性，这种稳定是通过充分发挥下肢力量实现的；最后是"四翻"，指的是在对抗中灵活运用身体的翻转和扭转，以达到躲避和反击的目的。

通过在圆形的行进路径上不断走转，使每一势与下一势自然衔接，形成连绵不断的攻防过程，为下肢力量和身体平衡的控制能力提供了良好的锻炼条件。

（6）八极拳

八极拳，又称为八极门或巴子拳，是中国北派武术的重要流派之一，起源于清朝末年，由东北武术家丁福保创立。八极拳以其独特的发力方式和强烈的爆发力闻名，是一种注重内外兼修、以硬直线攻击为主的拳术。八极拳的技术特点包括短打、贴身、直线进攻，其招式快速、猛烈且连贯，以直冲直撞的攻势著称。练习八极拳的特点是"开门八极"，动作开展过程中需要配合呼吸，力从脚起，经过腿、腰、背、肩传至臂和拳。此外，八极拳的步法灵活，稳健而富有变化，强调以步定身，以身定手，手脚身法和呼吸紧密结合，以达到发力的最大化。八极拳训练有助于增强拳手的身体力量和耐力，提高反应速度和协调性，是非常实用的自卫技巧。

（7）通臂拳

通臂拳以独特的掌法和身法运动为核心，融合摔、拍、穿、劈、攒五种基本掌法，并辅以圈揽勾劫、削摩拨扇等八种技法。通臂拳的运动特点十分鲜明，包括以掌为主要攻击手段，在实战中灵活变换，点手成拳后，再恢复为掌的形态；甩膀抖腕的技巧使得拳法在实施时能够放长击远，发力方式冷弹而脆快，给对手造成突然而强烈的冲击。在练习通臂拳时，动作需要大开大合，两臂应松沉，以保持动作的流畅性和力量的连贯性。整个套路中，双臂交替劈出，通过复杂的交织变化，配合胸部含挺、拧腰和切髋的身法动作，从而形成气势贯通的视觉和实际效果。因此，该拳法锻炼了拳手的腰、背、肩、肘、腕和髋部的柔韧性和灵活性，同时提高了身体各部位的协调性和整体力量。

（8）翻子拳

翻子拳以其动作短小精悍、结构严密紧凑而闻名，以连续性和快速的动作变换为特点，强调力法的脆快和拳法的连贯性。翻子拳的套路丰富，包括站桩翻、萃八翻、掳手翻等，每种套路都具有其独特的技巧和应用，短时间内迅速发力，形成攻防一体的战术体系。翻子拳的核心特点在于其往返连环的动作设计，步法迅速而手法敏捷，拳法之间的紧密连接以及上下翻转的灵活性，使得整个拳路如同流水一般，一气呵成，常被形容为"双拳密如雨，脆快一挂鞭"。练习翻子拳能有效提升练习者的反应速度、协调性以及肌肉的爆发力，也有助于增强心肺功能，提高整体体能。

（9）劈挂拳

劈挂拳的技术特点在于长距离的直线攻击和大幅度的动作开合，能有效地在实战中扩大攻击范围和增加打击力度，兼顾长击与短打的技术需求，能够根据对手的距离和动态灵活调整攻击策略。在具体的练习中，每一招式都必须拧腰切胯，即通过腰部和胯部的紧密配合来发力，有效地提升力量的传递效率。同时，溜臂合腕的技巧要求在动作实施中手臂要保持流畅的运动，腕部的灵活运用则是确保招式精准有效的关键。劈挂拳与通臂拳在锻炼价值方面极为相似，尤其是在增强身体柔韧性、力量和协调性方面。劈挂拳可以提高练习者的整体身体条件，尤其是提升核心力量和下肢力量，还能通过高强度的身体训练，达到提升心肺功能和整体体能的效果。

（10）少林拳

少林拳起源于河南省少林寺，其历史悠久且富有传奇色彩。少林拳包括多种拳法，如罗汉拳、太祖拳、五行拳、小洪拳和大洪拳等，每种拳法都有其独特的技巧和应用场景，通常以模仿罗汉像的姿态、动物的动作或古代战场上的格斗技巧为基础，融合了力与美的展示。少林拳的特点在于其动作的大开大合，力量的爆发性强，速度快且重视硬功的修炼。拳法中融入了跳跃、翻滚、踢打等多种复杂的体术动作，练习者需要具备极高的身体协调能力和力量控制。少林拳十分注重内外兼修，通过各种呼吸法和冥想技巧，增强拳手的内在力量和精神集中能力。练习少林拳的要求非常严格，需要练习者具备高度的纪律性和毅力。初学者必须从基本的站桩、步法和基础拳法开始，逐渐过渡到更复杂的套路和应用技巧。在此过程中，不仅锻炼了拳手的身体，增强了肌肉力量、灵活性和耐力，还提高了精神层面的耐力和专注力。

（11）截脚拳

截脚拳是一种独特的中国传统武术形式，其重视腿部技巧的训练和应用，基本腿法包括飘、跛、蹶、撩、圈、抹、跺、戳、提、点、抖、踹等多种动作。截脚拳的练习突出表现在其步法和腿法的密切配合上。在训练中，练习者每个前进或后退的步法都伴随着一次腿法的发力，形成连环踢打的效果，不仅增强了腿部力量，也提高了腿法的准确性和时机把握能力。在实际应用中，能够灵活地左右互换，实现连续的攻防转换。通过持续的腿法训练，可以提升下肢的力量和灵活性，尤其是对腿部肌群的强化作用非常明显。同时，复杂的腿法动作也促进了练习者脚踝、膝盖以及髋关节的灵活度，对于提高整体的身体协调性和反应速度具有重要作用。

（12）地躺拳

地躺拳是集跌扑滚翻技巧与拳术攻防动作于一体的套路性拳术，具有极高的技术难度与技巧性，在增强人体的力量、柔韧性及速度灵敏度等身体素质方面具有突出作用。

（13）象形拳

象形拳致力于模仿各类动物的独特特性和形态，以及重现某些古代人物的战斗姿态，诸如"鹰爪拳""螳螂拳""猴拳""蛇拳""鸭形拳""醉拳"等均为象形拳的代表作。此拳种主要分为两类：一是仿形，即主要仿效动物及人物的外形，技击成分较少；二是取意，即主要借鉴动物的格斗本能，以增强拳术中的技击元素。总体而言，象形拳是一种风格别致的拳术，在练习时要避免过度模仿，应突出武术的实战应用，体现攻防技巧，在培养练习者的形象思维与艺术意境方面，亦具有一定价值。

（14）鸭形拳

鸭形拳是历史悠久的中国拳术之一，属于象形拳的范畴，是中国民间较为鲜为人知的拳种。其起源有多种说法，但流传较广的版本主要有两种。一种说法认为，鸭形拳起源于明朝，由峨眉山的陆雅道人创编。他在山中鸭池边观察鸭群的种种形态动作，将观察结果与拳术的基本功法相结合，从而创编出了鸭形拳。另一种说法则指出，鸭形拳实际是由天津武术名家李恩贵在清朝末期创造的，他通过多年对群鸭的观察，将鸭子入水、出水、争食、抖毛、搏斗等动作融入武术之中，形成了独特的鸭形拳法。鸭形拳的演练要点在于以内劲为主，进步以踩劲为主，抖膀则以寸劲为主，要求刚柔相济，形象活泼。其动作特点主要体现在模仿鸭子的形态上，如两臂自然甩动，双腿交替前行，脚蹬撩踢，身体前后左右摆晃等。手法上，鸭形拳以掌法为主，包括勾、搂、托、插、穿、摆、披、掷等多种变化，前撩后拨，左右伸按，柔中带刚。步法上，则包括弓步、虚步、行步、拖步、击步、盖步、挤步、跳步、辗转步等多种，多处于半蹲状态，要求腿部功力要好，同时注重下盘功夫的练习。在实战技击中，鸭形拳避实就虚，非常灵活。它要求手、眼、身法、步法协调一致，手随心转，眼随手到，步随身转。手掌撩到之处，力量很大；后摆打掌劲道很足；掌指所到之处，顿挫之力也甚强大。因此，尽管鸭形拳的拳法套路看起来有些滑稽，却具有很强的实战性。

①鹰爪拳

鹰爪拳是中国北派武术中的独特流派，起源于明朝，专注于抓和摔技巧的武术形式，拳法模仿鹰的猎物行为，特别是其锐利的爪和凌厉的攻击方式。在鹰爪拳的技术体系中，强调通过手指发力，模拟鹰爪捕捉和撕扯猎物的能力。

通过精细地控制手指力量，以达到锁筋断骨的效果。此外，鹰爪拳还包括一系列的踢、打、摔、跌等技术以及灵活运用身体其他部分，如腿、肘、肩等，进行攻击和防守。

②螳螂拳

螳螂拳起源于山东省，据传是由明末清初的武术家王朗所创，拳法灵感来源于螳螂的捕食行为，模仿螳螂的快速、准确和有力的攻击动作。在手法上，螳螂拳特别强调钩、扣、拿和抓的技巧，每种技巧都是为了模拟螳螂的前臂动作，利用敏捷和力量的结合来突破对手的防守。步法方面，螳螂拳通常是快速而低矮的，模仿螳螂行走时的姿态。在身法上着重要求拧腰、抖臂、坐髋，劲力上要求刚而不僵，柔而不软，动作之间衔接巧妙、风格别致。

③猴拳

猴拳的动作快速而灵活，包括跳跃、翻滚、爬行和模仿猴子的攻击方式，如抓、挠等，通过不规则的动作和突然的方向变化，使对手难以捉摸攻击节奏和方向，从而达到以巧取胜的效果。练此拳者需要体态轻盈，动作敏捷，以健腿脚之术，使猴拳之精髓得以彰显。此外，猴拳亦注重内在精神之培养，修身养性，提高身心灵之和谐，实为修炼身心之佳选。

④蛇拳

蛇拳的身法轻盈而自然，步法灵活而稳健，特别强调以柔克刚的策略。手法上，蛇拳模仿蛇的形态，运用各种技巧如穿、插、劈、按、钻、压、捏、勾等，灵活多变，可以突破对手的防御。其步型如跪步、麒麟步等，增加了移动中的稳定性和突发性，使施拳者可以在不同的战斗情景中保持优势。

在招式上，蛇拳有诸多标志性动作，例如，"全蛇盘柳"展现了蛇盘曲的姿态，"白蛇吐信"则模拟蛇在攻击前的威胁动作，"风蛇绕树"则是蛇绕树而上的灵活身法。蛇拳在中国多个地区有所流传，尤其是在浙江、广东和福建等地，不仅作为一种自卫技巧，还作为一种文化遗产被传承和发展。

⑤醉拳

醉拳，又名"醉八仙拳"，其起源可追溯至明末，据说是根据民间流传的"八仙"——吕洞宾、铁拐李、曹国舅、汉钟离、张果老、蓝采和、韩湘子及何仙姑醉酒时的形象及行为特征，结合传统武术的跌扑、滚翻等动作及攻防意识创编而成。特别是在其图谱中提到"汉钟离，酒醉仙"，模仿八仙中汉钟离的醉态，兼具幽默与战斗的双重特性。

醉八仙拳在动作设计上，不仅是模仿醉酒者的步履蹒跚和身体摇晃，更是深入表现了每位仙人醉酒后的独特风格和特征，拳法讲究身体的松弛与放纵，以不规则的身体晃动和突发的动作变化来迷惑对手，使之难以捉摸攻击的方向和时机。醉八仙拳的战术思想也体现了中国传统武术的深层哲学——以柔克刚、以静制动，通过模仿八仙各具特色的醉态，拳法中的动作充满了变化与不确定性，有效地利用对手的力量和心理预期进行反击。在实战中，能够有效地破坏对手的攻击节奏，利用对方的疏忽或判断失误发起突然而有效的攻击。

2. 器械

包括刀、剑等短器械；枪、棍及大刀等长器械；峨眉剑、双刀、双剑、双钩、双枪等双器械；九节鞭、三节棍、绳镖（流星锤）等软器械。

（1）刀术

刀术，作为短器械的一种，其技术体现在多样的刀法，如缠头、裹脑、劈、砍、撩、挂等，以及与另一手的协调动作配合，形成复杂的套路。在此技术的练习过程中，刀声清晰可闻，展示了使用者的勇猛和力量，故有"刀如猛虎"的说法。

（2）剑术

剑术是另一种短器械技艺，涉及击、刺、点、崩等技巧，与平衡、旋转、步法等动作相结合，还可形成一套精致的练习套路。剑术的分类复杂，包括短穗剑与长穗剑，以及单手剑与双手剑的不同操作技巧。剑路体势可以细分为工架剑、行剑、绵剑、醉剑和长穗单剑等类型，每种类型都有其独特的动作和风格。例如，工架剑注重剑法的规范性和动作的端正性，每一招每一式都力求精准到位，不偏不倚；行剑流畅而连绵，展示了剑法的连贯性；绵剑强调动作的连续性和内在力量的积累；醉剑模拟酒醉状态下的不稳定动作，增添了表演的艺术感；长穗单剑强调动作的大方与变化，如穿、挂等技巧的运用。在训练中，左手的动作需要与右手持剑技巧的变化协调一致，以确保动作的和谐与流畅。此外，剑术要求练习者具备刚柔并济的能力，动作既要展现力量，也要显示灵活性，从而达到动静结合的效果，体现剑术的独到之处。

（3）枪术

枪术是使用长形武器的武术形式，包括阻挡、抓取、刺、击以及花式动作等，并结合各种步法与身法形成的一套完整动作序列。枪扎一条线，用于表达使用枪的技术需要极高的精准度。在练习阻挡、抓取和刺、击等技术时，必须实现腰部与肢体之间的力量协同。

（4）棍术

棍术亦是长形武器中的一种，是由挥动、劈击、戳刺、撩拨及花式棍法构成的套路。其特点为使用棍的两端进行快速而有力的动作，展现出刚劲与勇猛的风格。练习棍术时，动作紧凑且富有力度，具有泼辣风格和生动的节奏，能够激起阵阵风声，因而有"棍打一大片"的形容。

（5）大刀（朴刀）

大刀（朴刀）同样属于长形武器，通常由双手持握，主要以劈砍、撩拨、带动及云动等刀法实施，并辅以掌花和背花等动作组成套路。在所有大刀技巧中，"大刀看顶手"是一个重要原则，不论是劈、砍、斩、抹，还是挑、撩、截，持刀手必须使右手紧顶刀盘，确保虎口紧靠刀背。大刀的特色在于其"劈刀递"的技巧，不仅需要精通刀法，也需掌握刀柄尾部的握法。练习时重点是利用腰力发力，进行大范围的劈砍，展现雄壮和威武的气势，常规练习有助于增强力量与耐力。

（6）峨眉剑

峨眉剑是双器械中的一种，形状为两头带尖，中间有一圆环套在双手中指上，手腕一抖可在手中转动。以穿、刺、扔、挑为主，小巧玲珑，别有风趣。

其独特的结构设计为双端尖锐，中部带有一个圆环，可套在使用者的中指上，通过手腕的轻微抖动使剑在手中旋转，因其主要技巧包括穿刺、投掷和挑拨，因而峨眉剑以其小巧精致和独特的趣味性著称。

（7）双刀

在传统武术领域，双刀技艺被视为复杂的双器械练习形式，涵盖多种刀法，如劈、斩、撩、绞等，通过左右手的配合和转腕动作，演练出绕背缠脖、绞腕撩刀、挽臂背刀、交臂抡刀等高级动作，强调步法与刀法的密切配合，要求练习者在舞动双刀时，步法必须与刀法协调一致。此外，双刀的运动特色包括腕花、背花、缠绕花等动作，其目的是以刀法保护身体，形成银花遮体的视觉效果。

（8）双剑

双剑同样属于双器械之列，主要以穿刺、挂钩等剑法为主，结合灵活的身法和步法，双手交替使用剑术进行套路练习，其特征在于剑术的流畅与自由，体现为剑随身动，步法与身体动作紧密相随，将剑法、身法、步法三者融为一体，展现潇洒奔放的风格。

（9）双钩

双钩技艺，通过勾、搂、锁、挂等钩法组成套路进行练习。它的主要特点是钩法的连贯性和流动性，钩走浪势，随身移动，身体与步法的灵活性和稳健性是其核心，钩法动作飘逸自如。

（10）双枪

双枪是一种独特的武器，源自花枪，每根枪杆上装配了两个枪头，且枪杆通常较短以便于演练。在中国武术中，有一种说法是"月棍，年刀，久练枪"，其中的"枪"通常指的是单枪。相比之下，双枪由于需要双手同时操作，因此练习起来更加困难。据传，岳飞的儿子岳云曾使用双枪对抗金军，显示了其在历史上的实战价值。然而，在现代，双枪的使用已经更多地转向了表演和观赏，其实战意义不如大枪。在各类枪兵器中，以大枪的实战意义最为突出，其次是花枪，而双枪则主要用于表演。

（11）九节鞭

九节鞭属于软器械类，通过抡、扫、缠、挂等鞭法进行套路练习。该技艺动作多样，如手花、腕花、缠臂、绕脖、背花等，其特点在于鞭法的顺畅与随意，强调"鞭走顺劲""鞭随人意"。使用九节鞭时，必须顺应鞭的动势灵活变换，同时保持柔韧性与刚性，如同软绳时的缠绕和硬棒时的直转。双鞭的练习要求练习者双手同时掌握鞭法，单鞭则需要运用不同的器械技巧，展现鞭法和刀法的熟练操控，体现高度的协调能力。

（12）三节棍

三节棍属于软性武术器械，其训练套路由旋转、扫击、砍劈及花式演练等技巧构成。此器械的独特之处在于其可变的长度和柔韧性，结合刚性，使得练习者在练习过程中展现出迅速而果断的动作，兼具力量与刚健。

（13）绳镖（流星锤）

绳镖，亦称流星锤，同样归类为软性武术器械，其练习方法主要包括缠绕、投掷和旋转，通过绳索在身体各部如前胸、后背、腿部和颈部的缠绕与释放，演练出多样化的动作。基本动作涵盖踢球、转弯、绕颈以及特定技巧如"十字披红"和"胸前挂印"。此器械的核心特征在于其技巧性，要求使用者巧妙地运用力量。流星锤作为软器械的一种，设计上通常包括一端连接锤头的长绳。使用流星锤和绳镖的技术要求和特性大体相似，均强调技巧的运用和变化的灵活性。

（二）对练

对练是两人或多人围绕固定套路的攻防模拟，基于多种单独武术形式（如拳术和器械术）之上，综合了踢击、打击、摔跤、擒拿、击打、刺击、劈击、撩拨、砍击、点穴和跳跃等多种技击手法。武术对练可以深化练习者对单练套路中各个动作战斗意义的理解，从而促进技术水平的提升，要求动作精确，营造逼真的战斗氛围和高度的协同合作，对于培养练习者的勇敢、机智、敏捷及团队协作能力极为关键。

1. 徒手对练

徒手对练包含徒手踢击、打击、摔跤和擒拿等技术，通过各种手法、腿法和身法的运用，依据进攻、防守和反击的规律进行套路编排。不同拳种的对练特征不尽相同。例如，查拳的对练套路主要表现为敏捷的腾挪和跳跃动作；华拳则除了跳跃外，还涵盖扑跌、滚翻等动作；南拳则以肘臂的桥法动作为主；太极拳的对练强调粘连和随动的技巧；形意拳则注重紧凑快速的动作；八极拳的对练特点是紧靠和挤压动作。擒拿对练则依据逆向人体关节的原则，利用手法如刁、拿、锁、扣、搬、点进行控制与反控制的练习，这类动作通常涉及反关节和闭气脉的技术。

2. 器械对练

在现代武术练习中，器械对练形式多样，涵盖短器械、长器械、软器械以及长短、单双器械之间的对练。此类练习主要基于各种击打和刺击技巧，两位练习者可能使用相同或不同的器械，如一方可能使用单刀或双刀，另一方则可能使用单枪。不同的器械对练风格各异，体现在动作的速度、力量和技巧上。例如，在练习使用刀时，应表现出勇敢、坚决且迅速的特质；使用剑时，则应展现出刚柔并济、轻盈敏捷的风格；而在练习使用三节棍时，进攻动作须快速而紧凑，显示出强大的气势。其他如大刀对枪、匕首对枪、梢子棍对枪等形式，展示了长短、双单器械间的对抗和协调。

3.徒手与器械对练

另一种练习形式为徒手与器械对练，其中一方使用拳术而另一方持器械。此类套路往往以徒手方试图夺取对方器械为主要内容。例如，空手夺刀、空手夺枪等，持器械者不仅要精通其器械的性能和操控技巧，同时，徒手方也必须展示出敏捷的躲闪和轻盈的动作。

（三）集体演练

作为武术练习形式的一种，武术集体演练涵盖多种拳术的集体无器械或带器械的表演，通常由六人或更多人共同参与。自周代起，中国便出现了武舞，而后各朝各代均有传承，未曾衰退。中华人民共和国成立后，集体演练被正式纳入武术竞赛项目中。现代武术集体项目的表演涉及一系列规定动作，包括特定的步型、步法、身形、身法、跳跃、翻腾等技巧，器械类项目还需要运用特定的器械技法。集体表演的队形需要整齐划一，布局均衡，并有一定的图案变化。表演内容应充分体现武术的独特性及风格，可伴以音乐增强表现力。在实际演练中，每位练习者应当集中注意力，确保动作规范、技术精准，并在团队中展现高度的默契。这一项目的表演所展现出的是开阔的场面、雄壮的气势及引人入胜的效果；配合节奏明快、风格多样的古典或民族音乐以及恰当的服饰，极大地丰富了观众的审美体验。此外，武术集体演练包括集体基本功、集体拳、集体剑、集体大刀、集体鞭和集体棍等多种形式。

三、格斗运动

格斗运动被定义为在特定规则约束下，凭借智力与体力对抗进行攻防交替的体育项目。其中，常见的格斗运动包括散打、推手、短兵、长兵等多种形式。

（一）散打

散打运动是两位练习者在规定规则下，采用踢击、拳打及摔跤等方式竞技以制胜对方，核心特征在于四肢协同作战，全身肌肉张力强大，动作迅猛，可以增强肌肉的弹性和灵活性，激活呼吸及心血管系统的功能，促进体质的全面提升。此外，散打在提高人们把握打击时机的能力，精准及突发性打击，增强自我防卫及实战技能的同时，在培养勇敢、坚毅、冷静、机智等心理品质以及力量、速度、耐力等身体素质方面具有突出作用。

（二）推手

推手是基于特定规则，通过抱、摩、挤、按、拿、摆、肘、靠等技术手段争取优势的格斗技艺。此活动特色为双方在保持接触并遵循动态平衡的原则下，依靠肘、腕、拳、指等身体感知去感应对方的力量细微变化，并利用这些变化进行有效反击，从而达到推倒对手的目的。目前，推手主要形式包括太极推手、八卦推手等。

（三）短兵

短兵格斗则是参与者持有由藤、皮、棉等材质制成类似短棒的装备，在遵循特定规则的情况下，使用击、刺、劈、斩等剑法和刀法攻击对方以取得胜利。短兵的特性在于其融合剑法与刀法的技巧，竞技中剑刀技变化多端，对练习者的反应速度和中枢神经系统的迅速适应能力提出较高要求。此外，该运动促进了视觉及运动感知等感受机能的敏感性，使得神经系统与肌肉活动的协调能力得到较大提升。

（四）长兵

长兵是指两人按一定的规则，使用一种特制的类似于枪棍的器械，利用武术长器械中的劈、崩、挑、砸、拦、拿、扎、点等技法来决胜负的竞技项目。

长兵竞技是两名练习者使用类似枪棍的特制器械，按照既定规则，运用劈、崩、挑、砸、拦、拿、扎、点等多种武术长器械技法来决定胜负，要求练习者在保持器械控制的同时，有效地运用各种技巧以精确击败对手。

第三节　武术的流派与特点

一、武术的流派

（一）武术流派的分类

武术运动以其深厚的历史积淀和丰富多样的内容，形成众多流派的繁荣景象。武术不同风格的流派广泛分布于中华民族的各个地区，各种流派的起源与发展均受到各自独特社会文化环境的影响，凝结了中国人民在不同历史阶段的智慧与知识。关于武术流派的分类，学术界存在若干不同的观点，其中较为著名的分类如下。

1. "内家"与"外家"

按照"内家"与"外家"进行分类的方式最早见于清初黄宗羲撰写的《王征南墓志铭》，认为少林拳以其拳术勇猛闻名于世，其主要特点为攻击对手，对手亦可利用此点反击。"内家"流派，主张以静制动，攻者一旦动手便立即倒地，因此与以少林为代表的"外家"区别开来。在明清之际，内家拳仅指一种拳术，外家拳则特指少林拳。民国时期，内家拳泛指注重"以静制动"和"导引"为主的拳种，外家拳则泛指那些专注于"搏击对手"和"促进关节灵活"的拳种。后期，内家拳被进一步广义化，包括八卦拳、太极拳、形意拳等拳种。

2. "南派"与"北派"

陆师通在民国时期著作《北拳汇编》中提到了"南派"与"北派"的说法，可见该分类是基于地域进行划分的。此说法在民间得到广泛传播，其流行基础坚实且受地理、气候条件的影响深刻。例如，在南方，流传的武术拳法种类繁多，而腿法较为少见，其特点表现为动作紧凑和劲力强劲；相对而言，北方的武术则以腿法多样、架势开阔、动作快速有力为主要特征，因此，有"南拳北腿"的说法。

3. "长拳"与"短打"

明代戚继光在其著作《纪效新书》中，对当时流行的拳法进行系统的分类与记录，其中包括"长拳"和"短打"。据文献记载，宋太祖曾创制了三十二式的长拳，其特点为每一式紧接着前一式，动作连贯；短打拳法则由多个不同流派组成，如张伯敬、李半天以及鹰爪王等，各有其独特技法和战术。根据程宗猷在《耕余剩技·问答篇》的记载，长拳以其广阔的动作、快速的进退和松弛舒展的特性为主，短打则以短促、迅速、紧贴对手的战术为特点。

4."少林派"与"武当派"

"少林派"之命名源自其创始地少林寺，并以此寺僧侣所习练的拳术为基础。该派拳术发源于嵩山少林寺，经历多代传承与发展，逐渐形成具有少林特色的拳术体系。在这一体系中，包括少林拳、罗汉拳、少林五拳等多种拳法。"武当派"则源于黄宗羲的《王征南墓志铭》，其内涵指向宋代张三丰所创的内家拳。张三丰作为武当山的修行者，其拳法被认为是内家拳的起源。到了清末，太极拳被认为是从明代的武当道士张三丰传承下来的，此后，内家拳、太极拳、八卦掌和形意拳均归入武当派。1928 年成立的中央国术馆，依照传统民俗分类和称谓，将教学内容划分为"武当门"与"少林门"。

5."黄河流域派"与"长江流域派"

在中国武术的多样化传播中，各地武术风格与技术展现的地域性特征，进而导致流派的区分。例如，民国时期，《中国精武会章程》等文献中，采用"黄河流域派"与"长江流域派"的分类方法，根据河流流域的地理特征划分武术流派。

（二）武术流派的形成

武术流派的形成是继承与创新并存的复杂过程。流派的创立者往往会选择另辟蹊径，通过吸收多家拳法的优势并在此基础上进行创新和完善。当一个拳法的风格和技术特点逐渐与其他拳技区别时，该拳法便成为独立的新流派。

以"三十二式长拳"为例，戚继光通过融合十六家拳法的精髓，创立了此拳法。太极拳的形成则是基于戚继光的"三十二式长拳"，由陈王廷整合各家拳法之长，并通过杨露禅、武禹襄、孙禄堂、吴鉴泉等后继宗师的进一步发展和丰富，最终形成独特的太极拳派。这一逐步且相对稳定的传播过程标志着一个流派的最终确立。

武术流派的形成可归纳为以下三种主要模式。

1.繁衍支系，拓展拳派

例如，太极拳的多种流派就是通过不断分化和繁衍而形成。

2.类同合流，增强拳派

在这种模式下，拳派的发展过程中会将具有相似技术特征的拳种整合在一起，形成规模更大的拳派体系。传统的少林拳派便是这种情况的代表。

3.融合众家，创建新派

蔡李佛拳、五祖拳以及形意拳、八卦拳等都是整合多家拳法的技术和理念，创立全新拳派的典范。

（三）武术流派的存在形式

1.以地域为流派

以所在的地域划分，如南拳、北拳、咏春拳等。

2.以馆号为流派

包括精武体育会、振兴社、玉林馆、武坛等民间会馆所传习的武术，久而久之形成了一个流派。其技术内容，往往杂糅诸多拳种，因此，技术训练体系庞杂而凌乱，但有利于因材施教。[①]

3.以帮会为流派

以所创的帮会划分为主要特征，如洪帮的武艺训练教材洪拳、义和团武术——梅花拳。

4.以民间组织为流派

以传统武术所在的组织为主要存在形式，如少林派、武当派。

5.以单一拳种为流派

汲取他派的部分技术，但不改变其原本拳种的技术特征及训练架构和流程。因此，以拳种为流派者，其技术训练体系较为单一，但具有系统性。

---

① 邱瑞瑶.传统武术流派的分类与推展策略[J].武汉体育学院学报，2006（12）：93-94.

（四）武术流派的地理分布

1. 南派武术流派的分布

武当派：以湖北省、陕西省及浙江省的温州与宁波地区为主要分布中心。

峨眉派：主要集中在四川省。

咏春拳：广泛传播于福建省和广东省等地。

2. 北派武术流派的分布

少林派：以河南省登封市西北部的嵩山五乳峰麓的少林寺为发祥地，该派武术在河南省和山西省有较为集中的传承。

八卦掌：主要流行于山东省、河北省以及北京市和天津市。

太极拳：主要分布地包括河南省、河北省和北京市。

形意拳：广泛传播于河南省、山西省和河北省。

通臂拳：主要在浙江省有较多拳师和传人。

戳脚：主要在辽宁省的沈阳市及河北省有其传人。

3. 岭南武术流派的地理分布

南拳：在广东省、福建省、湖北省、湖南省、四川省、江西省、江苏省和浙江省等地均有传承。

虎鹤双形拳：主要在广东省和广西本土广泛传播。

通过上述分析，可以看出中国武术流派的地理分布与其文化和历史背景密切相关，每个流派的地理分布模式都与其技术特点、传承方式以及地理环境有关，这些因素共同影响各流派的传播和发展。

二、武术的特点

（一）独特的套路运动

武术套路运动是中国武术的三大组成部分之一，源于历史悠久的实战技击经验。该运动形式最初是为了便于记忆、传承及推广，将实战中积累的技击动作进行系统编排，从而形成一系列武术套路，这些套路不仅包含攻防动作，而且还融入了武术的基本技能，并依据特定的结构规律编排而成。各个武术门派在套路基础上展现出各自的风格与特色，如长拳的开阔大气、太极拳的流畅连贯、八卦掌的灵活多变、通臂拳的远程攻击力等。

在现代化进程中，武术套路运动经历发展与演变。与传统对抗性的攻防技术相较而言，现代竞技武术套路在保持技击特性的同时，融合了其他运动项目的经验与演练方法，形成更具竞技性的武术展现形式。尽管在其发展和演变进程中，某些技术动作与其原始技击形态出现偏差，虽然确保动作的连贯性并增强其观赏性，但无疑导致套路中技击性的某种程度减弱。然而，攻防的内在意义及其精神仍然是现代武术套路的核心元素。武术套路运动包括极为丰富的内容和多样的类型，如拳术、器械、对练及集体演练等。在器械类别中，更是涵盖长器械、短器械、双器械以及软器械等多种形式，每种都具有独特的技术和表现形式。

（二）动作的技击性

武术套路的动作不仅蕴含技击的意义，而且是套路运动的核心要素。武术套路动作虽然包含攻击与防御的意涵，但其实战应用能力是有限的。相对而言，中国武术中的另一运动形态格斗运动反而被直接应用于实战环境。如散打、短兵、推手及长兵等项目在中国武术中占据重要地位，每一技每一式都展现出实用性及技击性。具体来看，散打是徒手对抗运动，集成了武术中的踢击、打击及摔跤等多种技术动作，目的是制服对手。短兵则主要涉及使用刀剑等短兵器，通过劈、撩、点、蹦、挑、斩、砍及刺等一系列技术动作来进行战斗。推手则利用太极拳中的掤、捋、挤、按、采、挒、肘、靠等动作进行技术对抗。因此，无论是套路运动还是格斗运动，中国武术的各项内容均具有深厚的技击属性。通过练习中国武术可以增强身体素质，在必要时可用于自我防卫，这一点是由武术的技击特性所决定的。

（三）鲜明的民族性

一直以来，武术被视为展现中国文化元素的重要载体，其原因就是武术鲜明的民族特征。在漫长的历史发展中，中国武术不断吸纳中国传统文化的精髓，逐渐构筑起一套具有民族特色的武术文化体系。

在中国武术的理论与实践中，十分重视内外合一、形神兼顾的原则。在中国武术的拳术与器械训练中，强调将内在的气和意与外在动作的统一和协调。例如，长拳的训练强调外在的手法、视线、身体控制及步法与内在的精神、意志、气势、力量及技巧的一体化；形意拳明确提出了内三合（心、意、气合一）与外三合（手、眼、身法合一）的具体训练要求。这种对外部形态与内部精神的共同锻炼体现了其深厚的民族文化特色。

中国武术与中国哲学的紧密联系亦是其文化价值的重要体现。例如，《易经》中的阴阳辩证法与万物生成的八卦观念，不仅被融入拳理，还被应用于实际练习中。《太极拳论》的开篇即提出太极拳的基本理论，视太极为"动静之机，阴阳之母，动则分，静则合"的核心变化；八卦掌即以八卦命名，显示了易经哲学的直接影响。除《易经》外，道家的天人合一观、道气学说及五行理论等，亦对武术的理论与实践产生了深远的影响。

因此，无论是训练的具体要求，还是理论的深层思考，武术均与中国传统文化紧密相连，形成具有民族特色的武术体系。

（四）广泛的适应性

中国武术之所以能历经世代传承，离不开其高度的适应性。第一，中国武术体系内容丰富，涵盖套路、格斗及功法等多种运动形式。这些形式包括多样的运动内容，能够满足不同人群的多元化需求。第二，中国武术对练习场地及器械的依赖程度较低，拳打卧牛之地也体现了武术练习的场地适应性。无论场地大小，均可依据现有条件选择合适的练习内容与方式，甚至无须器械便可修炼拳术或功法。第三，中国武术的练习形式灵活多变，可根据练习者人数进行调整。个体练习者可以选择其偏好的拳种、器械或功法进行修炼，双人可进行攻防练习及实战模拟，多人则可组织集体套路展示或舞台剧编排等集体练习活动。

第四节　武术的功能与传播

一、武术的功能

（一）健身功能

中国武术在形成与发展历程中，融合了中国传统医学、养生之道以及仿生学的众多精髓，极大地展示了其健身的价值与功能，从而成为广受欢迎的健身活动之一。武术独特的形式和深刻的内涵提升了自身健身效果，超越了其他体育项目，主要体现在武术可以有效协调技击技能的掌握与强化体质的需求，以及在物质与精神层面达到辩证的平衡。

近代武术在发展趋势上正逐步向科学化方向靠拢，其在健身养生方面的价值与功能得到强化。自然科学的研究结果也证实武术在健身方面的多方位效应，特别是对神经系统、心肺功能、运动系统以及内分泌系统的积极影响。武术对人体的生理和生化作用是全面的，不局限于上述系统，还包括维护内环境的理化平衡、增强酶的活性，以及改善消化和排泄系统的功能。长期的武术训练可提升个体的速度、灵敏度、协调性、柔韧性、耐力和弹跳力等多方面的身体素质，增强内脏器官的功能，提高生活质量。

中华武术在增强练习者的身体健康方面发挥着不可或缺的作用，主要在于其提倡的健身效果不限于身体表层，更关键的是能够"深入"体内，对个体的精神状态施以积极而有益的强化。这就是所谓的身心兼备、内外兼修，而这也是中华武术带给人最核心的作用。

在我国，武术的修炼并不单一地关注于表面的身体动作，表面的锻炼仅是众多练习项目中的一部分，更深层次的修炼是关注于心灵层面，属于无形的练习，只有当心理状态的调整（即精、气、神的修炼）与物理动作的锻炼相结合，才能真正达到武术的精髓。内在的修炼赋予武术活动以深远的意义，由此可见，武术不仅是身体锻炼的形式，还是全面培养身心健康的方式。

在当代社会中，身心的协调发展已成为众多个体的追求。在众多体育项目中，武术独具匠心地融合了内外兼修的哲学，以达到身心全面发展的境界。通过内练，武术强调精神的调适与心理的平衡，促进经络的通畅和内脏功能的正常运作；外练则着重于肌肉骨骼的强健和关节的灵活性。习练武术能增强身体的结构，如肌肉、骨骼和关节的健康，还有助于身体内部系统的调节，如促进经脉和脏腑的功能，从而提升个体的精神状态。长期而系统的武术训练将增强肌肉力量，改善关节与韧带的伸展性，还能优化人体的免疫、内分泌和神经系统的性能，保障个体在生理和心理层面维持最佳状态。因此，持续练习中华武术，对于身心健康的多方面益处是显而易见的，能为人们提供全面的身心发展机会，促进健康，并增强社会适应能力与人际交往能力。

（二）防卫功能

武术运动自其发展初期便已成为人类防身生存的基本手段之一。在远古时期，人类在"猛兽食颛民，鸷鸟攫老幼"的极端恶劣环境中求生存，依靠原始的格斗技术与野兽搏斗，例如，通过拳打脚踢以及使用木棒、石块等原始工具进行攻击，以保护自身安全或获取食物，这些基础的格斗技能是人类生存的关键因素之一。随着人类社会的发展进入阶级分化，尽管武术的价值取向逐渐多元化并趋于成熟，但武术的实用性一直是激发人们练习的动力，也是武术能够广泛传播并历久弥新的根本原因。

在武术体系中，技击术代表武术技能与战术的高度精练，汇聚丰富的格斗经验，是人体攻防动作的最优化组合。通过长期的踢打、摔拿技巧与功力训练，不仅可以提升个体的搏斗技巧与应对能力，还能帮助个体应对各种突发状况，具有自卫和防身效果。

古代，武术作为战争工具，在军事冲突中发挥了不可忽视的影响力。由军事行动演化而来的民间武术不仅用于战斗，也具备自卫和攻击功能。比如，于清代道光二十一年（1842年），当英国军队侵占广州三元里时，当地武术馆中的工人们挥舞大刀和长矛，成功两次击退了外敌。再如，在清咸丰十年（1860年），英法联军包围北京时，位于圆明园附近的谢庄民女冯婉贞领导乡民利用武术在近战中的优势，巧妙地避开了敌军的火力，有效地抵抗了侵略者。然而，随着时代的进步，武术在战场上的直接军事应用已逐渐淡出。尽管如此，其在个人防御和敌方制服方面的应用仍然具有重要意义。长期的武术训练可以增强个体在格斗中的基本能力，还能精通各种攻防技术，从而有效地进行自我保护。特别是在军事组织中，武术训练被用来增强官兵的体能和战斗力。此外，对于公安干警和边防战士而言，精通武术能提升其在执行官方职责及应对敌方挑战时的效能。

（三）观赏功能

1. 竞技观赏功能

在近代，武术的发展呈现鲜明的竞技化趋势，这一转变影响了武术的观赏性功能：一方面，武术的表演性观赏功能得以保留，获得了发展；另一方面，竞技性观赏功能日益受到广泛关注，并逐步向完善与科学化方向演变。

中国武术涵盖众多项目，呈现出多样的风格。因此，各种武术流派在表现手法和美学风格上也呈现出差异。例如，太极拳融合刚柔，并展现出如抽丝的连绵力量；南拳则以动作的敏捷和出手的隐蔽性著称，使对手难以躲闪，其突然的攻击速度宛如迅雷不及掩耳；代表着各类技击格斗艺术的散打，则展现了激烈的竞争对抗和敢于挑战、积极进取的精神。

在竞技场上，无论是展示武术功力和技巧的套路表演，还是充满策略和勇气的对抗性散打比赛，都能够吸引观众的目光，提供美的享受，具有较高的观赏价值，从中得到启示与教育，享受乐趣。

2. 表演观赏功能

武术的观赏价值贯穿整个历史发展过程中，尤其是在汉朝时期，宫廷的百戏表演中不仅有角抵技巧，而且包括与武术密切相关的多种表演形式，如斗兽、扛鼎及舞轮等。至魏晋南北朝时期，宫廷武术表演中尤以"五兵角抵"项目的流行为特征。隋朝与唐朝是宫廷武术展示的顶峰，此时期，唐朝拥有完整的百戏组织和训练机构——教坊，该机构汇聚全国范围内的表演艺术精华，角抵在当时依然是重要的展示内容。随着"安史之乱"的爆发，大量宫廷艺人流入民间，使宫廷艺术得以在民间更广泛地扩散与发展。进入宋朝，城市文化生活的兴盛促进了江湖武术表演的快速发展，瓦舍——一种易于聚集和散去的娱乐场所在这一时期出现，象征着古代江湖艺人表演艺术的成熟。明清时期，新的表演形式"走会"应运而生，由于其涉及众多武术内容，亦称作"武会"。近代，随着我国农村社区文化的复兴，多种花会纷纷兴起，其中，武术表演成为这些活动中的一个核心组成部分。这种观赏性的武术表演，凭借其浓厚的民族特色、节庆性质及娱乐价值，在中国古代及现代的娱乐文化中占据重要地位。[①]

二、武术的传播

（一）武术传播的定义

"武术传播"概念融合了"武术"和"传播"两个构成元素。对"武术"的定义，学术界认为其主要涵盖技击元素，采用套路和对抗为主要运动形式，并强调内外兼顾的中国传统体育项目。然而，在武术学领域，对"传播"这一概念尚无明确定义。依据传播学的文献资料，武术的"传播"可概括为武术相关的技术与文化信息在不同主体之间的流通过程。

综合以上两个概念，"武术传播"可定义为在特定的社会环境中，武术的技术和文化信息通过特定渠道在个体之间的交流过程。该概念涉及的信息流动包括横向的传递与纵向的扩散，强调信息在空间和层级间的动态传播，突出了武术作为文化现象在社会中的传递和影响。

---

① 杨少雄. 传统武术技击模式演进与现代化发展 [D]. 福州：福建师范大学，2008：38.

（二）武术传播的过程

武术的传播过程由四个关键要素构成：传播者、传播内容、传播途径以及传播对象，各要素及其相互作用共同形成完整的武术传播体系，其中任何要素的缺失都会影响传播过程的完整性。

1. 武术传播的四个关键要素

（1）传播者

武术传播的首要要素是传播者，可以是个体或组织。传播者的核心职责在于传递武术的知识和文化，解决"传播何种内容"以及"通过何种方式传播"的问题。因此，传播者的能力和策略直接决定武术传播的有效性、传播内容的广度与深度。

（2）传播内容

在武术传播的框架中，传播内容作为连接传播者与传播对象的纽带，具备一定的流动性。通过特定的传播途径，这些内容最终被传播对象获取并吸收。

（3）传播途径

武术传播途径的分析可以从多种视角进行。从传播的形式来看，常见的途径包括在学校教育、师徒指导以及社会活动中的传播。从媒介的角度分析，常用的传播途径则包括语言交流、文本记录、数字媒体以及印刷资料等。

（4）传播对象

传播对象是武术传播过程的接受方，潜在的传播对象包括所有社会成员。然而，更精确地说，武术传播对象特指那些真正参与并吸收武术技术和文化的个体。

2. 武术传播"三环节"

虽然武术的传播机制较为复杂，但其仍然遵循特定的内在规律。武术传播的四个核心组成部分紧密相连，通过预设的规则进行排列与组合，各个部分各负其责，协同推动武术传播活动的有序进行。各组成部分之间的互动和相互影响，进而构成武术传播过程中的三个主要环节。

（1）武术传播内容的传出

在武术的传播过程中，传播者的目的在某种程度上直接影响武术知识的传递方式。传播者有权根据具体需求挑选传播的内容，并采用有效的手段来传递内容。例如，在师徒式的传承中，师傅依据自身的经验与理解，经过深思熟虑与筛选后，采用口传心授等多种方式来传播武术的道德和技术精髓。在此过程中，师傅对所选传播内容的准则主要基于其个人的价值观和道德观。

众多文献指出，师傅通常仅向特定的掌门人传授完整的武术秘籍，而其他人则只能接触到较为基础的技术。即便是直传弟子，也难以完全掌握并学习到师傅的核心技巧。鉴于师傅依赖其专业技能维生，他们通常不会轻易地向他人传授这些技能。

在学校环境中的武术传播，武术教师运用多样化的教学策略，帮助练习者对武术的内容和技能有更加清晰的认识和理解，从而增强武术教学和传播的效果。对于国外的练习者，教师必须结合口头语言和身体语言进行教学，以确保教学的有效性。

因此，传播者和接收者必须共享一套可互相理解的"代码"，这是确保武术传播畅通无阻的基础条件。在传播过程中，传播者通过特定的方式将武德等文化价值融入技术教学中，以此传承武术文化，履行其责任和义务。除了技术层面，武德等文化元素也是武术传播中极为重要的组成部分。在竞技武术的传播过程中，武术礼仪的传递尤为关键，它是传播武德的主要方式。

（2）武术传播内容的接收

在武术的传播和接收过程中，接收者的角色尤为关键。该阶段涉及的核心问题包括传播者所采用的传递策略、信息阐释方法以及接收者对武术的知识储备和理解能力。为确保传播过程的有效性，必须确保所采用的传播策略和信息解释方法的合理性，并要求接收者具备充足的武术知识和较高的理解水平。从这一层面看，武术的传播和接收可视为同一事物的两个不同维度。

武术内容的接收水平直接关联到传播效果的成败，即传播是否达到既定的目标。值得注意的是，完整的武术传播流程不一定能保证理想的传播成效。因此，在整个武术传播过程中，应对接收者的接收能力和理解能力进行全方位的考量至关重要。以太极拳的传播为例，原本包含108式的传统太极拳被简化为24式，进而简化为16式以及8式太极拳。通过这种方式简化技术内容的传播，促进更有效地学习和理解。由于传播内容的减少，使接收者更易于吸收和掌握相关技能。

（3）传播效果的反馈

在武术传播过程中，传播效果的反馈是非常重要的环节。反馈一词源于生物学，当今被广泛应用于多个学术领域。从理论角度分析，缺乏反馈机制的武术传播是不完整的过程。在此过程中，接收者不仅吸收传递的知识与技能，还根据个人的感知与解释做出相应的回应，并将这些反馈传递回传播者。为了优化传播效果，需要寻找传播活动与反馈之间的最优平衡点。通过分析接收者的反馈，传播者可以对其传播策略进行相应的调整和优化，从而提升整体的传播成效。换言之，武术的传播不仅涉及从传播者到接收者的信息流动，同时包括从接收者到传播者的信息回流，两个方向的互动共同构成了完整的传播生态。

　　例如，为了探究我国武术馆校的传播成效，需要对这些机构进行全面的调查与分析，分析武术学校对社会发展的贡献程度以及贡献如何影响其长远的经济前景。研究表明，如果武术学校在社会效益方面表现不佳，其经济收益仅限于短期内；相反，如果其社会效益良好，则可望获得持续的经济回报。对武术馆校自身的发展策略而言，这种评估反馈是至关重要的。

（三）武术传播的内容

　　武术的传播内容主要涵盖武术技术与武术文化两个方面。

1.武术技术

　　根据武术运动形式，可以将武术技术体系分为两种类型：演练技术和对抗技术（图1-1）。

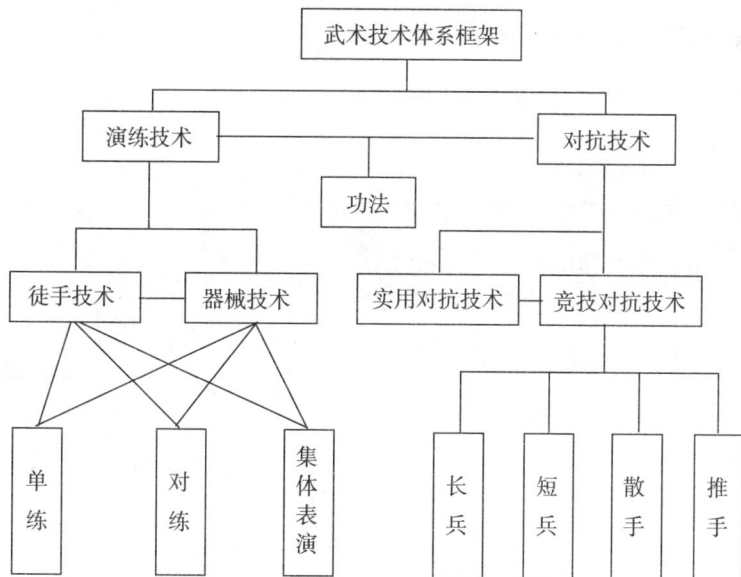

图 1-1　武术技术体系框架

演练技术可分为两大类：徒手技术与器械技术。无论选择徒手方式或器械方式，均涵盖三种基本形式：单独训练、对抗训练及集体演示。武术中的对抗技术可细分为实用对抗技术与竞技对抗技术，两者分别代表了武术对抗技术的最高水平与基础水平。竞技对抗技术主要涉及多种武器和非武器类对抗形式，如长兵、短兵、散打及推手等。[①]不论是演练技术还是对抗技术，其训练均需依赖特定的练习方法，显示功法在整个武术技术体系中的核心地位。

2. 武术文化

武术有助于人们增强体质，还有助于心灵的修养，通过对武术文化的广泛传播，人们可以更深入地理解中国传统文化，进而增强国民的民族自豪感。在国内，武术文化的传播主要承担教育职能，在国际范围内，则主要起到文化传播的作用。

在武术传播过程中，涉及的主要内容包括武术的道德观念（武德）、武术的历史、传统哲学理念、与武术相关的医学知识、军事战略思想以及武术中的传统美学观点等。

（四）武术传播的途径

武术传播的路径和方式，即传播者向受众传递武术内容的手段和渠道，称为武术传播途径。武术传播途径种类繁多，常见的类型如表1-1所示。

表1-1　武术传播途径的分类

分类依据	类　型
官方与民间的区别	官方途径
	民间途径
传播对象人数的多少	师徒途径
	组织途径
	媒体途径

---

①邱丕相，郭玉成.论武术体系框架的构建[J].上海体育学院学报，2001（3）：67.

分类依据	类 型
传播内容的不同	技术途径
	文化途径
武术领域的不同	学校途径
	竞技途径
	社会途径
传播范围	国内途径
	国际途径

以上对武术传播途径进行了概述分析，在武术文化的传播过程中，主要途径包括武术谚语、武术杂志、武术图书、武术报道、武术广播、武术影视以及网络直播等多种形式。

第二章　武术的起源与演变轨迹

第一节　中华武术的历史溯源

一、原始人群石器、骨器、木器的制造和使用

　　中华武术的起源可追溯至中国原始社会时期的人类生产与生活活动。在这一时期，依靠狩猎谋生的原始人在与自然环境的抗争中，为了在恶劣的条件下生存，掌握了徒手捕杀野兽的技能，创造了各种锋利的生产工具，并学会了使用工具进行搏斗。目前中国境内发现的最早的人类是元谋人，其历史可追溯至约170万年前，发现于现今云南省元谋县。当时的元谋人已经具备了制造简单石器的能力。接下来是蓝田人，距今约100万年，发现于陕西省蓝田县。蓝田人不仅能够制造石器，还掌握了火的使用。随后是北京人，距今约50万年，发现于北京周口店龙骨山。在北京人的遗址中，发现了数以万计的石器，石器上有鲜明的人工打击痕迹。所用原料包括脉石英、砂岩、石英岩、燧石和水晶等，主要类型有砍砸器、刮削器和尖状器，制作工艺相对精细，形制固定。此外，还发现了石核、石片、石锤、石砧、雕刻器、石锥和石球（图2-1）等。遗址显示北京人已经掌握了保存火种的技术。

图2-1　北京人遗址中的石球

　　在距今大约 10 万年前，位于山西省襄汾县丁村附近的汾河两岸地区，考古学家发现了丁村文化的早期人类遗迹，被称为丁村人。从形态学角度分析，丁村人处于猿人和现代人之间的过渡阶段，特别是他们的门齿呈明显的铲形特征，这是人类的进化标志。丁村人的生活方式主要体现在他们制作和使用的石器上。丁村石器通常较为粗犷，包括砍砸器、刮削器、尖状器和石球等，石器的原料主要采用角页岩，这种材料属于石片制石器体系。

　　根据文化遗产的年代，学者们将丁村人的时期定位在旧石器时代的中期。丁村文化在中国旧石器时代中期文化中占据重要地位。在众多旧石器时代遗址中，丁村人遗址是最重要的文化遗址之一。考古学家在遗址中发现了超过一百枚的石球（图 2-2）。据推测，这些石球曾被用于构造捕捉野兽的陷阱，陷阱通常由木杆、绳索和石球组成，有时可能仅使用绳索绑定石球（图 2-3）。此外，古代中国武术器械中的流星锤与这些石球存在直接的关联，其使用方式与飞钩、飞挝和飞抓等软性武器的出现和演变也紧密相关。

图 2-2　丁村人遗址中的石球　　　　图 2-3　石球使用示意图

二、兵器和军事技能在原始战争中得以发展和产生

　　在氏族社会的晚期，随着生产力的增长和私有制的出现。其间，原本用于与野兽作斗争的工具和技能，逐渐转变为人际冲突的武器和战术。相应地，中国武术也开始从日常生产活动中独立出来，逐步演变成适应战争需求的独立社会活动。原来的生产工具被改造为杀伤性武器，生产中积累的技能也被转化为军事技术。

进入新石器时代晚期，从工具演化而来的兵器得到了进一步发展，形成了几种主要的进攻性兵器类别，具体分类如下：

远射兵器：包括弓箭及通过"飞石索"投掷的石球；

格斗兵器：涵盖棒、锤、矛、匕首、戈、钺等。

这些兵器的种类及其动能的特性，进一步决定了它们的使用策略和方法。面对这些进攻性兵器带来的威胁，以藤、木、皮革等材料制作的原始防护装备，如盾牌和甲胄，开始在原始战争中出现，以提供必要的防护。

在人类早期发展阶段，尤其是在原始部落体系中，先民们为了争夺领导权发生了一系列冲突和战斗。随着原始社会的逐渐消逝，氏族间的敌对行为增多，逐渐形成具有组织化特征的战争，使得原始武术技能快速发展。如《吕氏春秋》中所记载："未有蚩尤之时，民固剥林木以战矣。"书中还提到："争斗之所自来者久矣，不可禁，不可止。"[1]

在古代文献与传说中，如黄帝与炎帝之间的冲突、黄帝对抗蚩尤的战役，以及禹对九黎和三苗的征战等事件，均被广泛记载。《史记》中记述，轩辕时期，神农氏势力衰落，诸侯纷争不断，神农氏无力平定，于是轩辕黄帝开始训练部族成员使用战争中的防御与进攻工具，如盾牌与戈。此外，干戈不仅代表了古代的兵器，更象征着战争本身。黄帝时代的军事准备包括使用玉石制作武器的特殊做法，如《越绝书》所载。

《山海经》中的一则神话更是描述了极具象征意义的战斗：刑天与黄帝为争夺天位展开激烈的冲突。尽管刑天被斩首，但他以自身的乳为目、脐为口，继续持盾与战斧抗争。这段描述反映了中华民族坚韧不拔、勇敢无畏的精神。

综合众多传说可知，蚩尤是最为著名的"战争之神"，从古代传说中可知，很多武器都是由蚩尤发明的。

《龙鱼河图》记载："铜头、铁额"。

《山海经》记载："蚩尤作兵伐黄帝。"

《述异记》记载："蚩尤氏耳鬓如剑戟、头有角，与轩辕斗，以角抵人，人不能向。"

这些都说明蚩尤发明了很多兵器，同时是进行徒手搏斗的英雄。这些也都

---

① 吕不韦. 吕氏春秋 [M]. 哈尔滨：北方文艺出版社，2018：74.

说明通过原始战争，能够促使器械得以很好地制作以及技术得以产生和发展，同时，对于徒手的摔、拿、打、擒等战斗技能的产生也起着非常重要的促进作用。

三、原始的军事训练活动与武舞

根据现存的文献和考古学证据表明，武舞在原始社会阶段是进行军事训练的主要手段。

武舞起源于人类与野兽的战斗以及人与人之间的冲突，其最初功能是模拟狩猎和战斗场景。随着原始战争的持续演进，武舞逐步成为部落军事训练的核心组成部分。为了有效适应原始战争的需求，原始部落的成员通过战斗操练和演习熟悉战术中的攻击动作和团体组织的协调。在这一过程中，武舞被创造并用作训练。实际上，原始武舞与原始武术密切相关，舞者操持各种武器，通过武器进行攻击动作的演练。如《山海经》记载："大乐之野，夏后启于此舞九伐。"[1] 在此时期，武术的练习不仅包括劈、扎、刺、砍等单一技术，还包括连贯的动作序列演练，如一击一刺的连续动作。

处于原始社会末期的一些少数民族已展现出早期的军事舞蹈。例如，20世纪初期，中国羌族演练名为"跳盔甲"的武舞，傣族以其独特的单刀舞和棍舞闻名，布朗族则以刀舞著称，景颇族则表演盾牌舞。从国际来看，澳大利亚东南部也有记录关于战争舞的演出，这些民族武术舞蹈展示了各民族文化的多样性，反映了原始军事训练的形式。

中国的先祖开展的武舞除了武术技击的演练，亦涵盖武艺的表演，以此传达武力的威严。据古籍记载，在虞舜时代，面对三苗族的反复叛乱，尽管舜帝三次战胜叛军，他们仍未完全归顺。在此背景下，禹帝采取非战斗性的策略，表演名为"干戚舞"的武舞，手持巨斧和盾牌，壮观的表演不仅展示了武艺的高超，也体现了力量和勇气的象征，最终，使得三苗族感到敬畏并选择臣服。现今，在中国各地的古代岩画中，依然能见到许多描绘原始武术的场景。特别是在云南沧源地区的岩画中，有画面显示战士们以横列队形站立，右手高举短戈，展现出无畏的气概。在另一幅岩画中，战士们一手持方盾，另一手持两端粗中间细的长形武器，腿部呈马步姿态。这些地区性的岩画为我们提供了观察

---

① 周明. 山海经 [M]. 北京：人民文学出版社，2020：103.

原始武术风貌的珍贵视角。

在周武王发起对纣王的军事行动期间，他创设了名为"舞象"的音乐舞蹈形式，通过具体的肢体语言和节奏配合军事打击技术。继而，周武王以其灭商战争的历史场景为灵感，进一步创编了称为"大武舞"的舞蹈，此舞蹈旨在赞颂其战争功绩并加以广泛传播。在这一时期，武舞承载着表达思想与情感的功能，提供娱乐体验，同时具备了实用性，如练习武艺和强身健体。其动作组合与传统武术套路在很多方面具有高度一致性。《山海经》中便明确提到，手持兵器舞蹈不仅能锻炼身体、增强武艺，还能直接应用于军事征战，进一步验证了武舞在实战武术中的应用价值。[1]

在原始社会的巫术仪式中，武舞占据极其重要的位置。人们在狩猎或战斗等活动前后进行武舞，以此类带有攻击性的动作寄托对超自然力量的祈求，希望通过舞蹈"战胜"敌手。原始社会的宗教活动，如巫术和图腾崇拜，也常通过武舞来体现其宗教信仰和祭祀实践。《说文解字》记载："巫，祝也。女能事无形以舞降神者也。"表明巫术是通过舞蹈来连接神灵的一种方式。[2]图腾武舞则作为原始部落祭祀祖先和神灵的重要表现形式，通过再现战斗场景的舞蹈来表达对祖先的敬仰与祈祷。

四、青铜器时代出现了铜制兵器

在夏、商、周三代的历史进程中，人类社会迈入了青铜器时代。这一时期，原来的石质、骨质及木制兵器逐渐被青铜材质所取代。青铜器的广泛应用，极大地推动了武器的演变与技术发展。青铜器制造业的兴起带动了武器种类的分化，形成了长兵器、短兵器、远射武器及防御武器等类别。以北京昌平白浮村出土的西周时期墓葬中的一批武器为例，其主要兵器配置如下所述：

远射类武器包括弓箭。在长柄格斗类武器方面（长柄长度通常在 2 至 3.2 米），包括戟（结合了戈和矛的功能）、九种不同形态的戈、两件矛及一件钺。短兵器方面，配置了四柄剑、一把匕首以及两把铜斧。

戟，作为一种典型的长柄格斗武器，是中国古代结合矛与戈功能的冷兵器。它由戟头和戟柄组成，戟头通常采用金属材质，柄部则使用木材或竹材。

---

① 周明 . 山海经 [M]. 北京：人民文学出版社，2020：105.
② 许慎 . 说文解字 [M]. 南京：江苏凤凰美术出版社，2015：132.

戟的全长可达 3 米，功能多样，既可用于刺击和直刺，也可用于啄击和勾拽，是骑兵和步兵的重要武器。

青铜戟作为早期广泛使用的戟类型，随着科技的发展，后来逐渐演化为铁戟。典型的商代武器如青铜矛（图 2-4）、铜钺（图 2-5）、青铜戈（图 2-6）以及青铜蛇头剑（图 2-7）等，均体现了商代青铜器技术的高水平和冶炼技术的成熟。

图 2-4　商代青铜矛　　　　　图 2-5　商代铜钺

图 2-6　商代青铜戈　　　　　图 2-7　商代青铜蛇头剑

第二节　古代武术的演进历程

一、古代武术在春秋战国时期得到初兴

（一）造剑工艺更加精良，并制作了很多名剑

对于剑的起源，该领域目前仍然呈现出高度复杂性，学术界尚未就此达成共识。研究资料表明，剑最早出现在西周初期。那时的剑在长度上仅为10 ～ 20 厘米，属于较短的类型，可以称作"匕首"。早期的剑与春秋后期吴

越地区所使用的剑在设计上存在差异。关于剑的起源，主要存在两种观点。

有一种观点强调，短剑与北方游牧民族关系密切，并认为其是受到西北部游牧民族影响的中原地区佩剑的变体。

另一种观点认为，剑的历史可追溯至石器时代。商朝时已有铜制短剑的证据，西周的短剑继承了这一传统。到了春秋时期，剑开始发展为重要兵器，其使用的击刺技术也已成熟。春秋时期的剑较短，通常由青铜制成。春秋末期，吴楚地区开始出现以钢铁为材料的剑，例如在湖南长沙杨家山六十五号墓中发现的著名钢铁剑。战国时期，剑身的长度普遍增加，尽管青铜剑依旧是主流，但钢铁剑的使用也日益普及。春秋时期的剑一般长度在 50 厘米左右，偶尔可达 60 厘米；战国时期的剑则常见于 70～100 厘米，有时甚至超过 100 厘米。

对于剑身长度的演变，其背后的驱动因素可归纳为三个主要方面。

第一，春秋时代以前，主要的作战方式为车战。在此背景下，常见的武器包括长枪和矛，而对于车上的战士而言，短剑在直接战斗中的效用有限，主要作用是作为个人防卫武器，适用于战车废弃后的近战格斗。进入战国时期，随着骑兵和步兵作战方式的兴起，剑作为军事装备的地位提升，此时增长剑身长度有助于提高其杀伤力和战斗效率。第二，剑作为兵器，在经历了长时间的战场考验后，其设计和制造技术日渐成熟，技术进步推动了剑身长度的增加，促进了剑形态的多样化，以满足不同战斗技术和策略的需求。第三，冶金技术的进步，特别是在铁器逐渐取代铜器的历史转折点上，增强了武器的硬度和韧性，使得延长剑身成为可能，从而提升了剑的战斗性能和实用价值。

在短剑与长剑的历史发展中，长剑可视为短剑的演进。春秋时代，以吴、越地区的长剑制作技术尤为精湛，其制剑工艺在当时被视为珍宝。此外，吴越地区的实用技艺在当时亦领先于其他地区，汉代流传的民谚"吴王好剑客，百姓多疮瘢"生动反映了这一点。

根据考古学的发现，长剑最早见于楚国。楚国的长剑是在吸收吴越的冶金与剑术基础上发展而来的。春秋末期，越国灭吴，随后楚国又灭越，从而使楚国获得了吴越广阔的领土及其卓越的文化。楚国墓葬中不断发现的"越王勾践自作用剑"等宝剑，便是这种文化继承的明证。战国时期，楚国的长剑在各国中独树一帜，成为备受瞩目的军事利器。楚人将长剑称为"长铗"，其中"长铗"指的是剑的长柄部分，用以增加使用者的杀伤力与操作范围。如屈原在其作品中所述"带长铗之陆离"，正是对这种长柄剑的描述。楚国的长剑在考古学上有众多发现，特别是中华人民共和国成立初期在湖南衡阳出土的楚国铁剑，其中最长者达140厘米，几乎是现代表演用剑长度的两倍。从战术角度分析，长柄剑的设计既适合刺击，也便于双手挥砍，极具实战价值，特别适用于步兵与骑兵的战斗场景。

　　在近几年的考古挖掘中，研究人员成功地发现并挖掘多件具有历史价值的古代兵器，包括"吴王光剑"（图2-8）、"吴王夫差剑"（图2-9）、"越王勾践剑"（图2-10）、"越王州勾剑"（图2-11）等。

图2-8　吴王光剑

图2-9　吴王夫差剑

图2-10　越王勾践剑

图2-11　越王州勾剑

这些古剑的保存状况近乎完美，工艺精湛，刃口锋利无比，展示出了吴越时期工匠们在铸剑艺术上的卓越技艺。此外，吴越地区还盛产诸如鱼肠剑、属镂剑、湛卢剑、豪曹剑、步光剑、龙渊剑与工布剑等名剑。在铸剑艺术的发展史上，欧冶子、干将与莫邪等铸剑大师因其卓越的技艺而名垂青史。

（二）盛行佩剑之风，并形成了"剑崇拜"

在从春秋晚期延伸至两汉时期的数百年间，长剑与短剑的共存不仅形成了一种文化现象，而且演化成士大夫阶层普遍尊崇的"剑崇拜"。《史记·太史公自序》一文中，司马迁对剑术与兵法的关系进行了深入探讨，他提出："非信廉仁勇不能传兵论剑，与道同符，内可以治身，外可以应变，君子比德焉。"通过这一陈述，太史公不仅将"论剑"视为一种达到"与道同符"的高层次学问，而且认为它涉及内在修养与外在应对的双重能力。此外，司马迁的观点还深刻阐释了汉朝之前剑术被称为"剑道"的缘由，表明其已超越剑在实战中的直接应用，转而着重其所承载的人文精神和文化价值，以及其在社会教化中的独特作用。这一思想对后世产生了影响，促使中国历代士人经常将书法与剑术并重，用剑来象征个人品德。这种以剑映射德性的传统，显然是对太史公理念的有效延续与实践。因此，这一时期可被誉为我国历史上剑术的黄金时代，其深远的文化与教育影响贯穿古代至近现代。

在《史记·秦本纪》中，记录了"简公六年，令吏初带剑"这一重要事件，据定年为公元前409年。《史记·六国年表三》中的相应条目也提到"（简公六年）初令吏带剑"。此外，《史记·秦始皇本纪》附带的《秦纪》也记载了简公"其七年，百姓初带剑"的政策。在战国时期的初期，秦国的简公发布了一系列政令，要求官吏以及百姓佩带剑。《史记》中对此事件的多次记载表明，编纂者司马迁对此历史事件极为重视，认为此举对秦国具有深远的历史影响。政令中的"初"字表明在此之前，秦国的法律可能禁止或未有佩带剑的习惯。"令"字则显示出这是通过政令强制实施的政策，目的在于引入吴国、越国和楚国的先进兵器，这一政策是武器的引入，更是文化和技术的融合，其重要性堪比后来赵国武灵王的"胡服骑射"。因此，被司马迁多次提及，以彰显其重要性。简公的政策强调了武器技术的引进和普及，其政策的核心在于为剑的发展营造适宜的环境，提升秦国剑法的整体水平。通过一系列的命令，简公旨在提高军队的战斗力，使之能够掌握并精通当时的先进兵器和击刺技术。总之，简公的政令不仅是简单的武器推广，而是一项涉及军事、技术和文化多方面的综合改革，提升了秦国的军事战略能力和文化融合程度，对秦国的历史发展产生了深远的影响。

（三）击剑活动的普及与剑术理论的发展

在春秋战国时期及其之后的几百年中，吴、越及楚地域因其卓越的剑铸造与击剑技艺而著称于世。这些地区铸剑技术居于天下之巅，至汉代，吴地的居民仍旧维系着"尚勇轻死"的传统，而荆楚一带亦盛产"奇材剑客"。此现象源于这些地区对剑术的深厚情结和历史传统。在此背景下，剑术不仅是武艺，更成为社会地位和生存方式的一部分。依赖贵族与官僚体系的剑士群体广泛存在，他们中不乏以传授剑术为职业的武术家。剑士依靠个人的武艺与勇武，不仅可以作为雇佣兵身份服务于他人，亦可通过武艺谋求生计，得到社会地位的提升。剑术专家是经过严格训练的专业人士，他们的技艺水平直接影响个人名誉和社会地位。因此，他们在技艺提升上不惜付出巨大的努力，且极为重视将这种特殊技能传承下去。他们在武艺的总结、提升及传播方面做出了贡献，开创了我国长达数千年的民间武术传授传统。这些剑术家的出现，实际上标志着民间职业武术家的兴起，是剑道成熟过程中的一个重要里程碑。

古代文献提供了关于剑的多种记录，表明古时剑术中存在不同长度的剑。剑分为短剑和长剑两类，每种剑的选择都反映了剑术家个人的技艺传承、能力水平及偏好。因此，剑术家依据个人喜好及战术需要选择合适的剑长。一些剑术家偏好使用长剑，另一些倾向于短剑；有的战术是利用长剑的优势来制约短剑，有的策略是使用短剑来破解长剑的技术。这种多样性构建了剑术的技术体系。此外，剑在历史上在战争中的普遍应用促进了名剑的制造和剑术理论的发展。特别是，出现了专门的剑术师和详尽的剑术理论著作，如《庄子·说剑》等。《庄子》，亦称《南华经》，其作者庄周是战国时代著名的思想家，他与老子的哲学观点共同构成了被后世尊称为"老庄学说"的哲学体系。在《说剑篇》中，庄周详述了剑术中的战术："夫为剑者，示之以虚，开之以利，后之以发，先之以至。"这一策略主要涉及诱使敌人深入，利用先机以后发制人的斗剑技巧。

在古籍《吴越春秋》中，史学家赵晔所著《越女论剑》一篇中，记载了越王与越女关于剑法的对话："越王问曰：夫剑之道则如之何？女曰：……其道甚微而易，其意甚幽而深。道有门户，亦有阴阳。开门闭户，阴衰阳兴。凡手战之道，内实精神，外示安仪。见之似好妇，夺之似惧虎。布形侯气，与神俱往。杏之若日，偏如腾兔。追形逐影，光若仿佛。呼吸往来，不及法禁。纵横逆顺，直复不闻。"

《越女》的剑术理论深入探讨了攻防策略、速度控制、动静转换、内在精神与外在表现、虚实转化、呼吸技巧，以及策略上的逆与顺等多个层面的矛盾辩证关系，展示了剑术的不可预测性、高度机动性以及突破常规的战术要素。这些描述不仅彰显了当时剑术的高度发展，也显示了其战术上的成熟与精深。此外，该剑术理论还采用了阴阳与五行理论来阐释剑法的多变规律，进一步证明了其深奥与复杂性。

（四）"私学"中的武术教育

在中国文化史中，私人讲学的传统可追溯至孔子，他是我国古代最为杰出的教育思想家。根据《史记·孔子世家》记载，孔子身高九尺六寸（约等于 1.9 米），具有威武雄壮的体格。《列子》中提道："孔子之劲，能拓国门之关，而不肯以力闻。"此外，汉代王充在《论衡·效力篇》中也提及，"夫子之力能举关"。这些描述指出，古城门的大门闩极为沉重，非常人所能轻易移动。《十批判书》中，郭沫若也赞誉孔子为"千斤大力士"，此类描述均有文献为证。孔子所教授的六艺包括礼、乐、射、御、书、数，其中，射箭和驾驭战车均属于古代的武技。传说孔子拥有三千门徒，其中七十二人精通这六艺，如子路、有若等都是武艺高超之士。孔子本人如果不精通这些技艺，又怎能教授他的练习者呢？同样，在墨子的思想和教育实践中，也大量包含武术元素。据记载，墨子曾对楚王表示：臣的弟子禽滑厘等三百人，已携带守卫武器，在宋城墙上等待楚敌。即使杀死臣，也无法阻断我们。表明墨子的弟子们在军事技能上有着非凡的造诣。

二、秦汉南北朝时期武术的发展

（一）秦收天下兵器与秦军兵器之精良

公元前 221 年，秦王嬴政终结了长期的割据状态，建立了中国历史上首个以中央集权为核心的统一王朝——秦朝。随着六国的并吞，秦始皇采取了多项措施以巩固中央集权的架构。其中包括修建驰道和直道以加强内部连接，构筑长城以防边患，以及通过迁移边疆居民来扩展国土。此外，秦始皇还实施了焚书坑儒的政策，旨在统一思想和文化，以及下令搜集民间散布的各类兵器，集中至咸阳销毁。传说，兵器经熔铸后，铸成了各重24万斤的12个铜人，以此来削弱六国旧贵族的力量及普通百姓的反抗潜能。兵器被销毁后，原本民间流行的兵器使用和武艺训练受到极大的限制，而民间的徒手角抵活动因而迅速兴起。秦朝严格禁止民间武术练习和兵器保有，导致在秦末时期，由陈胜和吴广领导的农民起义只得依赖简陋的工具，"斩木为兵，揭竿为旗"。尽管这些起义者手无寸铁，但他们的反抗最终导致了仅维持十几年的统一帝国迅速解体。

秦军装备的兵器种类繁多且具有高度专业化，主要包括戈、矛、弓弩、钺、钩、镖、殳和剑等。特别是在发掘的三个秦兵马俑坑中，这些坑总面积达到两万平方米，其中包括大约八千个陶制兵马俑和约一万件兵器。这些兵马俑的制作工艺极为精湛，其造型逼真而充满活力，展示了一种雄壮的气势，堪称秦帝国军事力量的一个缩影，并且被誉为"世界第八大奇迹"。

在秦兵马俑的发掘地点中，大量青铜兵器被出土，这些兵器覆盖了冷兵器时代的远射兵器、长兵器及短兵器三大类，具体包括弓弩、戈、矛、殳、剑和钩等，所有这些兵器都显示出高度的制作精度。例如，秦铜戈和秦铜钩以及青铜剑均体现了秦时期金属工艺的高超技艺。

（二）"武艺"的名称在汉代出现

武艺这一术语最初出现于汉代，并自那时起持续使用至今。武艺泛指各种徒手或使用器械进行的攻击与防御的技巧，涵盖广泛的技术和套路，包括但不限于角抵、手搏以及各种兵器技术，如剑术、刀术、长兵器技巧和短兵器操练，具体包括长戟、手戟、戈、矛、殳、斧、大刀、狼牙棒、弓、弩等。在对抗性技术方面，武艺包括手搏和角抵等形式，这些形式引入裁判后，展现了更加鲜明的体育性质。技术亦涉及短兵与短兵之间的对抗，长短兵器之间的交战，以及徒手对抗武器的技巧。在套路技术的构成中，包含多种单练套路，如"刀舞""剑舞"和"双戟舞"，以及模仿动物动作的套路，如"狗斗舞"和"沐猴舞"。还存在多种形式的对练套路。

在《古今图书集成·闺奇部列传》中记载，关索之妻王氏有着深入的"诸家"传承的武艺。所述的"诸家"，明确指代了具有各自独特技术特色的不同流派。自汉代起，由于武术练习的普及，社会上涌现了大量的武术实践者，他们分属不同的技术风格和流派。

自秦汉时期起，角力和击剑已成为流行的活动。随着社会上"宴乐兴舞"的风俗愈发普及，舞蹈中融入手持武器的表演频繁出现于各种宴饮之中。例如，《史记·项羽本纪》中描述的"鸿门宴"场景，项庄以舞剑的形式隐藏了暗杀沛公的意图。其他如"力舞"与"刀舞"等表演，尽管具有娱乐属性，技术层面却与现代套路形式的运动颇为相似。

汉代遗留的大量汉砖画生动地记录了当时的武术细节，这些视觉材料为现代学者提供了关于汉代武术发展的宝贵信息，促进了对该时期武术技术及其文化影响的深入研究。

（三）汉代剑术的发展和繁荣

在秦汉时期，随着军事战术的演进，骑兵逐渐成为战争中的关键力量。在此背景下，传统的长剑开始被环柄长刀所替代，用以适应战场的需求。然而，在平民生活中，剑的使用不仅未减反增，用于日常娱乐和防身的功能增强。如此重要的地位，使得从天子到百官无人不佩带剑具。此外，汉代的画像石和画像砖频繁地描绘了佩剑的官吏形象，反映了剑在社会文化中的广泛影响。

在学术领域，剑术的研究在秦汉时代得到了重视。基于战国时期的"剑道"理论，剑术研究不仅得到了进一步的发展，还进行了有效的理论性总结和概括。根据史料研究，汉代剑术展现出以下几个特征：

第一，剑术已发展成为一门独立且系统的学科；

第二，对剑术的研究和总结已呈现出理论化的趋势；

第三，剑术形成了一套具体且系统的招式体系；

第四，竞技性剑术对抗，如斗剑比赛，开始广泛流行。

尚武精神的推崇，特别是在频繁的征战和对外扩张中，显得尤为重要。在两汉时期，崇尚武功、立足于边疆功勋的文化氛围盛行，此风尚通过学习剑术得到了良好的体现。历史人物如霍去病和班超，他们的英雄事迹激励着世人对武术的尊崇和学习的热情。因此，在这一时期，学习剑术不仅是军事训练的一部分，更成为流行的文化现象。

（四）竞赛形式与套路技术

根据古籍的记载，竞技活动在两晋以及南北朝时期已有发展。在北朝魏孝武帝的统治下，射箭被赋予了极高的重视。孝武帝为了倡导射箭技艺，定期组织射箭比赛。记载中提到，孝武帝曾设立一只银杯作为比赛的奖项，将其悬挂于百步之外。他邀请了数名擅长射箭的士人参加比赛，只有射中银杯者才能在杯上留下自己的名字。在随后的比赛中，若有新的胜者出现，则将银杯转赠给该胜者，并同样在杯上镌刻其名。这种形式的比赛，被认为是中国历史上最早的银杯赛之一。此外，在南北朝对峙的历史背景下，南北方在武技方面依旧保持了一定的交流与互动。例如，梁朝曾派遣武士前往北齐进行访问，表达了希望与北齐人进行武技比拼的意愿，北齐对此给予了热情的回应，并派出勇士与梁朝武士进行比赛。这些比赛涵盖左右驰射、刀术以及拉强弓等项目，北齐在这些比赛中取得了胜利。

在两晋时期，武术经历了显著的发展，并逐渐形成独立的发展轨迹。此时期，众多武术家在长期的实践和积累中，将技击中的精髓动作通过套路的形式串联，并将其关键要领总结为口诀和秘法，以便技艺的记忆与掌握。这种形式化的练习模式，标志着某些武术程式和套路的诞生。据史料记载，两晋及南北朝期间，道教的杰出代表葛洪，一位集医学、养生及化学于一身的学者，自幼修习射箭，继而扩展至学习刀盾、大刀、双戟及棍术等武艺。在其学习过程中，他的导师便采用口诀和秘法进行教授。如葛洪在其著作《抱朴子·外篇自序》中所述："又曾受刀盾及单刀双戟，皆有口诀要术，以待取人，乃有秘法，其巧入神。若以此道与不晓者对，便可以当全独胜，所向无前矣。晚又学七尺杖术，可以入白刃，取大戟。"从这些记载中可见，葛洪的武术修炼不局限于技能的学习，更涵盖深层次的策略和技术秘籍，这些都极大地推动了武术的专业化和系统化。这一时期的武术不仅传授技巧，更是通过代代相传的方式，实现了技术的持续发展和完善，从而推动武术作为一种独立艺术形式的成熟。

在某些情况下，武术被用作实施一套完整的表演或练习活动，以此强化其防御与攻击的技术经验。随着表演活动的增加，为了达到更加吸引观众的效果，表演中融入了诸多花式动作，这些动作包括大量的抛掷与回旋，从而赋予武术表演更多的惊险性和表现力。在舞戟表演中，"环身盘旋，回转绕身如萦缠"。这些记载表明，武术已经开始形成一种程式化的训练和表演模式。

在此历史时期，武术技巧在增强体质和健身方面的功能也得到了广泛的认可和重视。尤其是随着练习武术能够增强体质的事实逐渐为人所接受，进一步推动了武术技术向程式化和标准化的发展。

三、隋唐时期武术的丰富

（一）唐代武举制的建立

武举制度，作为古代中国对军事技能人才进行选拔的一种制度，始创于唐代，并在历代的传承与完善中一直沿用至清朝末期。武举的考试由兵部主持，杜佑在《通典》卷一五中记载："高第者授官，其次以类升"。

在长安二年，武则天创立了武举制度，其主要原因可以归纳为以下三点。

唐朝初期继承了隋朝的府兵制，该制度中包括推荐武臣的规定并由兵部主持武选，但当时的推荐系统仅限于将门子弟，武选也只针对"纳课品子"，限制了选拔人才的广度，导致优秀将领的短缺。这一局限性促使武则天考虑采用更为广泛的方法以选拔杰出的军事人才。

武举制的建立与武则天培养及支持自己的军事势力息息相关。武则天掌权之初，迫切需要各方面力量的支持，创建武举是她"不惜爵位，以笼四方豪杰自为助"的关键策略之一。

在武举制实行之前，已经积累了一套较为成熟的选拔武士和武官的方法，即在之前的武选制度基础上形成的武科法则。

在《唐六典·选举》一文中，详细记录了唐代武举考试的制度与内容，其中指出："武举以七等阅其人。"该考试主要涵盖以下几个方面。

长垛：考生需要在一百零五步的距离上对设置的布帛箭靶（垛）进行射击，箭靶上绘有五个标靶（即环），连续射击 30 箭。

骑射：此项测试考查考生在马背上进行射箭的能力。

马枪：评估考生骑马时操控武器的技术。

步射：此部分涉及向草制人形目标射箭，部分考生需要身穿铠甲以测试弓箭的力度。

举重：此项分为两个子项。一为叩关，即直接举重；二为负重行走，即背负五斛米行走 20 步。

言语：测试考生的口才及文理表达的优劣。

才貌：要求考生身高六尺以上，且体态健壮，外表英俊。

唐代武举制的确立，对当时及后世产生了深远的影响和重要意义。此制度的实施，不仅开创了武官选拔的新途径，也极大地激发了社会对武术的兴趣与热情，为民众提供了通过个人武技进入仕途的可能性和途径。这不仅扩大了武技人才的来源，还促进了社会尚武风气的形成与发展。同时，武举制还对武术的教学内容与评价标准进行了规范化，提出了对武技人才基本素质的全面而具体的要求。这一制度自唐代起，延续使用超过一千年，直至清末才告终止。

在隋唐时期，为了推进武技的发展，官方还制定了多种激励措施。根据历史记载，任何在特定技能上有所长，并在相关活动中展现出卓越表现的个体，会获得奖励，还会被授予相应的荣誉称号。《太白阴经》一书中记载："有引五石之弓，矢五扎，戈、矛、剑、便于利用者"，给予奖赏并授予"猛殿之士"称号；"有立乘夺马，左右超忽，踪越城堡，幽人庐舍而无形迹者"，授予奖励并冠以"矫捷之士"称号；"有力负二百二十斤，行五十步者"，则被奖励并授以"伎术之士"的称号。这些无疑促进了各类武技的发展，显示了当代政府对于武艺人才的重视。

（二）武术套路的充实与丰富

武术套路的发展主要围绕攻击与防御的格斗技术展开，这一领域吸纳了戏剧与舞蹈中的多种演练技巧，包括手部、眼神、身体动作及步法等多种表现形式，也因此在武术套路的表演艺术方面取得了发展。尽管从军事与技击的视角出发，套路演练有时被视为缺乏实战价值的"花拳绣腿"，但其普遍的群众基础和的健身效果，使其能够逐步从传统的军事训练体系中独立出来，并持续发展。

在各种武术套路技术中，剑术的发展尤为迅速。唐代时期，剑术开始从军事应用中逐渐淡出，对抗性质的"斗剑"活动也相应减少，但作为表演和演练的剑术套路却迅速发展。历史上，武术与舞蹈之间一直存在密切的联系。从周代的"武舞"到秦汉时期的"百戏"，再到盛唐时期的"剑舞"，武术和舞蹈在相互借鉴与影响中不断进化与发展。

四、宋元时期武术的兴衰

（一）宋朝军中武艺

在宋元时期，由于阶级矛盾和民族矛盾非常尖锐复杂，加之军事气氛紧张激烈，军事训练和教育得到加强和改进，特别是在骑射技能的训练方面。这一时期，军事教育和训练方式有了重大的发展。

在宋朝，军队招募过程非常重视体能测试。新兵首先要进行体格和敏捷性评估，体现了对体能的高度重视。北宋期间，多次发布《教法格》，明确了使用的装备、训练内容和方法，并将其编纂为标准训练手册。例如，在神宗皇帝元丰二年（1079 年），颁布了《教法格并图像》，该手册详细介绍了步射和马射、马上使用长枪、野战格斗技巧及步兵队形等多种技术，包含超过一千字的详尽指导，以全面训练军人。

此外，还建立了精确详尽的评估规定。在神宗皇帝熙宁元年（1068 年），颁布了针对河北各军的弓箭和弩考核标准的诏令。该诏令将弓分为三等：九斗为一等，八斗为二等，七斗为三等；弩也分为三等：二石七斗为一等，二石四斗为二等，二石一斗为三等，从而正式确定了军事熟练度的评估标准。

在宋代，军事训练体系中对于经验的总结与推广尤为重视。不仅如此，实行教法格时，也需配备专业人员以传授技能，由此孕育出"教头"这一角色。庆历四年（1044 年），中央政府启动了"遣官以陕西阵法分教河北军士"计划，派遣教头以推广教法格。此外，王安石的《将兵法》将此制度化，规定由中央选拔武艺精湛之人至各地军队担任教头，确保"使兵知其将，将练其士"。到了元丰元年（1078 年），中央还组织了巡回教头队伍，针对基层教头的需求，采用了短期培训或轮训的方式进行能力提升。

同时，武术表演在宋代军事文化中亦有重要地位。马端临在《文献通考》卷 152《兵四》中记载，太宗皇帝挑选军中勇士，教授其剑舞技艺，使之能在空中旋转并精准掷剑，表现出近乎神迹的技巧。每当契丹使节访问时，太宗皇帝便安排剑舞表演以展示军事力量。表演者数百人，手持锋利兵器，技艺精湛，其剑光如霜雪般飞扬，为的是展示宋军的武艺和壮观。此外，太宗亲征太原时，亦以剑舞为军队前导，以此震慑敌人并激励士气。这种表演虽在提升声势方面极为有效，但在实战应用上较为有限，反映了宋代军队对形象和士气的高度重视。

（二）宋代武举与武学

自宋仁宗时期起，宋朝开始施行武举制度。此制度的初步选拔通常首先进行骑射竞技，随后是策论考核，按照《宋史》记载："策论决定录取与否，骑射则决定优劣。"然而，该制度不久便遭废止。

武举之后得以复兴，并伴随着武学的设立，这一教育机构包含步射、马射、策略及武艺等教学与考核内容。尽管这些内容被纳入体系，却未获得广泛的社会重视。宋代武举的考试过程分为四个层次：比试、解试、省试、殿试，考核内容主要分为两大类：武技与程文。其中武技部分通常涵盖弓步射、弓马射、弩踏及抡使刀枪等项目。程文则囊括策问与墨义两部分。所谓墨义考试，主要是对《韬》《略》《孙》《吴》《司马》等军事著作的解释与阐述，评判标准是能够独立运用个人理解或结合历代注释来阐明义理的通透性。策问部分则聚焦于当时的时务、边防或涉及军事策略的经史事件，要求考生在限定的七百字内完成答案撰写。

在宋代，武举的开展初期，其评选范围涵盖文学与武术两方面，主要目的是促使从事武术的人员向文武双全的目标迈进，有效地纠正了偏重武术而忽视文学的倾向。

仁宗皇帝在庆历三年（1043 年）五月首次设立武术科目，然而仅三年后该政策即告废止。直至神宗皇帝熙宁五年（1072 年），武术教育在武成王庙得以复兴，规定"武练习者员以百人为定额"。同时，对于武学入学的资格也设立了具体的规范，限定在京城的低级官员、门荫子弟及平民不得入学。北宋元丰三年（1080 年）四月，宋神宗皇帝特别下旨，整理并定稿了《孙子兵法》《吴子兵法》《六韬》《司马法》《三略》《尉缭子》以及《李卫公问对》七种古兵书，合称为"七书"。这些兵书后被刻版印行，颁布于武举之中，成为武术学习的必读书，这便是历史上著名的《武经七书》的由来。此丛书在宋朝南渡后继续作为武举考试的命题书籍，成为中国古代兵书史上首部重要的军事集成，代表了中国古代兵书的精髓。

（三）元代军中武术与民间禁武

在宋朝约三百年的历史时期中，除了宋朝本身之外，还有四个由少数民族建立的政权并存，即辽、西夏、金、大蒙古国。其中，辽朝的契丹族，民众普遍具备军事素养，擅长骑射并热衷于角抵运动。金朝同样重视军事训练，其民众也以骑射技能著称，并通过武举系统选拔官员。西夏则是以党项族和羌族为主的多民族结合体，由于地处丝绸之路要冲，西夏军民普遍擅长骑射，其兵器制造工艺亦受到多种文化的深远影响，表现出极高的制造水平。

1206 年，铁木真在部落首领的一致推举下被尊称为"大汗"，即"成吉思汗"，此举标志着大蒙古国的正式建立。蒙古族以卓越的骑射技术著称，其铁骑部队在随后七十余年的军事扩张中，席卷了整个欧亚大陆。他们先后灭亡西辽、西夏，占领了莫斯科、维也纳，以及攻陷了巴格达和大马士革，最终消灭了南宋，建立了从朝鲜半岛至中欧、从广州至巴格达的史无前例的帝国。

1271年，元世祖忽必烈成立元朝，至1279年完成对南宋的征服，实现了对中国的再统一。为了强化统治，元朝建立了一支由十万士兵组成的常备军，并设立了一支一万人的侍卫军。根据历史文献记载，元朝军队的训练课程包括蒙古族精通的骑马、射箭和摔跤等项目，还维持了传统武术的核心内容，如单剑、双剑、单刀、双刀、枪、棍、槌、斧等。《元史》中记载，国宝级文物"击剑学书"被高度珍视；邓弼擅长双剑；王英精通刀法，被誉为"刀王"；等等。这些记录表明，元朝军中聚集了众多武术高手，武术作为传统项目在元朝得到了良好的传承和发展，未因禁练武术的政策而中断。元军擅长骑射，使用标枪，同时常备短刀和短剑，双刀技术尤为出众。

为了进一步巩固其政权，元朝建立了民族等级制度，并多次颁布禁令，禁止汉族制造及储存兵器、参与打猎和练习武术等活动。然而，元朝时期同样标志着我国历史上的一个民族大融合阶段。随着不同民族在经济、政治和文化领域的广泛交流，体育活动也随之经历了相互影响与融合。因此，在这一历史进程中，元朝的武术依旧实现了一定程度的发展。尽管在某些时期，元朝统治者实施了压迫政策，但武术仍然通过多种形式得以传承和发展。据史料记载，在金元时期的角抵活动中，包括摔跤和相扑，有时还融入拳击技巧。元朝诗人胡祗遹在其作品《相扑二首》中描述了元大都的角抵表演，诗中写道："满前丝竹厌繁浓，勾引眈眈角抵雄。毒手老拳毋借让，助欢鼓勇兴无穷。""臂缠红锦绣裆褕，虎搏龙拿战两夫。自古都人元尚气，摩肩累迹隘康衢。"此诗细致地描绘了元大都民众热切观看角抵比赛的情景。从描述中可见，当时的角抵不限于摔跤，还涉及了擒拿和拳击等技术。

五、明清时期古代武术走向鼎盛

（一）明清时期是中国古代武术发展的鼎盛时期

在中国古代武术的历史进程中，明清两代标志着武术的高峰期，其主要特征表现在以下几方面。

　　首先，此时期对武术的总体范畴进行了系统的界定。明代以前，武艺内容纷繁复杂，包罗万象。明清时期，学者们开始对武术的理论体系进行梳理和分类，明确将武术总体归纳为"十八般武艺"，对其中的具体内容进行详细罗列，同时，确立了武术的基础技能包括武术功法、套路技术与技击对抗三大部分。

　　其次，这一时期武术理论的研究迅猛发展。众多关于武术的著作陆续问世，充分展示了武术的深厚积累与广泛发展，不仅反映了武术日益成熟的实践水平，也成为形成完整武术体系的关键指标。在这些文献中，不仅包含对武术理论的深入探讨，也涵盖具体武术动作的描述。大量的口诀、动作图示与路线图的出现，不但丰富了武术的教学与传播手段，而且成为研究古代武术的宝贵资料。

　　最后，在这一时期，诸多武术流派应运而生，各具特色。其中，较为知名的包括太极拳、少林拳、南拳及形意拳等，正是在此时期，这些武术逐渐成形。武术在发展过程中，与传统文化领域如兵学、哲学、宗教以及养生学等方面进行了广泛的交流与融合，从而极大地扩展了其内涵和影响力。不同于军事武艺的严格与精确，民间武术则呈现更为多样和富有个性的发展特征。

　　明代的武术繁荣情况可从《宪宗行乐图》（又名《明宪宗元宵行乐图》）（图2-12）中窥见。该图展示了明代元宵节（农历正月十五）在皇宫中的庆祝活动，其中一幅局部画面描述了士兵们分别持剑、枪和刀等兵器进行各式武艺的对练和单独表演，这些活动是元宵节庆典的重要组成部分（绢本，设色，藏于中国历史博物馆）。

图 2-12　《明宪宗元宵行乐图》（局部）

（二）明清的武科

1367 年，朱元璋颁布了"设文武二科取士"的圣旨。洪武二十年（1387年），建立了武学院，采用武举制度进行选拔，选拔考试包括策略分析和弓马技能的测试。万历末年，科臣提出设立专门的将材武科，此科考试分为三个阶段：第一阶段包括马术、步行射箭，以及枪、刀、剑、戟、拳搏、击刺等技能的测试；第二阶段涉及军事编阵、地雷、火药、战车等军事技术的应用；第三阶段则考察兵法、天文和地理等知识。该提议获得了皇帝的批准，但未能得到实质性的实施。

清代时期，武科选拔制度被细分为四个层次：童试、乡试、会试及殿试，每个层次均分为外场和内场两部分。在童试阶段,外场考试分为三个部分:第一部分为马上射箭,考生须在疾驰的马上连续射出三箭,未命中目标者将不再继续参加后续考试;第二部分为步行射箭,连续射出五箭,仅命中一箭者亦不得继续;只有在马射与步射两项中均达标的考生,方可进入下一阶段,测试开弓、舞刀及掷石等技能。

童试的内场考核初以策论起,后转为默书《武经》。乡试及会试均涵盖内外场之区分。外场的具体分类如下所述:

首场考核以骑射为主,参试者需驰骋三次,射击九箭,若命中两箭即视为合格;

第二场为步行射箭,针对布置的靶子,发射九箭,命中三箭者亦视为合格;

继而展开弓箭射击、舞动刀具及举起重石,以此检验技艺与勇气。

内场的考核分为三部分:策问两题,一篇论文,选题基于《武经七书》。

武殿试乃清代武科最高级别的考试,考察内容涵盖策论与骑射、步射、弓术、刀法及举石。历史文献《钦定大清令典事例》(卷七〇七)记载:"武科设置重视外场,其弓术之力度,尤为决定优劣之标准。"

武童试每三年举办一次,入选者称为武生。武科乡试亦每三年一次,通过者晋为武举。次年九月,各省的武举人聚首北京参加会试,成功者获封武进士。

（三）武术与导引的结合

明朝时期,地方武术风格各异,强调实战应用,其在社会中的角色仍主要是武技。然而,清朝时期随着火药技术的进步和传统文化的影响,社会对于古代武术在健康促进方面的重视提升。武术习练者不仅技艺上需精通踢、打、摔、拿等多种技能,更加强了对气功修炼的重视,推动武术与导引技法的融合发展。这种转变象征着民间武术已从传统军事武技中独立出来,转化为一项结合多样化训练方法的活动,不仅能够增强体质,还具备自我防卫、艺术表演等多重社会功能。

清朝时期,武术与导引功的融合主要呈现为两种互补的模式。

其一,武术练习中融入了导引功的元素,即在拳术锻炼过程中,通过意识引导气流，实现气与身体动作的和谐统一，依靠呼吸与动作的密切配合实施"以气催力"。太极拳、形意拳和八卦掌等拳种，均起源于清初，它们不仅注重动作的实施，也强调内在气力的培养，这种"动静结合、内外兼修"的训练方法，是当代武术与气功结合的一种表现形式。这些拳术的独特锻炼价值随时间逐渐被广泛认可，并在各武术流派中逐步确立其重要地位。

其二，导引功的修炼与武术练习也可分别进行。在这一模式中，"练气"主要通过静坐的方式来完成，称为"默坐运气"。这种练习能够有效调节大脑皮层及高级神经中枢的功能，增强人体的兴奋与抑制转换能力。专门的"练气"不仅积聚体内的生命能量，而且能在特定条件下激发超常的力量，从而提升拳术的功效。

中国医史博物馆的藏品《调气炼外丹图式》，该作品代表了清朝时期养生功法的图解。该图谱完整包括三套共二十二个动作，每套中的第十二动作进一步细分为尾一式与尾二式。图谱中每一动作均配备了精练的指导要点，以图文并茂的形式呈现，为古代保健与养生功法提供了珍贵的视觉资料。

同时，关于"练气"理论的文献亦在清代广泛出现。例如，王宗岳的《太极拳论》、姬隆风的《六合拳谱》及苌乃周的《苌氏武技书》等著作。在《太极拳论》中，王宗岳阐述了武术训练中气的导引与沉淀："虚领顶劲，气沉丹田。不偏不倚，忽隐忽现。"此言明了武术练习与练气相结合的重要性，以及其在增进养生健身效果中的作用。《六合拳谱》则强调了内外合一的养生理念："六合者，心与意合，气与力合，筋与骨合，手与足合，肘与膝合，肩与胯合，是谓六合。"该文提出通过心意导引气力，强调了内外兼修、形神合一的重要性。清乾隆年间，苌乃周在其《苌氏武技书》中，结合自身深厚的武术实践及文化修养，借助易学、中医、道教内丹修炼的理论，撰写了《中气论》《过气论》《行气论》《点气论》《养气论》等多篇专论。这些论文详细探讨了武术与"中气"的内外兼修及形气合练的学术理论与方法，并依据武术技艺的特点，对练习的技巧与方法进行了系统、深入的分析，内容翔实且具有独到的学术见解，显示了其在该领域的成就。

第三节　现代武术的演进历程

一、武术组织的建立

1910 年，精武体育会在上海成立，该组织在当时不仅传播力和影响力最为广泛，其存在时间亦为最长。精武体育会的成立及其后续活动对国内外的武术文化产生了深远的影响。

辛亥革命后，中华民族的武术由于一些社会知名人士和教育家的倡导，开始得到广泛的关注和重视。伴随着这种关注，大量的武术社团在多个城市相继成立。例如，仅在上海，便有逾三十家武术会社成立，北京亦有超过二十家，天津则有十余家。此外，在其他城市亦有众多武术相关组织陆续设立。

1928 年，国民党政府在南京成立了中央国术馆，并在随后的时间里，在各省市县也设立了相应的地方国术馆。这种由官方主导的国术馆组织系统，对民间武术活动实施了积极的行政介入，其决策对当时武术的整体发展产生了直接影响。

民间武术组织以及拥有官方身份的国术馆组织系统的建立，打破了武术受地域和家族的限制，逐渐摆脱了传统的师徒口传身教的教学模式。武术的生存环境也从农村转移到城市，并形成了以成熟的武术组织为中心，对武术进行有组织的推广。与此同时，关于武术的研究和整理工作也在有序地展开。

综上所述，武术组织的建立对于推动中华武术运动的发展起到了极其重要的作用，对武术文化的传承与创新产生了积极的促进效果。

二、武术形式的创新

（一）在武术的教育形式上为传统武术的近代化转型做了有益的尝试

1911 年，一群武术领军人物联合编撰了一部创新的武术教科书，名为《中华新武术》，并于 1914 年对其进行了修订。1917 年，该教材被军警系统采纳为基础训练教程，并于次年即 1918 年，被正式定为全国体育运动的标准项目。这些杰出的武术专家所开发的新式武术，不仅以传统武术为教学内容，还吸纳了军事操练的形式特征，采用分步讲解和口令练习的方式，适宜于集体教学环境。尽管在内容上显得较为单一，且动作带有明显的军事风格，但该教学体系却有效体现了教育训练中循序渐进的原则，并为将武术纳入学校体育课程提供了一种实际可行的方式。

1915 年 4 月，"全国教育联合会"首次大会在天津顺利举办，会上通过了一项重要决议："各学校应添授中国旧有武技"。此举象征着武术作为一种增强国力和尚武精神的教育工具，被正式纳入学校教育体系。

继此之后，1918 年 10 月，教育部召集全国中学校长会议，在此次会议上同样通过决议强调了武术在全国中学教育中的必要性与重要性，标志着武术从乡村市井的传统场域转移到正规学校体系，使武术成为学校体育课程中的核心组成部分。

然而，武术在学校的普及与实施过程中，仍面临不少挑战。受到区域发展不平衡、师资力量缺乏、设备不足等多种因素的制约，各地学校武术教育的质量和效果呈现差异。特别是在抗日战争期间，武术教育更是受到极大的冲击和影响，其在学校的推广和发展进程几乎陷入停滞。

（二）组织各类形式的武术竞赛活动

中华全国武术大会在 1923 年 4 月于上海顺利举办，此次盛会不仅标志着中国体育历史上首次单项武术竞赛的开启，亦为武术史书写了新篇章。1924 年，中国历史上第三届全国运动会成功举行，武术套路首度作为表演项目亮相，象征着武术运动正式融入综合性体育赛事。1928 年及 1933 年，中央国术馆分别举行两届"国术国考"，这两次赛事在近代武术的发展史中产生了深远的影响。

中国第五届与第六届全运会分别于 1933 年和 1935 年成功举办，其间武术项目被正式列入比赛，促进了该项运动的普及与发展。这一系列武术竞赛活动的展开，不仅促成了相关竞赛规则的形成与逐步完善，同时为武术运动的规范化和标准化奠定了基础。通过这些历史节点的串联，可以描绘出中国武术从传统到现代化的演进轨迹，及其在国内外体育领域中的地位提升。

（三）武术观念开始革新，武术理论向科学化方向发展

在传统与现代思潮的激烈碰撞中，随着"土洋体育"理念的逐渐推广及武术纳入学校体育教学，社会各界对武术的理解逐渐加深，开始从体育学的视角

对其进行深入分析。此外，众多学者针对武术的渊源与演进展开了严谨的历史考证，并对其在健身和技击等多个领域的实际效用进行了科学验证，这些研究成果极为珍贵，促进了武术向科学化方向的发展。

第四节　武术发展现状与趋势

一、中华武术发展现状

就目前来看，中华武术发展主要呈现以下几个方面的特征。

（一）各类武术活动得到组织和开展

近期，我国及地方各级政府积极策划并实施了众多围绕传统武术的年度聚会与竞技交流，诸如"焦作国际太极拳年会""郑州国际少林寺武术节""传统武术功力大赛""国际螳螂拳交流比赛"以及"国际形意拳交流比赛"。这些活动的筹划与实施促进了武术文化的普及与推广，增强了其在全球范围内的影响力。

（二）武术电视节目相继涌现

近期，针对传统武术的探索与推广成为一些电视节目的核心内容。例如，河北卫视的《英雄榜》、河南电视台的《武林风》以及广东电视台的《中国功夫电视擂台赛》均围绕武术展开。继而，中央电视台通过设立以武术技击为主旨的竞赛《康龙武林大会》，进一步将武术带到了中国最权威的媒体平台上，从而展示了中国传统武术的独特魅力。

（三）传统武术习练人数增多

根据最新的研究数据显示，参与武术活动的国民已超过两亿人次。这一数据不仅反映出武术在国内享有广泛的社会基础，而且凸显了中华武术的强大生命力与文化传承的重要性。这些节目和活动的普及与推广，有效促进了公众对武术文化的认知和尊重，增强了民族文化自信。

（四）传统武术掀起研究热潮

随着武术在全球范围内逐渐扩展与推广，致力于此领域研究的学者人数持续增加，武术文化研究领域亦逐渐兴起一股浓厚的学术兴趣。此种趋势充分反映出武术学研究者已经开始深入关注与武术发展紧密相关的诸多议题。通过开展学术研究，能够拓宽研究者的视野，有助于探索和确立更为理想的武术传承新模式。

（五）传统武术的国际化趋势加强

武术首次作为国际赛事项目在 1991 年的亚运会上亮相，此举极大地提升了亚洲各国对中华武术的认识与接受度。自此，武术套路在亚洲广泛传播，促进了其在全球范围内的影响力。武术套路纳入亚运会的常设项目，不仅展示了我国在全球竞技体育领域的贡献，而且有效推广了中国的传统文化。在全球化的新背景下，中国武术不仅逐步扩展到亚洲之外，更致力于被纳入奥运会的正式比赛项目。此外，随着中华武术在国际体育竞技舞台上的地位日益突出，针对其国际化进程的研究亦日趋活跃。

在过去数年中，中华武术已经提升了其在国内外的影响力和受关注的程度，各类相关活动的积极推动对其发展起到了积极作用。尽管如此，我们必须清醒地认识到，在这表面的繁荣之下，隐藏着武术作为技击文化的逐步边缘化。原本应作为文化传承的元素，武术在体育化进程中逐渐演变成了纯粹的体育项目；原本应持续终生探索与追求的武术，因为赛事中的高额奖励而变成了短暂的目标；原本应重视技艺精进的武术，却因追求高难度与新颖性而流于形式，其重点仅仅放在竞赛胜利的单一目标上。

在中华武术的发展轨迹中，文化内涵的逐步弱化导致了诸多问题的出现，且这些问题的严重性有增无减。中华武术向现代化的过渡，不仅是在形式上进行了必要的调整，更在价值观念和技术体系上向现代性倾斜。一旦中华武术背离其传统根基和技击本质，其文化的深度将受损，民族的自我认同可能因此而动摇，中华武术的地位也可能沦为一个濒临消失的非物质文化遗产。

二、中华武术发展趋势

（一）中华武术开始回归传统

近年来，中央和各地政府高度重视传统文化的保护与传承，出台了一系列政策措施，鼓励和支持武术的传承与发展。国家将武术列入非物质文化遗产名录，并设立专门的传承基地和培训机构。传统武术不仅是技击之术，更是一种文化修养和生活方式，通过武术的学习和练习，人们可以理解和体会中华文化的深厚底蕴，培养自身的品德修养和精神风貌。在这一过程中，传统武术的礼仪、精神和哲学思想得到了充分的传承与弘扬。例如，太极拳不仅以其柔和、圆润的动作著称，更重要的是其背后蕴含的"以柔克刚""以静制动"的哲学思想都体现了中华传统文化的智慧。此外，随着社会的快速发展和生活节奏的加快，人们在追求物质生活的同时，十分注重精神文化的追求。传统武术契合现代人的需求，通过武术练习可以使人们在繁忙的生活中找到平衡，既能强身健体，又能修身养性，从而达到身心合一的境界。

（二）武术向着大众化的方向发展

随着人们生活水平的提高和健康意识的增强，武术越来越受到大众的欢迎，许多学校、健身机构开设了武术课程和培训班，使得武术从少数人的专属技艺变成了大众可以参与的运动项目。许多中小学将武术纳入体育课程，开展武术比赛和表演，培养练习者对武术的兴趣和爱好，丰富练习者的课外活动，提高练习者的身体素质和文化素养。武术的普及还得益于现代媒体和互联网技术的发展。武术影视作品、网络直播、短视频等形式，使得武术文化得到了广泛传播。人们可以通过电视、电影、网络等渠道了解和学习武术，甚至可以在线参加武术培训和比赛。

（三）武术的价值和运动形式更加多样化

首先，武术的健身价值得到了广泛的认可和推崇。武术的动作多样且全面，既有强劲有力的拳脚功夫，也有柔和舒展的内家拳法，如太极拳、八卦掌等，练习这些武术套路，能够锻炼身体的各个部位和系统，增强体质，改善体形，调整心态，从而提高整体的健康水平。特别是内家拳法，其强调呼吸与动作的协调，通过调节呼吸，达到内外兼修的效果，对心肺功能有良好的锻炼作用，还能促进血液循环，增强免疫力。其次，武术的娱乐价值也越来越受到重视。在现代快节奏的生活中，许多人通过学习和练习武术来放松身心，释放工作和生活中的压力。在武术的学习过程中，人们可以体验到动作的美感和力量的控制，享受身体与心灵的和谐统一。再次，武术表演也受到广大观众的喜爱和追捧，无论是在传统节庆活动中，还是在现代的各种文艺演出中，武术表演都以其独特的形式和内容，成为一道亮丽的风景线。最后，武术的文化传承价值也日益显现。作为中华文化的重要组成部分，武术承载着丰富的历史和人文内涵。人们学习和练习武术可以了解和体会中华武术的礼仪、精神和哲学思想，如"以柔克刚""以静制动""仁者无敌"等中华传统文化的智慧。

现代社会中，武术的运动形式也更加多样化。传统的武术练习方式，如师徒传授、家庭传承，逐渐被现代的教育培训模式所取代。各类武术培训机构和课程遍布全国，许多学校、社区和健身机构开设了武术课程和培训班，武术从少数人的专属技艺变成了大众可以参与的运动项目。此外，武术的竞技化发展也是其运动形式多样化的重要表现。各类武术比赛和表演活动，丰富了人们的文化生活，促进了武术的普及和发展。

（四）武术产业得到更好发展

随着武术的普及和人们对武术需求的增加，武术产业得到快速发展，形成了涵盖武术培训、装备制造、赛事组织、文化传播等多个领域的产业链。武术培训是武术产业的重要组成部分。随着武术爱好者的增多，各类武术培训机构如雨后春笋般涌现，培训机构提供专业的武术教学，开展各类武术活动和比赛，满足人们对武术学习和交流的需求。高校和科研机构也设立了武术研究和教育专业，为武术的传承和发展培养了大批专业人才。

武术装备制造也是武术产业的重要组成部分。随着武术练习和比赛的普及，武术装备的需求量大大增加。武术服装、护具、器械等武术装备的制造和销售，形成了一个庞大的市场。一些企业通过技术创新和品牌建设，提高了武术装备的质量和档次，满足了不同层次武术爱好者的需求。

武术赛事组织和文化传播也是武术产业的重要组成部分。各类武术比赛和表演活动，丰富了人们的文化生活，促进了武术的普及和发展。通过举办各类活动，武术文化得到了广泛传播和弘扬，吸引了更多人关注和参与武术。同时，现代媒体和互联网技术的发展，通过电视、电影、网络等媒介，武术文化得以传播到世界各地，提升了中华文化的国际影响力。

第三章 武术功法及其训练实践

第一节 武术功法训练目标与原则

一、武术功法训练目标

（一）拳种内功法的目标追求：培养特殊劲力

武术功法训练作为针对技击功夫与功力提升的活动形式，其核心主要围绕"技击"而展开，武术功法的训练旨在激发人的内在潜力，增强武术练习者个体的生理及心理素质，并培养其在特定领域的素质与能力，从而在战斗中取得胜利。

在《中国医籍大辞典》之练软硬功秘诀中提及："凡练习武术之人，除拳脚技能外，尤应重视深化功夫的修炼……拳法与功法相互辅助，拳法借助功法增强实力，功法通过拳法实现应用，二者相辅相成，从而达到无敌之境。"[①]

拳种内功法在武术训练中占据极为重要的地位，不仅涉及身体的锻炼，更是对武术练习者精神和技术的整合。

（二）拳种外功法的目标追求：培养特殊技能

拳种外的各类功法训练主要是以特殊技能的培养为主要目标，例如轻身术和水上漂浮技术等，旨在使个体能够快速适应并利用周围环境，以增强在搏斗中取胜或规避危险的概率。轻身术，特别是指在实战中若力不从心时，施展跳跃以达到迅速躲避敌方攻击的技巧。培养轻身术的主要方法是跳跃法，这是专门训练个体跳跃和纵跳能力的技术，也被称为超距技术。万籁声先生在研究行侠义士应具备的能力时，强调武术功法在服务于特殊技能目标追求中的重要

---

① 裘沛然. 中国医籍大辞典 [M]. 上海：上海科学技术出版社，2002：1276.

性，认为擅长武术并从事行侠的人，毋庸置疑，不仅要有出色的体能技巧，需要掌握若干暗器的使用技巧，还要有轻功技术，才能轻松地越过至少十丈高的墙壁，否则，容易遭受攻击。① 另外，在古代，民间许多武术拳师和名家经常通过比较各自的武术技巧来达到心理上压制对手，从而在未交手的情况下使对手心服口服。

拳种外功法主要以特殊技能的形式来呈现，该功法在当代社会中已逐渐转变为多样的表演艺术形式，逐渐由传统追求掌握独特的技击技能，转向追求展示特殊的技巧和能力。例如，一些被称为硬气功的技能，其起源可追溯到专门训练打击和抵抗打击的武术功法。在武术界，人们常将功夫细分为教授技能的"教师功"、实战技能的"打手功"以及供观赏的"表演功"。特别是在表演功中，动作需要表现得精确且具有视觉吸引力，例如，动作圆润流畅，翻滚技巧高远，以及能够在腹部顶住尖锐物体。此类在腹部顶住尖锐物体的表演，尽管部分基于实际技巧，依旧属于表演范畴，这种表演与实战中的"打手功"存在明显的区别，后者在搏击中决不允许有任何虚假成分，"一狠二毒三功夫"恰是对这种严格要求的体现。

在武术界中，对于这种拳种外功法则，如"变异体"，普遍持批判态度。自民国时期起，便有学者明确指出这一点。例如，诸如插砂、打桩、磨掌、拔钉等技艺，并不属于传统拳术的核心内容。尤其是王子平先生在其著作《给爱好武术的朋友们的信》中提到，古代武术曾经掺杂了封建迷信元素，如"铁砂掌""金钟罩"等，这些技术更多的是伤害性而非科学健康，因此，不应成为我们的选择。由此可见，那些最初以培养攻击性技能为目的的外功拳种，在历史的演进中已逐渐偏向于以表演为主要功能，这种转变使得它们更多地关注于动作的技巧和表现，而非实际的格斗效能或健身价值。

（三）疗养类功法的目标追求：强化身体素质

疗养类功法主要追求两个目标：一是提升个体的体质健康水平；二是恢复与修复身体的各种损伤。凡从事各类功法练习者，无论是内功或外功，主要应致力于凝聚精神、固守神识，排斥杂念，防御外界干扰及内部不和，方能取得真正的进步。为达到此目的，须从内脏治疗入手，通过调理内脏平衡，既可调

---

① 万籁声.武术汇宗[M].武汉：湖北科学技术出版社，2019：115.

理身体，也可增强体质，提高精神集中度，继而进行功法训练，以期达到更大疗效。另外，患病者应依据规定程序治疗，健康者应强化内脏功能，增强体质和能量，从而更容易获得成功，效果也较为迅速；反之，若内部疾病未能治愈，外界不良因素将易于侵扰，即便日常勤奋练习，亦难以期待成效，甚至可能因此遭受更大的损害。显然，武术功法的训练旨在通过"健体防病"的方法，有效地增强功力。因为内脏是能量的核心所在，若其功能不健全，练习功法也难以发挥作用。例如，在五祖拳的训练中，一种名为"摇身俊胛"的技巧，其训练目标是通过上下、左右、前后的躯干运动及震动，刺激内脏进行自我调节和按摩，从而激活内脏的活力，强化脾胃，促进肾功能及延长寿命。

　　武术训练不仅是形体的锻炼，更是精神、气息、体魄的全面提升。如程大力教授所阐述，人体是武功发展的基础，武术的效能与其承载之体的健壮程度紧密相连。其中，体质的强健不仅包括外在体力，更重要的是深层的内在力量——内壮。内功修炼之后，便可实现内部结构的坚固，进而促使整体体质的增强。基于此，武术训练视身体健康为练习的基石，逐步发展出一整套增强体质与养生的策略。例如，《易筋经》中所述的健身技巧，即常用于武术训练中的一种增强体质的方法。所谓的易筋，指的是通过系统训练改善并加强筋骨结构及调节内脏机能。此外，八段锦等武术气功练习亦是类似的健身技巧，旨在通过特定的动作和呼吸技巧，增强身体的各个方面。

二、武术功法训练原则

（一）内外兼修原则

　　武术功法乃是根植于中国传统文化之中发展而成的一种文化体现，故在其实践与理论的构建上，不可避免地深受中国传统思想的影响，进而展现鲜明的中国传统文化特色。

　　在中国传统哲学的框架指导下，武术功法遵循"内外兼修"的训练原则，此原则强调练习的双重聚焦，即外在身体的锻炼与内在精神的修养。所谓的"外练"指的是对人体运动系统（包括骨骼、肌肉、关节）及其各种物理动作的训练；"内练"则指通过外在的体育锻炼来强化内部的生理和心理状态，特别是五脏六腑及心理构造的训练。总体而言，功法更为侧重"内练"方面。在探讨武术功法的"内练"时，经常涉及"气"的概念。在中国哲学传统中，

"气"具有双重含义，它既指物质层面的"气体"，也指心灵层面的"精气"。从某种视角来看，"气"亦象征着对内部器官的锻炼水平。

戚继光在其著作《纪效新书》中描述道：平时各兵须学趋跑，一气跑得一里，不气喘才好。他提出的士兵训练方法本质上属于武术中的轻身功法。此类训练不仅可以促进下肢力量的增强，还能有效提升脏器功能。在中国传统哲学中，阴阳理论占据核心地位，其中，阴代表生命活动的物质基础，存在于体内，而阳则反映了有机体物质的活动，体外发挥作用，从而保护身体。据此，武术训练注重外部的筋骨肌肤之强化及内部气息之培养，旨在通过形体的锻炼与内在气质的提升，达到形与神的和谐发展。练习者在此过程中，通过内外兼修的方法，加强身体的物质基础，优化了机能表现，以期阴阳调和，达到内外平衡。

在研究传统武术功法的整体架构中，虽然该训练系统强调内外并重的修炼方式，但实际上对内部素质的培养更为重视。内在强壮之人，其肌筋流畅无阻，皮肤细腻，而力量之大不可估量；相对外在强壮之人，皮肤则显得粗糙老化，无论掌心还是腕部，筋络均紧密交错。虽然外在强壮的人力量较大，但缺乏稳固的基础。《苌氏武技书》提出，单纯的动作训练而忽视气息的练习，将无法领悟气的本质，难以触及更高的技艺层面，该观点得到了武术功法训练理论的支持，该理论认为，人体作为武术实践的承载体，其能力的强弱与承载体的状态密切相关。从广义来讲，武术承载体的健壮涉及外部肌肉组织的发达与内部脏器的健康，其中，后者显得尤为关键。内功的修炼旨在强化内部脏器，通过增强内脏功能，全面提高体质与生理机能。

在讨论"内外兼修"的概念时，不可避免地牵涉"形神兼备"的理念。所谓"外"与"形"，指的是外在可见的身体动作；"内"与"神"，则涉及个体内在的心理与精神状态。在中国传统哲学框架中，"形"与"神"是一组对立的哲学范畴，"形"关乎外在的物理存在，"神"则关涉内在的精神实质。晋朝画家顾恺之最初将"形"与"神"的哲学理念系统地引入绘画理论，提倡"以形写神"的重要观点。在武术的实践中，练习者的身体动作即为"形"，通过这些"形"的展示来表达练习者的精神状态，即所指的"神"。即使在单独练习时没有对手，为了培养出实战中可用的技能，也需像面对真正的对手一样进行训练。

（二）循序渐进原则

在功法训练的体系中，强调按照一种结构化和渐进式的训练方法进行，即每次训练的难度应当以微细的幅度逐渐提升，确保负荷增量保持在身体可承受的限度内，确保身体在适应的状态下，缓慢而持续地增强机能能力及功力水平。各派功法训练对此逐步递增的原则有着严格的规定。例如，形意拳的传统观点认为，练习该拳法需要遵循序贯的方式，按照三层道理、三步功夫、三种练法逐级进行，强调每一步功夫应明确其要求、练习方法及目的，并需要逐步严格练习，不可偏废任何一环，也不得跨越既定的训练阶段。三年一小成，十年乃大成，凸显了习武之路的长期性，亦反映了训练过程中的分阶段特点。少林派内功的经典著作《易筋经》中，提到的由轻到重的"行功轻重法"以及由浅入深的"用功浅深法"，均直接体现了"循序渐进"的训练原则。

对初学者而言，可以从古代的训练智慧中汲取许多宝贵的教训。开始阶段的训练通常注重轻柔的动作，以防止身体受伤。例如，通过轻柔的揉动和逐步增加力度的训练方法，帮助练习者逐渐适应体力需求，避免因过度用力而引发的健康问题，有助于练习者在不造成身体负担的情况下增强其体力和技巧。随着练习者自身技术水平的提升，可以将更为复杂和要求更高的技能引入训练中，如少林寺的武术练习，从基础的踢打技巧到高级的硬功和轻功，每一步都是按照缜密计划逐步执行的，确保练习者能够精准掌握各类技能，同时，保护自身免受突然和过度的外部压力。实际上，传统武术训练还强调了适度的重要性，如果用力过猛或训练过度，不仅无法达到加强体能和技能的目的，甚至导致身体严重损伤。例如，轻微的力量可能导致身体功能失调，强力的打击则可能对内脏造成伤害。因此，练习中必须时刻警惕，确保每一步都是在安全和有效的范围内进行。循序渐进是习武之道的核心原则，通过坚持这一原则，练习者可以在提升技能的同时，确保自身的健康和安全。

在各类功法训练的实践中，循序渐进原则的应用表现出丰富多样的形式。例如，在柔功的训练过程中，练习者需要逐步增加肌肉及韧带的伸展幅度，持续延长静态消耗时间并提高舒缩频率。在桩功、"跑簸箩"等旨在增强平衡与稳定性的训练中，练习者应逐步延长站桩时间，逐渐提高负重并降低支持物的稳定性。在"排打功"等增强身体抵抗力与攻击力的训练中，练习者需要逐渐增加刺激物的硬度、力度、速度及频次。在"上罐功"等力量提升训练中，练习者应逐步增加负重和连续练习的次数。每种功法在负荷量度调整的方法上各具特色，难度的增加并非多个因素同时提升，而是在每次或一定周期内仅增加单一难度因素。在较长期的训练周期中，这些因素会交替提升，逐步积累，最终旨在追求超常技能的无限提升。

（三）体用兼备原则

在古代哲学体系中，"体"一词常用以指代事物的本质及形态，"用"则描述事物的功能与特性。事物的本质决定了其功能，脱离了本质，功能亦将无从谈起。历史上，武术领域的思想家们将这一概念融入武术功法的训练，由此发展出多种关于体与用的理论。传统的武术训练理念强调体与用的相互依存，主张"体用并重"，认为既无功能的本质亦无本质的功能都是不可取的。武术的功法训练遵循体用并重的原则，训练内容应紧密围绕实际应用进行。在武术功法训练中，体与用的关系主要体现为动作的训练与实战动作之间的相似性和对应性，即训练中的动作应与实战中的动作既相似，又相应。当代杰出的武术家万籁声先生提出了武功的"天、地、人"三个层面的分类，其中，"天盘"主要涉及轻功，强调跳跃技巧的训练。尽管练习轻功的人通常也擅长其他技击技能，但武术的高低并不完全取决于跳跃的能力。一旦实战，如果功夫不精，无论轻功多么高超，最终仍可能面临失败。然而，对于武术练习者而言，掌握轻功技巧依然具有一定的价值。

在现代武术理论与实践中，可以洞察到那些偏离实战目的的所谓"绝技"，其实用性并不明显，往往只能作为技巧训练的辅助。这类不精通技击的全貌，仅致力于掌握单一手部或腿部的绝技，一旦对手稍作规避，即刻功效全无的技法，通常被武术界认为是较低层次的技术。在四川地区的武术僧门拳种，腿部技能的培训特别强调"高练矮踢"的原则，即在训练过程中可以进行较高的踢击，但在实际对抗中通常只针对对手的下半身（即裆部以下区域）进行攻击，坚决避免攻击中半身（即腰部到腹部区域）。此种做法源于该拳种的理念，该理念认为一旦抬脚攻击，攻击者将只剩一脚支撑，从而整体平衡受损，容易受到反击。"形意拳"在功法训练时也有相似的见解，强调练习者在训练期间应保持视线集中，注视一个固定点，或者观察自身的手部，以此稳固精神焦点，实现内外的统一，避免任何不必要的动作。在实战中，则需根据对手的不同，选择注视对方的眼睛、胸部或脚部。无论是训练中的动作形式与实战中的应用是否相似或者是相对应，都体现了武术训练中对于技能与实用性关系的深刻关注和应用。武术功法的体用兼备原则，不仅在技法的创新与实用中得以体现，而且展现了将武术训练与日常生活紧密结合的理念，不仅"行走坐卧皆可为训练时机"，更强调"拳法训练与日常生活的无缝对接"。此外，许多武术技法的创新亦源于对日常生活经验的深入观察与总结，体现了对生活经验的综合提炼和创造性转化。

（四）知行合一原则

在中国传统哲学中，"知"与"行"代表着儒家文化中探讨的"理论"与"实践"的相对关系。通常情况下，"知"是主观性的范畴，"行"则是主观见之于客观、标志人的外在行为的范畴。"知行合一"这一理念由王阳明提出，他认为"知"与"行"应当统一，并进一步提出"知是行之始，行是知之成"，"知而不行，只是未知"，将"知"与"行"有机结合，认为二者缺一不可。

在武术功法训练中，"知行合一"体现为"学以致用"和"切合实用"的原则。在习武练功过程中，首先要理解并掌握相关理论和方法，以便确立正确的行动方向，否则将会走弯路，甚至误入歧途，这一理念也说明了习武贵得法的道理，即练武必须遵循正确的方法与原则，才能达到预期的效果。

在传统武术功法的训练中，"知行合一"强调了理论知识与实践技能的紧密结合，认为只有将知识转化为实际行动，才能真正掌握和运用武术，这种观点不仅在武术界有着广泛的认同，也是许多学科和技能学习的基本原则。武术功法训练不仅是对身体的锻炼，更是对心智的训练。真正的功夫不在于花哨的动作或是超乎常人的力量展示，而在于通过日复一日、季节更替的坚持不懈的训练，逐渐提升自己的技艺和对武术深层次理解的掌握。同时，武术功法中的"知行合一"还包括对武术精神的理解和体现，通过实践练习者能够更深刻地理解武术的哲学和道德，如何在日常生活中实践武术的教义，如何通过武术培养自己的品格和做人的道理。对于武术中的一些被夸大或被神秘化的表现，如破碎巨石或空中飞跃等，通常是误解或夸张的表述。真正的武术训练不应追求表面的技巧，而应更加注重技巧的实用性和实战中的有效性。武术的实用性是通过不断的实战演练和对抗训练中得到验证的，真正有效的武术技能是在实际对抗中能够保护自己和制服对手的技能。

《少林拳术秘诀》中的训练哲学强调了持之以恒的重要性，认为持续地努力可以在数年间达到有所成就。这种理念在李小龙的武术生涯中得到了充分体现。李小龙以非凡的毅力和持续的努力训练自身，深入学习理论，将其武术修养提升到了新的高度。李小龙的训练方式包括苛刻的日常锻炼，如长距离跑步和身体肌肉增强练习，他甚至亲自设计了许多训练器材来辅助自己的练习，日复一日的训练是对心志的磨炼。与此同时，他在美国华盛顿大学的哲学学习经历，使他在理论上有了深厚的积累，特别是对中西哲学的深入理解，为后来的武术实践和创新提供了理论支撑。通过融合东西方哲学思想，李小龙创立了截拳道，在很大程度上吸收了老庄哲学的精髓，特别强调在武术训练中应用"刚柔并济、动静结合"的理念，展现了他对传统中国哲学中"无为"和"无心"的深刻理解和应用，不仅提升了他的技术水平，也使他的武术风格更加独特和高效。

第二节　武术功法训练的多元价值

一、对传统武术的价值

（一）丰富与推动武术理论

1.功法训练实践是武术理论形成的来源

武术理论的形成和发展是典型的"实践出真知"的过程，不是孤立产生的，而是在长期的实践活动中逐步形成和完善的。武术起源于原始社会，最初是作为捕猎和自卫的必需技能而存在。随着社会的发展，人类社会从原始社会过渡到有阶级划分的社会，武术的功能也发生了转变，不再仅限于生存技能，而是增加了作为战斗技能的成分，这一转变标志着武术从纯粹的生存工具逐渐演化为更加系统的战斗艺术。在这个阶段，武术的实践更多地体现在对搏击技巧的探索和应用上，而技巧的累积和传承逐渐促成了武术理论的初步形成。在武术的实践过程中，随着技术的不断演进和复杂化，单靠经验的传承已无法满足发展的需要。因此，武术从业者开始系统地总结和归纳实践中的经验，形成一套方法论，这些方法论除了对动作的简单描述，还包含对训练原理、程序和方法的深入理解，进而形成内生型功法训练理论的基础。武术理论的发展也受到中国传统文化的影响，例如，道家的自然哲学、儒家的人文思想等，这些文化理论被引入武术训练中，使得武术理论不局限于技术层面的探讨，而是涵盖更广泛的哲学和文化层面的思考。通过跨领域的理论融合，形成外源型功法训练理论，通过理论推导和类比等方式，融合其他文化领域的概念和理论，从而建立更为系统和全面的观念体系。

2. 功法训练实践是武术理论发展的动力

武术功法训练的发展与实践是相辅相成的过程。在古代，人类为了生存和防御野兽攻击，不得不依靠简单的工具和自身的格斗技巧，以此推动了基本武术技能的形成，为后来的理论发展提供了基础。在人类文明的早期，武术主要是一种生存技能，随着时间的推移，尤其是到了先秦时期，武术逐渐从军事需求中独立出来，形成了一种文化和体育活动。此外，随着社会的复杂化，人们开始探索如何有效地提升格斗技术和训练方法，促进了武术理论的发展。例如，游侠群体的出现标志着武术活动已不局限于军事或生存需求，而是逐渐融入社会文化和个人修养中，提高了武术技巧的实战效果，同时，推动了对技术和训练方法的深入研究和理论化。因此，可以看出武术的实践需求是推动理论发展的主要动力。没有实践的需求，武术理论的发展和完善就缺乏动力。

在中国古代，武术的发展与其理论的形成紧密相连。从《诗经·小雅》的描述可以看出，早在那个时代，人们已经意识到力量、勇气之间的关系，为后来的武术理论奠定了基础。虽然诗中的"拳"字在当时可能指的是力量的一种表现，而非具体的拳击技巧，但它反映了人们对武术身体素质要求的重视。剑术的实践与理论发展也是古代武术进步的重要标志。《庄子》中所描述的剑法，不仅技巧高超，更包含深邃的哲学思想，如通过对虚实变换和速度控制来达到制敌的目的。此外，《吴越春秋》中提到的越女关于手战的论述，进一步丰富了武术理论的内涵。这些论述涉及了武术中的开闭、内外、形与神的统一，体现了武术技巧与内在精神状态的密切关系，标志着武术从单纯的身体训练转向了包含哲学、策略和技术整合的综合性学问。

进入明清时期，随着习武之风的普及和技术的进一步发展，武术理论也迎来了繁荣时期。众多的拳种和兵器技术的创新，为武术理论的丰富和发展提供了实践基础。古代的阴阳五行学说被引入武术理论中，形成了一个系统的理论框架，不仅增强了武术的技术性和战略性，还提升了其文化深度和哲学价值。

（二）提高与检验技击能力

从对武术功法的详细解析中可以看出，该训练体系的核心价值在于激发人体在技击领域所需的潜能，增强相应的运动素质，并且培养具体的技能。因此，正如少林拳术专家所阐述，练习武术不限于拳脚技巧的训练，更应当重视软硬功的培养，只有掌握了相应的功夫，才能在对抗中取得优势。武术功法可以分为软功、硬功、内功及外功四种功法：软功主要涉及防御性技巧；硬功则倾向于攻击性技巧；内功着重呼吸与气的调整；外功则关注力量的培养。尽管软功的训练难度较高，但练习者一旦掌握，从外表看来练功者与常人无异，然而在面对拳械攻击时，能轻易化解，难以被伤及分毫。相对而言，硬功的训练过程较为简单，一旦功成，面对刀剑攻击时，练功者仅需通过蓄力和调气，便能迅速做出反击。拳法与功法的相互辅助，使得拳法因功法而得到实际力量的增强，功法通过拳法的应用而得到实战效果的提升，二者相辅相成，有望达到无敌之境。虽然这样的描述在某种程度上显得有些夸大，但这些文献资料无不反映出拳术家对于功法训练重要性和有效性的坚定认可，他们至少将功法训练视为武术技术从理论到实战的必经之路。

若将上述观点仅视为一种基于经验的主观认识，则《用传统武术功法提高散打练习者侧踹腿实效性与力量耐力水平的实验性研究》等文献通过现代科学方法验证了传统武术功法在增强技击能力方面的效用。文中指出，在散打训练过程中，结合传统武术功法进行有针对性的训练，能有效增强散打练习者的特定体能和技术效能。[1]

明代杰出的军事思想家戚继光曾在《纪效新书》中讲道："既得艺，必试敌"的武艺训练理念，即仅有的拳术知识，必须通过实战应用来验证其技击能力的深浅和精细程度。通过与对手的实战比较，可以评估武艺的优劣。然而，在当代社会，"传统武术缺乏实战舞台""封闭的社会结构正遭受破坏"，以及"生活节奏和方式已经发生根本性变化"，通过真实对抗来检验武艺水平已显不适宜。在这种社会背景下，武术功法训练作为展示技能的一种方式，通过特定的功法练习，练习者可以得到关于自身武技能力的反馈，进而帮助他们调整训练策略，起到支持作用。

---

①于慧.用传统武术功法提高散打运动员侧踹腿实效性与力量耐力水平的实验性研究[J].辽宁体育科技，2005（6）：63-64.

（三）强化与储存拳势动作

单纯"花拳绣腿"式的武术套路练习，向来为拳家所不屑。从明代戚继光对华丽套路的直率批判，到近代王芗斋对商业化练习的讥讽，历代武术家们对武术的纯粹性和实用性都表达了强烈的关注，他们强调武术不仅是身体的锻炼，更是精神和道德的修养。然而，在现代社会，随着科技的进步和文化的多元化，武术的发展也出现了转变。原本注重实战和内在修养的武术，逐渐被纳入竞技体育的范畴，其训练和展示更多地着眼于技巧的高难度和视觉的震撼效果，而非传统武术的实用性和哲学意义，使得武术在国内获得了新的生命，也在国际上得到广泛的推广和认可。尽管武术的现代化为其带来了新的观众和更广泛的社会接受度，但也伴随着一系列问题和争议。现代竞技武术过分追求形式上的美观和动作的难度，忽略了武术的根本宗旨——作为一种防身技能和心灵修养的方式，使武术失去了其文化的深度和独特性，还可能导致其内在价值和传统技艺的流失。事实上，武术的现代化与西方竞技体育模式的融合，虽然在形式上取得了创新，但也使得原本多样化的技术动作趋向了单一化和表面化，长此以往，可能会使竞技武术缺乏长久的生命力和持续的文化传承。

若论述竞技武术套路作为传统武术的一种衍生形态，在融入竞技体育元素后获得了新的生命力，此种形式实际上并不足以代表中国武术真正的精髓。相反，传统武术套路作为根本的存在方式，应当被视为中国武术的核心与象征。尽管如此，传统武术套路在维护其主体性的过程中对竞技武术持有明显的抵触情绪，同时，不自觉地被吸引至竞技武术的发展轨迹，即过分强调表面华丽而缺乏实用性的技巧演练。甚至所谓的"传统武术比赛"亦在努力模仿竞技武术比赛的形式，缺乏传统的实质内容。若要探讨传统武术套路与竞技武术套路之间的区别，最明显的便是传统武术套路未能获得与竞技武术套路相同的国家层面上的支持，因此，传统武术只能在民间层级中进行传承。无论是竞技武术还是传统武术套路，长期缺乏对武术技巧和功法的系统强化和实战验证，都可能导致其武术价值和技术特性的逐渐弱化，且在追求"高难、美观、创新、轻盈"等特点的过程中，其传统的技术动作亦会逐步流失。

武术的发展历史悠久，其中包含众多传统技能和练习方法，如石锁功和形意拳的桩功等。这些古老的训练方式是历史的积累，也是现代武术训练的宝贵资源。虽然在当代社会这些技巧和训练方法可能被视为过时，但实际上依然具有极大的实用价值和培训效果。在现代武术套路的练习中，这些传统功法可以提供必要的技术支持和身体训练基础，帮助提升运动员的整体表现和技术熟练度。例如，太极拳中的抖大杆等练习可以加强肌肉力量和协调性，为更复杂的套路动作提供支持。面对现代体育的发展，如何有效整合传统武术功法与现代训练需求，是武术界面临的一个重要课题。通过创新和适应，将传统功法融入现代武术教学中，增强套路的表现力和技巧深度，延续和发扬武术文化的核心价值。

二、对运动训练的价值

（一）对运动训练的理论价值

1. 武术功法训练理论中的整体观

茅鹏批判地看待将人体训练划分为"身体素质"（体能）与动作技术这两种"元因素"的做法。他强调，人体作为已知范围内最为复杂的系统，其特性与其他自然事物截然不同，因此，不宜简单模仿制造业科研的思维模式。茅鹏指出，将训练工作视为比制造业简单的看法，是一种根本性的认知误区。基于此，茅鹏及其同事提出了"一元"训练理论。该理论主张，训练过程应致力于有目的地激发体内矛盾，推动这些矛盾朝既定目标的方向发展，从而促进运动能力的提升，该理论认为整体论在训练研究中占据至关重要的地位。[①] 刘承宜等研究者则基于内稳态的概念进一步发展了一元训练理论。他们提出，维持运动水平实质上是保持内部稳定状态，相关训练被称为常规训练。相对地，"提升运动水平即意味着打破较低的旧内稳态，并建立更高水平的新内稳态，此类训练被称为超常训练"。内稳态训练理论致力于将竞技与健身融合，旨在追求训练的科学化，以降低练习者受伤的概率，提升生命质量，并延长其运动生涯，先进的训练理念已逐渐靠近传统武术中"练养结合"的功法训练。此外，这也表明运动训练界已开始对传统的训练理论和方法进行深刻反思，采用整体观来全面理解和探索练习者及其训练过程。现阶段，运动训练不仅关注技术和体能的提升，更注重从练习者的长远发展出发，科学地规划和制订训练计划。

东方思维中的"有机整体"观念被视为传统认知框架，其哲学基础源自元气论，该观念强调通过直觉进行感知，倾向于从统一的宇宙整体角度出发来理

① 茅鹏, 严政, 程志理. 一元训练理论 [J]. 体育与科学, 2003（4）: 5-10, 18.

解世界。在运动训练领域，体能训练与中国传统武术中的"功夫"相辅相成，后者涉及力量和技能的融合，涵盖练习者的精神风貌、道德修为及个性特质。通过选择与此相协调的环境，能够培养出与自然和谐一致的人体特质。随着运动训练学科对各种训练方法的深入研究，中国武术中的功法训练理论会与现代运动训练理论进行互动，从而推动训练理论和实践向着科学化和健康化的方向发展。

2. 武术功法训练理论中的形神合一

神形合一的概念指的是身体与心灵在内在与外在环境之间达成的一种协调统一，这种统一往往依赖于外部环境的促进与刺激。具体而言，通过敏感地感知外部环境的影响，个体能够与周围环境实现和谐一致，进而充分激发其潜在的生理与心理能力。在实践中，训练主要分为两种策略：第一，通过参与使身体处于放松状态的运动活动，个体可以体验来自周围空气的抵抗感。处于这样的环境中，个体的任何移动都能感受到前方的阻力与后方的吸引力，以及侧面的牵引力。尤其是当企图向上移动时，会感受到从身体下方传来的沉重力量，而在向下移动时，则能感觉上方的轻盈之感。此类练习有助于增强个体的生理潜能；第二，通过调动身体内的"意气"，进行短暂而集中的力量爆发。这种方法可以通过手脚的协调动作来实现，或者借助拳术训练中的"以气催力"来击败假想敌，抑或利用相关辅助器械进行抗击训练。此类练习不仅能够促进个体内在气息的自由流动，而且能够在技术精进的同时，实现意念、气势、力量与身体的完美统一，达到身心合一的境界。

3. 武术功法训练理论中的现代训练理念

近期，运动训练学领域的专家学者开始探讨将传统武术融入现代体育训练理论和实践中的可行性。他们进行了初步研究，试图从传统武术中提取对当前体育训练有益的理论和实践方法。例如，传统武术的训练技巧包括多种"核心力量"训练方法和理念，如各类平衡技巧与铁板桥功、睡罗汉功等稳态静力性训练项目，"鲤鱼打挺、乌龙绞柱、铁牛耕地、豹子卧洞等"稳态动力性训练，"站桩、卧桩、腹顶枪尖等"为非稳态静力性练习，"轻功和软绳悬吊等"为非稳态动力性练习。这些学者进一步指出，在传统武术的全面思维观念指导下，如"天人合一""内外兼修"和"内外六合"，所强调的"丹田""三节"和"形意气力"等概念与现代体能训练的理念存在着异曲同工之妙，他们认为这种相似性不是偶然的，而是武术前辈在长期的实践活动中形成的先见之明，传统观念和理念至今仍对现代体育训练提供重要的指导和参考价值。

在探讨传统武术与现代体育训练方法之间的关系时，还有一种观点认为，尽管二者在运动原理上具有一致性，但表现出的外在形式却存在差异。学术分析进一步指出，太极拳等传统武术的内功训练，对现代竞技运动具有多方面的积极影响。例如，太极拳的训练可以增强练习者在竞技过程中的"鞭打"能力和"旋转"技能，这在提高身体协调性、增强抗击能力、预防运动伤害以及提升应变能力等方面均有所体现。此外，传统武术的训练过程中特别强调动作发力的顺序性，这在武术的传统格言中有明确体现，即"劲起于根，顺于腰，达于梢，腰一发力，力达四梢"。对发力顺序的细致把握与现代运动训练中的"动力链"概念非常吻合。

（二）对运动训练的应用价值

1. 启发贯通

中华传统体育与奥林匹克体育在形式上都强调身体运动和各种动作的展示，表现为肢体的活动和力量的运用。尽管两者在文化底蕴和指导思想上有所区别，奥林匹克运动更倾向于竞技和全球性标准，而中华传统体育，如武术则深植于民族文化和哲学之中，但两者都是致力于提升人的身体能力和发掘潜能。

具体来看，武术和现代体育训练在目标上呈现出惊人的一致性，都旨在通过体育活动来增强体质、敏捷性和力量，使两种不同文化的体育形式能够相互学习，促进了东西方体育理念的交流与融合。例如，武术中的气与力的运用，在西方体育训练中也能找到力量和能量管理的相似技术。

武术在体育训练中的应用蕴含着深厚的思想理念，如内外兼修、心身合一的训练目标，与西方训练中的心理调适和精神集中有异曲同工之妙。理念上的差异反而为两种体育形式的相互学习提供更多可能性，使得它们可以在借鉴中创新，在创新中发展。由此，中西体育训练的互补性是巧合，更是人类在追求健康和体能极限过程中的一种普遍趋同，对于推动体育理论的国际化以及训练方法的全球共享具有重要价值。通过深入分析和融合中西体育训练的优势，可以为体育界带来理论上的革新和实践上的进步，同时，让中国的体育训练理论更加国际化，有助于中国运动员和教练更好地理解和应用国际上的先进训练方法。

2. 开发体能

近年来，学界对我国传统太极拳技术的研究显示，该技术主要集中于核心稳定力量的培养和优化。太极拳作为一门特殊的武术形式，以人体躯干部位为中心，追求在运动过程中维护身体平衡核心的稳定。通过这种方式，太极拳旨在运动中对突发的多样化变化做出响应，并在不利的外部条件下有效控制躯干和骨盆的肌肉姿态，使其成为运动力量的枢纽。这种方法不仅优化了力量的生成和控制，而且极大地提升了运动效能。此外，传统武术训练方法在现代体育训练中的应用也逐渐增多。例如，国家柔道队体能教练史衍在培养练习者"听"劲的能力（即感知对手力量的能力）过程中，巧妙地融合了太极拳的训练策略，取得了突出成效。基于此，将太极拳中的靠、轻身术及推手等技术转化应用于篮球、足球等对抗性体育项目中的专项体能训练成为可能。同理，眼功的训练技巧也可用于射击运动中的视觉力训练，泅水术的训练技巧则可适用于水上运动的体能训练。此外，硬功的训练方法也被运用于格斗类运动的对抗训练中，以此来提高练习者的身体能力和技术水平。

3. 修复损伤

在现代体育训练及传统武术实践中，运动伤害是常见但难以避免的问题。运动伤害妨碍练习者进行常规训练和参与比赛，限制其职业生涯的发展，降低运动表现，导致残疾甚至死亡。尽管如此，传统武术功法在伤害预防和治疗方面仍展现出其独特的优势，特别是在应用手法拍打和穴位救治方面，更是显示了其独特的治疗潜力。以唐豪的《人身穴道并治疗法》为例，提到受伤的气门可以通过让伤者伏于施治者膝盖上，并在其背部轻轻敲打的方法来恢复气门功能。在使用药物治疗方面，传统方法强调根据穴位特性进行针对性治疗，通过经络气血导引理论来选择和应用药物，从而构建出一系列针对特定穴位的治疗方案。这些方案见于如《拳经》《人身穴道并治疗法》及《少林寺伤科妙方》等文献。此外，适当的手法可以解除肌腱与腱鞘、肌肉与筋膜之间的粘连，从而缓解疼痛，进而提高治疗效果和加快恢复过程。

在术后或受伤后关节及肌肉出现粘连的情况下，恰当的活动可逐步解除粘连，从而有效促进关节功能的恢复。对于伤后组织变形，通过实施按摩等手段，促进组织更新，有助于损伤组织的修复与再生。此外，还应注意运用正确的手法整复脱位。总体而言，武术中的辅助功法和伤病疗法主要呈现以下特点：结合锻炼与养生、预防为主；注重保守治疗、恢复速度较快。在武术中，药功、推拿和伤科在预防和治疗运动伤害方面具有重要作用。当前，运动伤害的诊治已经融合了中医的推拿按摩、针灸、火罐和针刺等多种治疗手段，然而，对于基于防治运动伤害的实践发展出的武术伤科、气功、药功、按摩和正骨等方面的认识仍尚显不足。

三、对教育审美的价值

（一）教育价值：当代社会的价值需求

1. 培养坚韧持恒的意志品质

在当代社会，随着物质文明的不断发展，人们越来越重视精神文明的建设，而武术功法训练在培养坚韧持恒的意志品质方面发挥着不可替代的作用。具体包括以下几个方面：首先，武术功法训练要求在长时间内反复进行基本动作和复杂的招式练习。这些练习往往单调且枯燥，需要练习者付出大量的时间和精力，重复性的训练是为了提升技能，更是对练习者耐心和毅力的巨大考验。每一个动作的熟练掌握都需要经过无数次的练习和纠正，练习者在这个过程中学会如何面对枯燥和疲惫，从而培养坚韧不拔的意志力，帮助练习者在武术训练中取得进步，也在日常生活和工作中起到关键作用。其次，武术功法训练注重"内外兼修"。在练习过程中，练习者需要集中注意力，保持高度的专注和稳定的心态，对精神集中的要求使练习者在面对压力和挑战时能够保持冷静和理智，从而有效地解决问题。武术功法训练中常强调的"克己复礼"精神，要求练习者在日常生活中严格自律，时刻保持高度的自我控制和约束能力，这种能力是坚韧持恒意志品质的重要组成部分，有助于练习者在未来的学习和工作中，更好地应对各种困难和挑战。最后，武术功法训练强调"以武修德"，即通过武术训练培养良好的道德品质和精神风貌。坚韧持恒的意志品质体现在对自身的严格要求和持之以恒的努力上，以及在对他人的尊重和关爱上。在武术训练中，练习者须学会如何与队友合作，如何在竞争中尊重对手，如何在胜利时保持谦逊，如何在失败时不气馁。

2. 培养仁义慈悲的道德情怀

武术功法训练在培养仁义慈悲的道德情怀方面，具有独特的教育价值。主要表现在以下几个方面。

（1）"仁"

武术强调的"仁"是指对他人的尊重与关爱。在武术训练中，须学会尊敬师长，尊重同伴，而对人的尊重主要体现在言谈举止以及内心深处的诚挚情感中。通过长期训练，练习者会逐渐养成尊重他人、关爱他人的习惯，这种"仁"的精神，不仅在武术场上体现，也在日常生活中表现出来，使习武者成为具有高尚品德的人。

（2）"义"

"义"是武术道德的重要组成部分。在武术训练中，习武者需要学习如何承担责任，无论是对自己、对团队，还是对社会。通过培养习武者的责任感使其在面对困难和挑战时，能够义无反顾地承担起自己的责任，勇敢地面对一切。这种"义"的精神，使得习武者在成长过程中，能够始终保持一种积极向上的态度，成为一个有担当、有责任的人。

（3）"慈悲"

"慈悲"也是武术道德的重要内容。在武术训练中，习武者要学会如何以慈悲心对待他人。慈悲不是软弱，而是强大的内心力量。通过武术训练，习武者能够学会如何在保护自己的同时，尽可能地避免伤害他人，使习武者在面对冲突和矛盾时，以宽容和理解的态度去化解，而不是简单地以暴制暴。这种慈悲的精神，使习武者在复杂的社会环境中，保持内心的平和与宁静，成为心胸宽广的人。

（二）审美价值：练功主体的内在动力

1. 和谐：武术功法训练的审美取向

中国传统审美价值取向体现在对"和谐"之美的追求上。美的本质在于内容和形式的和谐，是真实性与美感的协调一致，是主体实践自觉地符合客观规律的和谐。审美价值的实质是价值观念在审美过程中的体现，中国人对审美价值的追求，则以各种关系的和谐为目标。对美的和谐的追求，实际上是自然、人类、社会矛盾对立统一的体现。同时，也从另一方面反映了其传统社会价值目标和道德价值目标的制约与影响。审美价值是主体审美需求的满足，对于审美主体而言，所需要的正是万物各得其性，各安其位，和睦共处，互不侵犯，安宁和平的整体和谐。因此，和谐作为一种审美价值取向，决定了中国传统的审美追求、美感体验和审美目标。武术功法训练在"天人合一"思想的指导下，追求人与自然和谐统一状态，对于练功者而言，这种和谐状态即一种美的体验。

2. 体验：武术功法训练的审美方式

审美体验指的是个体进入一种特定的感知状态，体验审美对象时的独特心理活动。审美本质上是一个过程，个体将其情感与感觉转移至审美对象，使这些情感与感觉成为对象的特质。进而，个体对这些赋予情感的对象感到共鸣，达到一种物我合一的状态。审美欣赏不单是对外部对象的欣赏，也是对内在自我价值的体验，这种价值感觉直接源自个体自身，而非外部对象。审美体验是审美主体模仿外界事物的精神或物质特性，并将自我感觉投射至对象中，由此产生的心理愉悦源自模仿过程。

在这些观点的基础上，可以将"审美"解释为主体心灵中情感的一种激活状态；"审美体验"则涉及生命主体对生命意义的深层情感洞察。武术功法的美学原则根源于通过武术实践活动对个体人性的熏陶与生命"道"的领悟，这一过程恰恰映射了中国传统文化中"天人合一"的哲学精神。如同《少林拳术秘诀》一书中所述：外功训练主要关乎肉体与筋骨的锻炼，内功的培养则是精神生命的依托。若将两者割裂，则仅属于江湖小技；若能融合，则达到了功法的极致境界。由此可见，"内外合一"的境界不仅是练习者在技艺上的最高追求，同时，也是其训练过程中的审美体现。

四、对文化传播的价值

（一）武术文化的传承手段

武术功法训练是实现武术训练理论应用及其传承的关键途径。此训练方式是作为改善练习者身体技能与素质的具体实践，是以练习者的身体作为实践的核心对象。相较于套路与散打，功法在身体技能与素质改造方面显示出了其人文特质。具体而言，武术功法训练不同于套路训练的技术装饰与审美，亦非散打训练中的实战对抗。在接受性与理解性方面，功法训练的形式与内容更易于公众理解。普遍观点认为，武术套路学习难度较大，需要长期努力，散打则过于直接。

在体现武术理论存在与价值方面，套路与散打往往难以让人直观感受得到。仅有通过身体训练的方式，提升与改善身体功能，练习者才能直观体验并深刻理解武术习练的益处与武术理论的深邃。在此，武术功法训练展示了其独特的优越性。作为传统武术技术体系中的一个重要组成部分，武术功法不仅包含丰富的武术训练理论和思想观念，同时武术的发展也依赖于这些训练理论的推进，尤其是功法训练理论。进一步讲，对武术功法健身市场的开发，不仅能够加深国内公众对武术功法的认识与理解，激发他们对功法训练的热情，还有助于提升国际社会对武术功法乃至整个中国武术的认知，从而推动武术功法的国际化进程，为传播中华优秀传统文化贡献力量。

（二）人文精神的弘扬途径

1. 弘扬"天人合一"的生态观

武术功法的训练理论深刻体现了人类与自然界和谐相融的理念，提倡随四季变换调整人体的锻炼节奏，尤其强调"冬练三九，夏练三伏"。为了更深层次地与自然界融合，从事武术练习的人士通常会在练习中考虑方位选择。因此，武术功法中的众多动作和形态往往源于模仿自然界中的动物行为与形态。

2. 弘扬"人际和谐"处世观

道德概念主要反映的是人际关系的纽带，其核心目的在于通过调控个体间的相互作用，促进社会关系的和谐。中国传统武术不仅是文化传承的重要组成部分，更在于其对个体健康与身体力量的促进作用。"武德"，即武术练习者所遵循的伦理规范和道德标准，主要表现为武技与人格的和谐融合，并秉承儒家思想的"修身养性"，以实现个人的价值提升。"内外兼修"概念中的"内"，指的便是"武德"。该概念主要围绕"仁慈"与"和谐"两大主题展开：第一，"仁慈"体现在武术练习的根本宗旨上，即修炼武艺不是为伤害他人，而是为了自我保护，且在技击交流中亦需尊重对方，遵循手下留情的原则；少林武术，作为武术界的杰出代表，其弘扬的"重德轻力"的价值观深入人心。第二，"和谐"体现在武术练习追求个人与社会、自然及他人间的和谐相处，这种追求有助于维系和谐的人际交往环境。

3. 弘扬"以人为本"的价值观

在哲学的视域中，存在论与认识论虽然在根本上需聚焦于人类，但正如某位学者所指出的，"以人为本"实际上并非一个关于存在论与认识论的论断，而是归属于纯粹价值观层面的论述。中国传统文化深刻关注人的道德修养，视人为宇宙的枢纽，显现出对人的"主体性"的明晰自觉，尤其是在价值"主体性"的认知上。因此，可以断言，中国哲学的核心流派主张"人本主义"。此种"人本主义"是一种思维惯例，其核心特性表现为"内向性"。人本的价值导向，其实质是始终围绕促进人类生命活动的利益展开的。由此可见，"以人为本"的理念是中国传统价值观念及卓越文化传统的核心精华。相应地，武术功法中的人本价值观同样源远流长。

　　武术功法深度关注于人体的整体和谐，体现为个体协调一致的根本属性。此外，武术功法不仅凝结了中华民族传统的文化精髓，而且承载着独特的传统与文化心态，表现出与民族历史演进密切结合的文化特性。武术功法作为一项文化实践与现象，在漫长的社会历程中逐渐形成并积累了深邃的民族文化精神与价值导向。在其演化的历程中，传统文化的内在规范与影响力持续塑造并推动了武术功法训练理论的构建与演进。"以人为本"的理念已铭刻于武术功法的训练思维及其健身原则中，经由此种训练，无疑能够增强练习者对于人本主义的认识与实践。

第三节　武术功法训练的三个分类

一、拳种内功法

　　拳种内功法指获得和提高特殊身体素质的专门练习，它服务于技击。

　　第一类，拳种内特有功法。特定的功法是拳种体系中的基础和本质，若缺失了该拳种专属的训练技巧，便无法保留该拳种独特的风格特征。换言之，拳种的风格和特色在很大程度上取决于训练的方法与策略。总拳视桩功为训练的核心，主张"欲求技击妙用，须以站桩换劲为根始，所谓使其弱者转为强，拙者化为灵也"。其独具特色的功法包括降龙桩、伏虎桩、子午桩及三才桩等。事实上，在传统武术领域，无论是内家拳或外家拳、南派或北派，初学拳术者均以站桩作为基础训练的首选方法，如三皇炮捶的三皇炮捶、形意拳的三体式、少林拳的马步桩、南拳的地盆、梅花拳的梅花桩等。除桩功外，各拳种还采用多种特定器械进行训练，例如，抖大杆、重器、拨车轮、推盘、木人桩及铁环等。

第二类，拳种内共有功法。在武术的训练体系中，功法的训练被视为建立武术基础的关键要素。无论是击打力还是抗击打能力，均需通过系统的功法训练方能达到超凡脱俗的层次，否则，便无法体现技击武术的深远意义，如俗语所言："练武不练功，到老一场空。"功法的训练主要源于拳术的外部训练体系，同时，也涵盖拳术内部创新的训练方式，这些方法在不同拳种之间有所流传，例如，击打沙袋、踢打桩木、进行拳式俯卧撑、实施铁牛耕地等练习。一般而言，各流派的拳术训练均从基础的体能训练开始，采取如桩功、踢腿等多种素质训练方法，以促进习武者的身体机能提升。在这一训练过程中，习武者通过长时间站桩，使得体内气能在不上浮的状态下顺利下贯，此时便可进一步练习手运法。当手脚运动时感受到气力充盈且强健之后，便转而深入学习身法、掌法、眼法、趋避技巧、进退控制以及纵跃技巧等更高级的武术元素。

第三类，拳种内基本功。根据训练功能的差异，可将基本功分为技能强化类和体能强化类两大类别。技能强化类基本功主要针对技术层面，旨在提升影响体能表现的技术能力，涵盖诸如腾跃技法、千层纸技巧、冲拳技法、扎马步、太极拳中的无极桩和太极桩等练习；体能强化类基本功则集中于增强技术表现所需的体能要素，包括柔韧性、速度、耐力、平衡与协调能力的练习以及呼吸调节技巧。在初学长拳基本功的阶段，主要练习内容包括桩功、腿功、腰功和臂功。随着跳跃动作的引入，基本功的练习应相应增加强化弹跳力的元素以及提升旋转和跳跃能力的平转与跳转练习。进一步学习燕式平衡及其他俯身与后举腿平衡动作时，应重点强化腰功和腿功中的后压腿与后撩腿技巧。在套路练习中，发展耐力与身法是至关重要的，遵循"拳打百遍，其力自现"的原则。此外，腿功的练习提升了髋关节的柔韧性，还包括动力性拉伸如踢腿与摆腿，以及静力性拉伸，如压腿与耗腿的练习，都是技能强化类与体能强化类基本功训练中不可或缺的部分。

二、拳种外功法

拳术外功法是指针对特定武术技能的提升和掌握进行专业化的练习。此种练习主要应用于技击之中，常被界定为独特的绝技，如"铁砂掌""一指禅""龟背功""铁头功""排打功""金钟罩""铁布衫""轻身术"及"泅水术"等。武术练习可分为两大类：一类是防御性技艺（俗称"挨打"技巧），如"金钟罩""铁布衫""蛤蟆功""铁牛功"等，练习者通过此类技艺，即使面对拳脚攻击，亦难以造成实质性伤害，连刀剑等锐器亦难以穿透其防御；偶遇攻击时，亦可泰然处之。另一类则为攻击性技艺（俗称"打人"技巧），例如"一指金刚法""仙人掌""双锁功""点石功"等，通过这些技艺的练习，练习者的指、掌、腕部可以达到坚硬如铜铸铁浇的程度，用于攻击时，能迅速制胜对手。与拳术内功法相区别，外功法往往独立于传统拳术之外，其直接应用于实战技击中。也就是说，通过"练功不练拳"的方式，练习者直接增强其技击能力。正如武术训练中的一条常言所示，技能的增加对于学习武术的人来说是有益的，技能越多，其掌握和运用也越为熟练。针对人体的各个部位，频繁练习某一技能，可以使该部位更少受到攻击，有时候还能利用对手常忽略的部位来发动攻击，从而取得优势。

"少林七十二艺"是少林武术的精髓，涵盖各种内外兼修的功法，每一种功法都独具特色，具有独特的训练方法和功效，以下是对这72个功法的详细介绍。

①一指金刚法：以一指之力，练至坚如金刚。

②双锁功：通过锁定对手的关节，达到制服对手的目的。

③足射功：以脚力发射物品，精准击中目标。

④拔钉术：训练手指的力量，能够轻松拔出钉子。

⑤抱树功：通过抱树的方式练习臂力和握力。

⑥四段功：分四个阶段的训练功法，每阶段训练不同的身体部分。

⑦一指禅功：以一指支撑全身重量，修炼指力和内力。

⑧铁头功：锻炼头部的硬度，能够承受重击。

⑨铁布衫功：通过特定的呼吸和肌肉训练，使身体如铁布般坚硬。

⑩拍打功：通过拍打身体，增强体内气血循环和抵抗力。

⑪铁扫帚功：训练双腿的力量和敏捷性，能够像扫帚一样快速扫击。

⑫竹叶手：手掌柔韧，像竹叶一样灵活多变。

⑬蜈蚣跳：模仿蜈蚣的跳跃，练习快速移动和灵活性。

⑭提千斤（石荸荠）：通过举重物训练手臂力量。

⑮仙人掌：手掌坚硬如仙人掌，能够承受重击。

⑯刚柔法：刚柔并济的训练方法，既能练刚劲又能练柔劲。

⑰朱砂掌：通过特殊的训练，使手掌变得坚硬如朱砂。

⑱卧虎功：模仿卧虎的姿态，训练全身的力量和耐力。

⑲泅水术：增强水中的生存和战斗能力。

⑳千斤闸：练习通过自身力量承受巨大压力。

㉑金钟罩：通过内功训练，使身体如罩一般坚不可摧。

㉒锁指功：锻炼手指的力量和灵活性。

㉓罗汉功：模仿罗汉的各种姿态，增强身体的协调性和力量。

㉔壁虎游墙术：模仿壁虎在墙上行走，训练灵活性和攀爬能力。

㉕鞭劲法：通过鞭打训练，增强身体的韧性和力量。

㉖琵琶功：模仿弹琵琶的动作，训练手指的灵活性。

㉗流星桩：练习在桩上快速移动，增强平衡感和敏捷性。

㉘梅花桩：通过在梅花桩上训练，增强平衡力和身体协调性。

㉙石锁功：使用石锁进行训练，增强臂力和握力。

㉚铁臂功：专注于训练手臂的力量，使其坚如铁臂。

㉛子弹拳：拳头出击迅速如子弹，训练爆发力。

㉜柔骨功：增强身体的柔韧性和灵活性。

㉝蛤蟆功：模仿蛤蟆的动作，增强身体的弹跳力和协调性。

㉞穿帘功：训练快速通过障碍物的能力。

㉟鹰爪力（龙爪功）：训练手指和手掌的抓力，像鹰爪一样有力。

㊱铁牛功：锻炼身体的坚韧和力量，如铁牛般强壮。

㊲鹰翼功：模仿鹰翼的动作，增强手臂的力量和灵活性。

㊳阳光手：手掌内外皆坚硬如铁，能够承受重击。

㊴门裆功：训练身体在狭窄空间内的灵活性和力量。

㊵铁裆功：训练下体的抗击打能力。

㊶揭谛功：通过揭开障碍物，训练灵敏度和力量。

㊷龟背功：背部肌肉如龟壳般坚硬。

㊸蹿纵术：快速移动和跳跃的训练。

㊹轻身术：训练身体的轻盈和灵活性。

㊺铁膝功：锻炼膝盖的力量和抗击打能力。

㊻跳跃法（超距功）：增强跳跃的高度和距离。

㊼摩擦术：通过摩擦练习，增强手掌的耐力和韧性。

㊽石柱功：在石柱上进行训练，增强平衡力和力量。

㊾铁砂掌（黑砂手）：通过特殊的训练，使手掌坚硬如铁砂。

㊿一线穿（飞行术）：训练身体快速穿越障碍物的能力。

51吸阴功：通过内功训练，增强身体吸收阴气的能力。

52枪刀不入法：通过特殊训练，使身体能够抵挡刀枪的攻击。

53飞行功：训练轻功，使身体能够在空中灵活移动。

54五毒手：手掌如五毒般有力，能够造成严重伤害。

55分水功：在水中灵活自如，增强水中战斗力。

56飞檐走壁法：在墙壁和屋檐上灵活行走的能力。

57翻腾术：快速翻滚和移动的训练。

58柏木桩：在柏木桩上进行训练，增强身体的稳定性和力量。

59霸王肘：肘部如霸王般有力，能够造成巨大伤害。

60拈花功：手指灵活如拈花，能够进行精细的动作。

61推山掌：手掌有推山之力，能够造成巨大冲击力。

62马鞍功：通过在马鞍上的训练，增强身体的协调性和力量。

63玉带功（弥勒功）：训练腰部力量和灵活性。

64阴拳功（井拳功）：通过特殊拳法的训练，增强攻击力。

65沙包功：通过击打沙包，增强拳头的力量和耐力。

66点石功：手指有点石之力，能够击破坚硬物体。

67拔山功：通过训练，增强全身的力量。

68螳螂爪：模仿螳螂的抓力，增强手指的力量。

69布袋功：通过布袋的训练，增强手臂的力量和耐力。

70观音掌：手掌柔和如观音，能够进行灵活的攻击。

71上罐功：通过罐子的训练，增强身体的力量和平衡力。

72合盘掌：通过特定的训练，使手掌有强大的攻击力。

在传统的武术体系中，存在多样化的功法，每种功法的训练方法及其生成的劲力性质均具有明显的差异性。基于练习成果与劲力的特点，这些功法大致可归类为四个主要类型：第一类是内部硬功，主要目的是培养阳刚之劲；第二类是外部硬功，旨在增强阳刚之劲；第三类为内部软功，专注于阴柔之劲的培养；第四类为外部软功，同样练习阴柔之劲。特别来讲，"武当三十六功"属于上述分类中的一种，涵盖多种独特的动功与软功技巧。例如，动功类包括穿花扑蝶功、九宫桩功、乾坤球功、夜行术功等；软功类则涉及玄武功、柔骨功、搓掌功、软硬功、太极球功、绵掌功、小循环功、一字混元桩功、子午盘功、虎爪功、地龙功等。此外，硬功类功法包括龙腿功、卷地龙功、沙包功、插砂功、浑圆功、两仪球功、金针指功等。每种功法都各具特色，各适其用。

此类独立存在的功法由于其特有的属性，已逐渐演化成各式绝技与表演之功力。在国家的推广与实施下，这些功法演变成创新的实践项目。从当代社会的视角观察，这种摒弃传统拳技的单独功法训练——"练功不练拳"——实际上并不具备的格斗实用性。常言道，"山外有山，人外有人"，而"铁牛功，练得精，一遇仙人掌，立刻争不成"反映了其实际效用的有限性。更需指出的是，这种偏离武术实际应用的做法，可能同时偏离武术的理论基础，进而可能退化为"江湖之野技"，或是走向"以身殉技"的极端。因此，仅有在武术的思维框架内，通过持续地发展与创新，这些功法才能保持其真实性与生命力。

三、疗养类功法

在当前传统武术训练体系中，疗养功法作为一种辅助性训练方式，旨在通过特定的训练手段达到增强体质、治疗伤病及保持健康的效果。理论上，这类功法可归纳为壮体疗伤与养生健身两大类，在实际应用中，则表现为以下三种不同的形式。

一是各种武术养生气功等身体锻炼形式。据古籍记载，昔年少林寺方丈妙兴大师曾提出，无论是修炼功法还是学习武艺，首要任务便是养气。仅有充沛的气息，方能使精神焕发，体力充沛，身体灵活，筋骨坚实，且心智敏锐。达到此境界后，诸般欲望与荣辱不能动摇其心志，强权亦无法使之屈服，自然灾害与邪恶势力也无法对其构成伤害，并能坚持不懈地向前进发，无须再担忧任何困扰。疗养类功法可细分包括内功、气功及外功在内的三种主要类别，并包含 20 种具体的健身功法，如六字治脏法、六字行功诀、心功、首功、齿功等，强调依照此种方法进行修炼，患病者可依此调理，健康者则能增强内脏功能，使体质强健，从而达到事半功倍的效果。反之，若内部疾病未能得到解决，外部侵扰容易发生，即便持续修炼，也难以期待效果，甚至可能因此遭受不良影响。虽然此类功法具备基础性作用，但它并不属于"拳种内的基本功"训练方法。前者更多关注于身体的整体强健，后者则侧重于技巧和专项体能的准备。因此，此类功法在一些拳种中常被称为筑基功。

二是药功，即配制与使用壮体治伤药剂的方法。药功的分类主要包括内服药方与外用药方两大类。在实施功法之时，首先应服用一丸药物，待药物即将在胃中溶解时，配合进行揉捏功法。此时，只有揉捏的力度与药物的效力相互作用，才能达到理想的效果；若操作过度或不足，均无益处。在练功期间，应频繁使用热水洗涤。此法利用盐分软化坚硬部位，使功法更易施展；冷水则可以驱散体内热量，避免热量过度聚集。不同流派的武术和功夫通常都有各自的辅助训练方案，称为"练功秘方"。以南派少林内家功法的八宝硬气功为例，其内服药方包括练功通脉酒、铁布衫丸、金钟罩丸、八宝铜皮散、霸王增力酒、大力丸、铁肚内壮丸等；外用药方则涵盖大力金刚掌洗手方、简便外洗药方、岔气散、引神丹、外洗方、练臂洗方、下部洗方、腰痛方、活络酒、止痛膏方、止血镇痛水方、手上外洗方等。这些药方的名称反映了它们的主要作用，如止血镇痛、增强体质、活血化瘀、调节气血等。对于内服药方，练习涉及丹田的内壮功法，必须外部通过揉捏和内部通过药物相辅相成。在练习中，外部的揉捏力度应与内服药物的效力相得益彰，这才是正确的方法。此外，药功亦包括食疗方法，每日在进食前，食用少量白煮羊肝，有助于强健内部器官。

三是按摩正骨。按摩疗法作为中医治疗伤病的传统手段，其核心在于通过专门的手法针对人体特定区域进行操作，旨在促进疾病康复与身体健康。在传统武术的训练过程中，按摩被用作辅助功法，主要通过揉捏和环扣等技巧以放松肌肉和刺激穴位。例如，在龟背功的实践中，为了强化腰部肾区的虚弱，需采用双手紧贴后腰，先进行内部揉捏三十六次，再进行外部揉捏三十六次，这样完成一次完整的循环。完成这一循环后，使用拇指和其他指节的特定部位，对腰部的柔弱区域进行精确的环扣操作。在武术训练中，另一种传统的伤病治疗方法是四正骨术，这在古代广为武术练习者所知。武术家沙国政先生，不仅技艺高超，同时还是骨伤科的专家。他的学生康戈武先生曾经提到，沙国政教授的肘关节脱臼（无骨折）复位技术包含短劲和长劲两种方法。这些辅助治疗技巧，随着时间的推移，与中医按摩和正骨的理论及实践相结合，逐渐形成了具有特色的武术伤科学。这一学科最终融入中医骨伤科，成为其重要组成部分。

第四节　武术功法训练的有效方法

一、自然化的练功时空选择

道教哲学主张天人合一，强调人类行为应遵循自然规律，该思想主要源于老子的教诲："人法地，地法天，天法道，道法自然。"[①]武术训练也受到老子自然法则的影响，形成了一套与自然环境和谐相融的训练系统。该系统强调在选择训练的时间、地点、方位以及环境时，均遵循自然界的规律和养生的原则，体现了在天人合一理念的指导下，武术训练如何利用与自然界的交感思维。在自然环境中进行功法训练的优势，选择生机勃勃的大树进行训练，可以汲取到树木与土壤之间旺盛的生气，大树独特的气息有益于增强体力和精神。选择风景秀丽的山石作为训练场地，能感受大自然的灵气，而且能通过各种推按技法的训练，从天地间获取精英之气，从而达到提升功法的效果。少林拳法训练也遵循相似的原则，练习者会选择在清晨黎明时分，在空旷且幽静的地点向东方日出方向进行练习，练习前先排除胸中的浊气，随后深吸新鲜空气，清洗身心，增强内在的力量，这种练气法的核心在于保持环境的纯净和宁静，因为任何杂质都可能扰乱心神和气息，从而影响训练的效果。传统功法训练中还有避风等原则，类似于"避风如避箭"的古老智慧，在选择训练场所时，必须考虑环境的新鲜空气和远离风邪，尽可能地选择幽静的地点以避免外界干扰。

在"罗汉功"训练时，空间方位应优先选择南向，针对八极拳的七星桩功法，则应遵循以北斗七星排列的具体方位进行埋桩，此种做法是不同武术流派在空间取向上的特定文化与历史传统。关于练功时间的选择，不同流派持有各异的规定。以《少林绝技》为例，书中提到对于基本功的训练，若日练两次，则以子时与午时为最适宜，主要是基于古代阴阳学说的理念，认为子时阳气初生，午时阴气初生，在这两个时辰进行训练可以促使阴阳二气的交融与融合，

---

① 老子.道德经[M].安伦，译.上海：上海交通大学出版社，2021：51.

从而达到太极的平衡与和谐状态。若日练一次，建议在子时过后至午时之前，大约清晨六至七时进行，此时为阴阳交替之际，是气血运行最为顺畅的时刻。

在除去特定的时间段外，其他时间执行将不会带来任何益处。传统拳法的谚语中提到"朝练寅"，即指在清晨3点至5点进行练习。根据中医学的理论，肺是主导全身气息的关键器官，而寅时段是人体肺功能最为活跃的阶段，因此，在此时进行功法练习，可以有效地吸纳天地之气，从而促进功力的增长。然而，在现代社会中，由于生活方式和节奏的剧变，练习拳法的传统时段已不再被普遍遵守。广东流行的"少林八卦五行功"提出，练习者应根据季节的变换，分别进行卧功、坐功和走功等不同形式的锻炼。此外，功法训练的自然主义特色亦体现在对练习者身体的维护和养护上。少林传统功法的训练规范中明确要求，训练完毕后，练习者不宜立即饮用冷水或用冷水清洗身体，而应使用干毛巾轻拭，以避免对身体造成冷刺激。

二、生活化的练功手段创设

武术训练创设的生活化特征，指各种武术技能动作及其训练所需器材均源于日常生活劳动之动作，相关器械大多为日用品或模仿日用品的形态与功能所设计（表3-1）。

表3-1 练功手段创设的生活化特征举例

功法名称	练功器械	训练方法	发展目标
卷棒功	坚硬圆木棒：长14厘米，直径5厘米	正卷、反卷	抓、握和拧转力以及臂力
上罐功	小口罐子、细砂、铁砂	提罐；抓拉、推放	抓扣力、跨力
石锁功	锁形青石块	提举、悬托、推动、抛接	上肢力量
石柱功	木桩、长方形石块或铁块	桩上马步练习；石块负重	腿力、桩步稳固能力

续　表

功法名称	练功器械	训练方法	发展目标
拉马功	（文圣举功法）石磨	腿上绑石负重进行"拉马"	提高稳定性和腿部力量
鹰爪功	葫芦、坛子	水中抓葫芦；抓提坛口	指部抓力
抱树功	合抱之树	抱住树身，两手合盘式牢扣；运气	两臂合抱之力；胸腹坚实之劲

　　创设功法的过程往往受到多重因素的影响，其中，经济和便捷性的考量是显而易见的动机。然而，更深层次地讲，这一过程也是对练习者直觉思维能力的一种体现。直觉思维区别于逻辑推理，它不依赖时间和空间的连续性，而是一种全面而直接的思维方式，通过突发的洞察力快速处理和响应信息。以抱小猪的功法为例，该功法直观地利用了日常生活中的经验，随着小猪体重的增加，练习者的力量也逐渐增强，该方法实用且具有逐步进阶的特性，能够有效地结合直觉思维和生活经验，使功法训练更加自然而富有创造性。此外，将生活化元素融入功法中，体现了创设者对实践的深刻理解，也为功法的传承和发展提供了稳固的基础。

三、实用性的练功手段创设

　　在武术训练中，实用性练功手段的构建旨在服务于实战需求，彰显了"练习即战斗"以及"形式与功能并重"的理念，并且这一实践理念深受中国文化背景和心理特征的影响。受长期农业文明的熏陶，中华民族展现出强烈的实用主义精神和务实的生活态度，倾向于"注重实际，淡化空谈"的心理模式。例如，在格斗技术中，如需要增强抵抗打击的能力，便专练能够"抵抗尖锐攻击"和"刀枪不入"的金钟罩技艺；若需要提升闪避与攀爬技能，则专攻"梁上行走"与"无痕踏雪"的轻功技巧（即跑板技法）。具体训练方法针对性强，如练习金钟罩时采用"守中揉摩"与"循序渐进"的方式；轻功则通过"跑板上墙"的方法来训练。武术技法训练的实用特性能够让学习者获得战斗所需的特定能力，训练过程本质上包含了实战的元素与深意。这些功法动作不仅源于实战，而且超越实战。其"超越"之处在于，一旦这种实战动作转化为训练手段，其价值便显现出广泛的适用性（表3-2）。

表3-2 练功手段创设的实用性特征举例

功法名称	技击用法	训练方法	发展目标
铁膝功	膝部击顶	宁息盘坐，以两拳敲击两膝；用木槌代替拳头敲击膝盖；改用铁锤敲击膝盖	膝部抵抗力和撞击力
霸王功	肘击	仰卧双肘支撑、侧卧单肘支撑	肘部撞击力
木人功	与人格斗中的拳打、脚踢、躲闪	擒搂木臂、靠撞木躯、踢踹木腿脚；格臂击胸、扑面蹬脚、躲闪绕打	攻防技能，撞击力量
跑板功	飞檐走壁	将木板倚于2.6 m的高墙上端，从板根3 m外快速沿板跑向墙头	攀越能力
靠臂功	小臂格挡	两人对立；同时内旋右臂向前下格击于腹前	小臂格挡能力
太极推手	化、发、打	单推、双推、乱采花	化发打力，各种劲

在当前的学术研究领域，传统武术的训练方法，特别是依赖重器械的内功法训练，展现出其独特的持续性和文化传承。通过对福建漳州太祖拳的田野调查研究发现，该拳种依然沿用传统重兵器进行力量训练，这些训练兵器遵循传统设计，并在重量上进行差异化，以适应不同训练阶段的需求。其中，五祖拳的训练器械之一是长枪，具体到重量和尺寸的分类详细说明了其训练的系统性和科学性。例如，最重的长枪长达一丈八尺，重十二斤，较轻的则长一丈六尺，重七斤。这种从重到轻的训练顺序体现了古代武术训练中对力量与技巧并重的教育理念。然而，在现代社会，这类重型兵器多数仅作为传统文化的象征而被保留，在实际的武术训练中的应用已大为减少。尽管如此，本研究认为，利用重器进行力量训练，能够提升特定的体能素质，如整体力量、内在力量、柔韧性、速度和耐力，同时，能提高技术层面的能力，例如动作控制能力。综

上所述，通过重器械训练发展力量的方法，不仅是针对上肢力量的提升，更是针对武术技能全面发展的战略手段。

四、模糊化的练功负荷调控

在当前研究中，训练负荷定义为机体在规定时间段内的工作总量。尽管武术功法训练与传统运动训练在方法和理念上有所不同，但两者均旨在激发和开发人体的潜能。具体而言，两种训练方式均通过一系列特定的、有组织的刺激活动对人体产生影响，因此，在某种程度上说，二者表现出本质上的相似性。在武术训练的语境中，训练负荷特指在功法训练过程中，练习者的机体在一定时间段内所承担的工作量（表3-3）。

表3-3　练功负荷调控的模糊化特征举例

功法名称	负荷强度	发展目标
柔功	肌肉和韧带伸展度渐大，保持肌肉伸展度的静耗时间渐增，舒缩次数渐多	提高肢体关节活动幅度和肌肉舒缩能力
桩功	站桩时间渐长，负重量渐增和支持物渐危（高、细）	提高下肢力量及稳定性
上罐功	负重量的渐增，连续练习次数的渐多	提高指部抓握力量
摔打功	用于刺激身体的方法和武体的硬度渐增，分量渐重，以及用力渐大，速度渐快，次数渐多等	提高身体抗击力和攻击
跑簸箩	负重量的渐增和支撑物的渐危	提高身体平衡控制能力

根据运动训练学的理论，只有在适度的负荷水平下，机体才能展现出生物适应性反应。因此，训练的科学性、安全性及其有效性在很大程度上依赖训练负荷的合理安排。在武术功法训练中，负荷调控主要体现在两个核心方面：一是单次训练中负荷量的分配；二是疲劳与恢复的策略。武术功法在这两个方面呈现出其特有的模糊性，即它不通过精确的量化数据（如次数、时间、距离、重量）或强度指标（如速度、远度、高度、难度）来表达练习的量和强度。武术功法训练亦具备表征训练量和难度的独特方式，每种功法的难度因素是多样化的。在难度递增的过程中，并非所有因素都是同时提升，而是在每个给定时间段内，仅提升特定的难度因素。

在一个较为漫长的训练过程中，各种因素交替递增，逐渐累积微小量级，致力于追求无限的卓越技能。在对训练强度的理解方面，武术功法的训练提出"紧了崩，慢了松，不紧不慢才出功"的观点。此处的"紧"指的是训练强度过高，超过了练习者可以承受的运动负荷；所谓的"慢"则表示训练强度不足，无法达到预期的训练效果。因此，在持之以恒的训练过程中，要注意贯彻微量递增，从有限中求无限的原则，即在每次的功法训练中，难度仅微小提升。这种渐进式的增量方法通常不会引发身体不适，因为负荷强度始终维持在身体可承受的水平之内。通过这种方式，身体能够持续处于相对适应的状态，从而不断增强身体的机能能力。然而，在武术功法的训练过程中，对训练负荷的强度控制主要依赖于综合直观体验，并基于直觉的观察与个体感受来进行，展现了对负荷控制的模糊性处理。例如，根据"酸加、疼减、麻停"的六字原则，练功者是根据个人感觉来判断训练强度的。

五、仿生性的练功动作形式

仿生特性在传统练功动作中扮演着关键角色，这种特性主要体现在多种功法的练习中，尤其是通过模仿自然界中的动物或物体的形态及其动作来进行。以华拳的梅花桩功为例，该功法涉及在桩上进行的一系列复杂动作，如翻滚、倒立和步行。这些动作被命名为"寒鸭浮""鹞子翻身""蜻蜓竖尾""朝天蹬"和"独木桥"等，不仅形象生动，而且具体描绘了动作的特征。这种练功方式的仿生特征，揭示了练功者在直观体验和思维模式的指导下，如何运用类比的思维方法进行动作的模仿和创新。在直觉和类比的思维导向下，练习者通过对特定形象的模仿，能够对动作的整体性和综合性有更深刻的感性理解和掌握。从更广泛的视角来看，仿生练习不仅促进了对动作的理解与掌握，更重要的是，还有助于开发动作的功能性，显示了锻炼过程中的全面性、整体性和规律性（表3-4）。

表 3-4 练功动作形式的仿生性特征举例

功法名称	仿生动作	训练方法	发展目标
铁牛耕地	牛拉铁犁动作	身体俯卧；两肘弯曲，重心向下、向后移动至两臂伸直，臀部凸起；两臂弯曲再逐渐伸直，重心循上次后移动作的运动轨迹前移返回	增强指（趾）力、臂力
蜈蚣跳动	蜈蚣躬身爬行	身体俯卧；身体中段上凸成拱形，当拱至极度时，双手推离地面前伸，身体腾空跃出	增强指（趾）力、臂力
螳螂功	螳螂前爪叼砍	将七块砖重叠，上缚桑皮纸 10 厘米厚，以掌外沿砍击桑皮纸	掌侧砍击力
伏虎桩	俯身擒虎	身体呈伏虎桩基本间架，通过精神假借和意念活动，进行上下、前后、左右六面力摸劲训练	增强腿部肌肉力量

在意拳功法中，伏虎桩的练习要求练习者将身体维持在基础架构的姿态中，通过想象自己的臀部仿佛坐在虎的腰部，左手仿佛抓住虎的颈部，右手仿佛抓住虎的腰部，借助虎欲向前冲刺而又突然向后逃离的动作概念来调整身体姿态。此外，除了外形的模仿，还需通过精神集中来引发和调整，如需保持对潜在危险的时刻警觉，例如"应随时警惕虎要伤人"。在武术功法中，仿生训练的应用非常关键。古代武术家在功力锻炼中，常通过静态模仿动物的形态特征及动作结构，对身体进行系统性的动力训练。尽管有学者指出了静态功法中的仿生特性，但他们往往忽略了某些动态功法同样展现了仿生的特征。例如，在铁牛耕地功中，练习者通过想象牛拉动铁犁耕作的情景，可以迅速调整身体姿势及肌肉到适宜的状态，整个动作过程中，可以按照正确的发力角度和顺序进行，无须过多的口头指导。

武术功法训练的仿生特性进一步凸显了练习与实战之间的密切关联，即训练内容严格围绕实际应用展开。在具体的动作练习层面，这种理念表现为技术与体能的综合培养，与当代运动训练领域广泛接受的"身体功能"理念存在明显的相似性。例如，在鹰爪功的训练过程中，通过持续地练习接触沙袋，实际上是融合了"撩""掼""摔"等多种格斗技术动作，以增强指及臂部力量的方法。

六、独立性的练功主体活动

在传统功法训练中，对动作的整体性把握是至关重要的概念，它意味着虽然训练的焦点可能集中于单一的身体部位，但实际上所涉及和激活的是身体的多个部位，显示出一种综合性或整体性。此外，动作的整体性不仅关系动作的正确性，还直接影响训练效果的高效性。以霸上肘功的练习为例，其主要目标虽然在于增强肘部的硬度，但训练过程涉及全身的静力支持，特别是增强躯干的整体力量，这与现代运动训练中的核心稳定性动作训练或静态力量练习相似。功法训练中还包括专门针对躯干稳定性的练习，例如"铁板桥"和"睡罗汉"。具体来说，"铁板桥"的训练方式为：仰卧，头部靠在一木凳上，双脚并拢且脚跟置于另一木凳上，使身体悬空，腰部保持伸直，双手位于腹部上方。该练习的持续时间应根据个人情况调整。"睡罗汉"的练习方式为：侧卧，下侧的手臂弯曲以手尖支撑地面，拳头对准太阳穴，下侧的腿膝盖弯曲，脚跟撑地，上侧的腿膝盖挺直，其脚跟也撑地，下侧腿的膝盖垫在上腿的膝关节上，身体悬空，可交替进行该练习。

在少林武术技艺中，金刚圈的运用（通常成对出现，形态类似儿童玩耍的铁环，每个重2～4千克）是一种锻炼指尖力度的方法。该训练方式特别强调通过日常的捏转操作来增强拇指与食指的力度，终至指尖坚硬如钢钩，这一过程被认为是拳击基础训练中的关键。从传统的力量训练理论来看，通常建议采用握力器进行指力训练，而非捻捏重物。武术中的这种训练形式反映了一种整体性的思维模式，即侧重于全面提升手指的抓握能力，而不是单一地增强手指力量。在武术训练语境下，综合性的力量被称为"劲"。

可见，此类功法练习，其核心在于开发人体动作的功能潜力，而非单一运动素质。训练方法包括多种练习，如"滚铁棒""抖大杆""拨车轮"和"推盘"。这些训练的共同特点是强调整体性，这种特点很可能源自传统的整体思维方式。在传统文化中，思维方式倾向于强调结构与功能的统一，而非单独的实体或元素。传统武术的训练体系表现出一种独特的整体性，其中包括发力训练。在传统的意象思维和整体思维的引导下，发力过程中"以气催力，以点导"，并强调"力、气、意的整体配合"。此外，身体各部分如多杠杆系统的协调运作也是其训练的一部分，其动作发起点是根基，通过腰部的顺应，最终传导至手指。这种发力的训练方式与西方的方法形成鲜明对比。西方训练侧重于肌肉的物理特性和骨骼的力学杠杆原理，通常借助运动学和动力学的原理来解释体育动作的力量发展（表3-5）。

表3-5　练功动作把握的整体性特征举例

功法名称	关注部位	训练方法	发展目标
揉球功	手指、臂部、身体	置木球或钢球于桌上；以腰带臂，以臂催指而形之于球做揉旋	手指按揉力、臂力、身体协调运动能力
铁头功	前额、头顶、颈部、躯干	身体挺直、前倾，以前额抵墙；改换双脚置高，以前额抵地	前额、头顶撞击力；颈部、躯干力量
霸王肘	肘（尖）部	仰卧双肘支撑、侧卧单肘支撑	肘部撞击力、躯干力量
掌臂功	（梅花拳）臂力	桩步站立，两臂向前平伸，在掌上放砖	臂力、躯干力量

本研究认为，全面的技巧训练具有三个突出的益处：首先是效率。此种训练法在多元素质培养方面（侧重精神与策略力量，而不仅是身体能力）表现出较高的整体效率，尽管从局部细节分析可能显示效率较低，但从宏观角度来看，效果显著；其次是平衡性。该训练法能够保证身体的各个部分、各项技能与素质在发展过程中保持同步，达到动态平衡的状态；最后是持久性。该训练法所带来的训练效果具有长期性，难以消失。

第四章 武术散打及其训练实践

第一节 武术散打特点与作用

一、武术散打的概念

散打实质上是涵盖踢击、打击、摔跤及擒拿四种技艺的武术形式，该技术是通过解构传统武术中的各种技法，并根据实战环境的具体需求，灵活组合和应用各类技法来实现攻防目的。具体来说，散打是对抗性极强的体育运动，参与散打的两位练习者须徒手进行面对面的格斗，因此，也称散手。自1979年起，散打被我国正式纳为体育竞技项目，其比赛通常在一块高80厘米、宽8米的方形擂台上进行，比赛中允许练习者运用不同武术流派的踢、打、摔技巧，但禁止擒拿技和攻击对手的喉部或裆部等脆弱部位。参赛选手需按体重分类，在穿戴相应防护装备的前提下进行公平竞技。这种竞技是双方智力、体力、技术与意志的全面较量，具有极高的实战性和对抗性。在军事或警务实战中，散打的运用则无固定规则限制，目标直指敌人的关键部位，以迅猛且具有较高杀伤力的技巧为主。

散打是中国武术的核心元素之一，具有鲜明的民族特色，在我国民间广泛传播并深受欢迎。散打的历史与中华民族的发展历程密切相关，早期，散打在民众中的称呼为相搏或手搏，主要源于先民们的生产活动和生存斗争，经过长时间的发展和演变，如今已成为中华文化遗产中珍贵的组成部分。在古代原始社会时期，人类为了捕猎食物需要与野兽进行长期的格斗，逐渐学会各种适用于战斗的基础散打技巧，例如拳打、脚踢和摔抱等，并模仿野兽捕食时的动作，如猫扑、狗闪、虎跳和鹰翻等技能。在春秋战国时期，散打受到社会的广泛关注，并得到了迅速的发展。

散打十分强调攻防的平衡性，"攻防"是一组内在的矛盾关系。在实战中，参与者总是努力击中对手，同时避免被对方攻击。经过持续的训练，练习者们精通散打的复杂技术，能在面对敌手时保持镇定，即便在对方突然发起攻击时也能迅速作出有效的防守和反击。

散打与套路的区分始于1988年，在该年的全国武术专题研讨会上，广大学者首次提出散打与套路是否应该实行结合或分离的议题。通过一系列的实验论证和学术研讨，绝大多数参与者达成共识，认为"打练分离"模式是未来的发展方向，代表该学科在高度综合与分化过程中的自然演进。随着散打从套路中独立出来，其迅速发展并逐渐形成一条"快车道"。在此过程中，业界专家通过超过数十年的探索和不断的技术革新，逐步建立起系统的散打培训架构，包括教学、训练、竞赛、科研及管理等多个方面，并取得了阶段性成果，包括创立"散打王"赛事品牌以及发展具有国际影响力的武术搏击类电视节目《武林风》。如今，散打已广泛被国内外青少年接受和喜爱，其魅力在于该项运动易于学习、记忆、训练、应用及观赏。

二、武术散打的特点

（一）竞技性

融合技击体育之中是散打运动的特质之一。技击作为武术的根本属性，是武术本质定义的核心。武术经过数千年的发展变迁，所涵盖的内涵与外延在历史的长河中经历多次调整，然而，其技击性的特征始终未发生改变。作为体育运动的关键部分，武术散打必须坚持健康与安全的原则，将两者视为其存在和发展的基础。鉴于此，现代散打的比赛规则严格禁止攻击对手的后脑、颈部及腹股沟等敏感部位，同时，不允许运用反关节技巧以及肘击、膝击等方法，但在规则允许的范围内，可以使用各种武术流派的技巧，彰显了武术的技击性质，还将技击艺术嵌入体育活动。

（二）激烈对抗性

散打涵盖踢击、拳击及摔跤等多种技术，是两位练习者依照特定规则进行的徒手对抗活动，因而其特征就是对抗性质。练习者需要通过捕捉对手的脆弱环节，利用自身的技术优势去制衡对手的不足，以此展开智力与勇气的较量。

此外，散打不仅要求参与者能熟练掌握各种战斗技巧，还要求他们具备快速的反应能力与稳健的心理状态。为了达到要求，练习者必须投入大量时间进行严格而系统的训练，以培养出所需的高质量竞技特质。

（三）较高的欣赏性

武术散打之所以能够延续至今，不仅与其所处的社会文化背景及独特的运动属性紧密相关，也与其较高的观赏性息息相关。自1979年我国首次举办散打比赛以来，全国范围内多次举办的散打表演赛及擂台赛均获得广泛的社会响应与群众的热烈欢迎。散打不单是力量与勇气的比拼，更是技巧与智慧的较量。因此，比赛中参赛者所展现出的非凡技巧和独到战术，激起观众热烈掌声，反映了散打高度的观赏价值。同时，习练者在掌握散打技能的过程中，也体会到了其中的乐趣与启迪。例如，2000年举行的"散打王擂台争霸赛"以及当前广受欢迎的电视节目"武林风"，均展示了散打作为观赏性体育项目的广泛吸引力。

（四）鲜明的民族性

基于中国传统武术，散打吸纳各武术流派的搏击技巧，在充分适应中国特定社会历史背景下，遵循现代体育理念进行的改革与发展，具有十分鲜明的民族特色，是中国武术不可或缺的一部分。此外，虽然武术散打与全球各地的技击术在技术层面存在一定的相似性，但它们各自拥有独特的发展路径。例如，在礼仪方面，散打赛事遵循中国传统武术的抱拳礼，与泰拳的宗教礼仪及跆拳道的韩式礼仪形成鲜明对比；在技术方面，散打独树一帜，区别于拳击的单纯重拳出击、跆拳道的重腿技巧与泰拳的肘撞与膝击，也不同于柔道的摔、拦、擒技术，其特色在于远程踢击、近身拳打及贴身摔跤的技术融合；在比赛场地方面，散打传承了中国古代民间的擂台比武传统，比赛通常在8米×8米的擂台上进行。

三、武术散打的作用

（一）健身功能

武术散打的健身功能涵盖从基本体能训练到高级技巧练习的各个方面，具体包括：第一，散打训练涉及大量的身体活动，如跳跃、冲刺、打击和躲避，可在一定程度上提升心肺功能，并且持续的高强度训练可以增加心脏的泵血效率，进而提高全身的血液循环，确保肌肉和其他组织获得足够的氧气和营养物质。训练中的连续运动和快速爆发力的发展，对提升个体的有氧与无氧耐力都有效果。第二，在增强肌肉力量和耐力方面，散打训练涵盖大量的体重训练和抗阻训练，如蹲举、俯卧撑和引体向上等，有助于增强上肢、下肢和核心区域的肌肉力量，核心力量的增强是提高整体运动能力的关键，是身体力量的发源地，能有效提升整体的稳定性和平衡性。第三，除了物理训练，散打要求练习者要具备高度的心理集中力，提升个人的精神焦点和反应速度，训练中的对抗练习，如搏击和对打，要求参与者在高压环境下做出快速判断和反应，不仅锻炼其身体反应能力，也锻炼了大脑处理紧急情况的能力。第四，散打训练还能提高个人的整体体态和姿势，通过系统的技术练习和体位调整，参与者能学习如何正确地分配身体重量，改善日常生活中的站立和行走姿势，对于预防由姿势不良引起的慢性疼痛和其他健康问题非常有帮助。

（二）防身功能

在面对突发的暴力威胁时，散打训练所强化的反应速度和应变能力，能够帮助个体迅速判断形势并作出有效的自卫行动。例如，散打中的快速闪避技巧可以使个人在遭遇攻击时能够及时躲避，精准的打击技术，则能够在必要时刻有效制止攻击者，从而保护自身安全。散打另一个防身优势是其对身体各部位力量的均衡发展，全面的身体锻炼有助于提高肌肉的力量和耐力，增强骨骼的韧性，为个人在防身过程中提供了更多自保选项，无论是需要使用力量，还是需要迅速撤离危险场所。散打的心理训练也是其防身功能的重要组成部分。通过模拟实战的训练，散打培养了个体在紧张情况下保持冷静的能力，使个体在遭遇威胁时能够快速做出最合理的选择，无论是选择逃跑还是自卫，都能基于清晰的判断而行动，有效地减少恐慌和无效的反应，从而最大限度地保护自身安全。此外，散打不同于某些武术流派强调的花哨动作，它更注重实用、直接的打击和防御技巧，适用于各种身体条件和实际环境，使练习者无须特殊装备或特定场地就能有效运用，极大地增强了个人在面对不测事件时的安全感。

（三）修身功能

武术散打的修身功能是全方位的，通过对身体、情感、心理和道德的全面培养，塑造既强健身体，又具备优秀心理素质和高尚道德的个体。散打训练中的各种技术动作和对抗演练，要求练习者必须具备极高的专注力和心理调控能力。在对抗中，面对对手的攻势，练习者需要在瞬息万变的情况下做出判断和反应，过程中的快速思考和冷静应对锻炼了身体的反应能力，更是对心理素质的考验和提升。同时，散打的练习还涉及高度的自我控制能力。在激烈的对抗训练中，控制自己的情绪，不被愤怒或恐惧所支配，是每个练习者对抗中的技术需要，更是内在心态的修养。长期的散打训练能够帮助人们在日常生活中更好地管理自己的情绪反应，提高情绪智商，对于改善人际关系和增强社交能力都有极大的帮助。武术散打的修身功能还体现在散打对于毅力和耐力的培养上，散打训练往往非常严格和辛苦，长时间的体能和技能训练要求练习者具备极高的身体和心理承受能力。通过不断地挑战自我极限，能够提升个人的体能，更能培养出面对困难与挑战时不轻言放弃的坚韧精神。在道德修养方面，散打同样有着其独特的贡献。武术精神强调的是"武德"，即通过武术训练，培养个人的正义感、责任感和帮助他人的精神。散打训练和对抗不仅是身体上的较量，更是道德和人格的磨炼。散打训练中对规则的严格遵守，对对手的尊重，以及在胜负面前保持谦逊的态度，都是对练习者道德层面的修养。

第二节　武术散打训练的原则

一、有效训练控制原则

有效训练控制原则建立在系统科学的理论和方法之上，旨在通过优化训练控制流程实现训练的科学化，这一过程涵盖以信息化、模型化和立体化训练控制为核心的全方位优化控制，目标是在整个运动训练周期内，通过综合控制手段，达到训练效果的最优化。

（一）确立最优化训练控制目标，实施最佳化训练控制

在实施有效训练控制原则时，应当依据散打运动的具体特性，全面采集练习者的相关信息，并在此基础上进行科学的诊断分析，结合练习者个体的技术特征，制定出最符合其发展的训练目标。此阶段的关键在于选取最合适的训练方法和手段，优先考虑定量化的科学训练方法，并力求科学训练与经验训练的有效融合。定量化训练控制与定性训练控制的结合也极为关键，可强化对训练

过程的精细调节，避免调整训练中出现的问题和偏差，确保训练目标的顺利达成。为了实现上述训练目标，还需加强教练与练习者在科学化训练方面的知识和技能培训，引导他们应积极学习并掌握现代科学训练的方法与技巧，为科学化、最佳化的训练实施创造有利的条件。

（二）综合训练过程的各种因素，全方位地实施立体训练控制

在进行散打训练时，必须综合考量各训练元素之间的相互关联，包括训练内容的安排、采用的方法与手段、运动负荷的量度以及恢复措施，确保所有方面均得到周密的规划和科学的调控。为了实现训练的科学化，需要在训练场上实行精确控制，将所有可能影响训练效果的因素纳入综合考虑，实施全面的科学管理。在实际操作中，立体化训练的执行通常遵循以下流程：首先建立全面的训练管理理念，分析各种可能影响训练效果的因素及其内在的纵向与横向联系；其次，基于这些分析，设计出纵向的系统化训练方案以及横向的综合训练方案；再次，组织实施包含多个方面的立体化训练；最后，根据训练结果进行反馈与调整，以确保训练目标的达成。

（三）高度重视训练信息的采集，建立科学的综合监测系统，实施信息化训练控制

在散打训练过程中，状态和特征的动态变化是极为关键的运动训练信息，此类信息的有效获取，对于教练员在客观上理解、评估及调节训练流程至关重要。因此，教练员需要积极采纳多元化的信息传递手段，以优化信息传输效能。例如，分析练习者训练状态的诊断数据，可以准确评估其训练水平及掌控训练进度。同时，利用赛前收集的情报，教练员能够针对性地组织赛前训练并制定相应的比赛策略。

（四）制订科学的训练计划，建立科学的训练控制模型，实施模型化训练控制

在科学的诊断与预测之上，为练习者构建理想的训练目标是至关重要的，通过建立一套面向训练对象、目标及其流程的量化发展指标体系，形成一种训练模型。在实施该模型时，应注重训练的个体化，确保为每位练习者定制一个契合其个人特质的训练控制模型。

此外，需要避免训练过程中的盲目性、随意性及无计划性，在维持训练计

划稳定性的同时，应根据训练情况的实时变化，灵活调整训练计划，优化训练控制模型，以适应各种训练需求。

二、训练过程的系统化和不间断性原则

在武术散打训练领域，系统化和不间断性原则指导着练习者从事散打训练的始终，该原则强调练习者需要进行一系列连贯且系统的训练过程，主要目的在于通过长期的系统训练，有效且稳定地提升其竞技水平。

武术散打的训练是跨越多年的系统性过程，其中，各个环节相互联系，互为补充，共同构成训练的整体框架。因此，在多年持续的训练过程中，对于每个训练阶段的任务设定、具体训练内容的规划与选择以及训练手段与方法的应用，均应基于它们之间的内在联系进行合理的系统化安排。训练水平的提升是一个长期的过程，持续的训练能够使得各个训练周期产生的效果累积，从而在机体上产生更强烈的影响。鉴于单次训练课程或短期周期的训练效果往往不足以引发机体必要的适应性变化，因此，需要通过连续多次的训练课程或数个短期周期的效果累计，以促使散打练习者在身体形态、机能水平及技术战术等方面实现一系列的适应性变化。

对于散打练习者的训练而言，不仅是重复的训练课和短周期的训练，更需在练习者体能恢复与提升的同时，考虑不同程度疲劳下的训练需求，确保训练效率的正确性，严格防范"过度疲劳"与"适应过度"等不良现象的出现至关重要。为此，必须采取有效的措施，例如，合理安排工作与休息，以确保机体的恢复能力和适应过程能够顺利进行。

三、一般训练和专项训练统一原则

在散打运动训练的体系中，分为一般训练和专项训练两个部分。两种训练均需依据训练周期的具体阶段和目标，科学地规划训练的相对比重。

在训练中，一般涵盖多种身体锻炼形式、方法及工具，目的是全面增强和优化练习者各个器官系统的功能，促进一般体能的发展，改善体态及心理素质。此类训练在内容和手段上具有广泛性和多样性，主要间接支撑和奠定专项竞技能力的基础；专项训练则聚焦于特定竞技动作及其相关的生理机能训练，通过专项锻炼，提升练习者在特定领域的专业能力，对提高专项竞技表现和成

绩有直接影响。尽管相较一般训练，专项训练在内容和方法上更加具有针对性，但主要目的都是最大化提升特定运动技能。在散打的训练实践中，一般训练与专项训练之间并没有明确的划分界限，许多训练既符合一般训练的特点，又可视为专项训练。有些训练内容在初级阶段属于专项训练，但在更高级别的训练阶段则变为一般训练。一般训练和专项训练的内容互为基础与前提，专项训练的具体内容依赖于一般训练所建立的基础，一般训练的内容也展示了专项训练的某些特征。随着散打运动训练的深入专项化，训练内容越发倾向于特化，但需要明确的是，一般训练和专项训练不能简单地等同处理，训练过程中必须恪守一定的比例规范，以保证训练的全面性和效果（图4-1所示）。

专项训练		专项训练			
一般训练		一般训练			
第一阶段	第二阶段	第一比赛阶段	恢复期	第二比赛阶段	过渡期
准备期		比赛期			

图4-1　大周期中用于一般训练和专项训练的时间比例

在确定一般训练和专项训练的相互比例时，必须考虑练习者的训练程度、个人特征和年龄特征以及所处的训练期和阶段。

四、科学调控运动负荷的原则

科学调控运动负荷原则强调根据练习者的个体差异及特定训练任务，依据人体生理功能对训练负荷的适应性规律进行训练设计。核心在于施加高强度的训练负荷，并持续地、系统性地以及有节奏地进行，练习者技能的提升源于训练中的负荷量和刺激的强度。经历一定的训练负荷后，练习者必然会产生相应的训练效应。训练中负荷的科学安排，是影响训练成效的关键因素。适当的训练负荷能促进机体的适应性发展，过度的负荷则可能导致生理功能的劣变。因此，训练过程中的适应性与劣变性成了体育训练中一对基本且重要的特性。

在体育训练的实施过程中，循序渐进地增强训练的负荷量及强度有时并不能对练习者的生理机能产生直接影响。为推动练习者训练水平的持续进步，训练周期内对训练负荷进行精准调整，定期引入最大训练负荷对生理机能施以强烈刺激。在施加最大训练负荷时，应首要考虑其是否适应于练习者的训练阶段、经验年限及个体特性等因素。此外，持续施加最大负荷是不可取的，因为在此种负荷影响下，生理的恢复及适应过程需要时间较长，过度连续的使用可能导致训练效果的不理想重叠，进而引发过度适应现象。因此，在实际操作中，应采取最大负荷与中等或较小负荷交替使用的策略，在训练内容和负荷的作用方向上也应进行交替。

体育训练实践表明，科学并合理地调节运动负荷，可以按计划有效提升运动技能，并在练习者的黄金年龄阶段实现卓越的竞技成绩。然而，在青少年练习者的训练过程中，过度依赖高负荷训练可能对其长远发展造成不利影响，因此练习者应谨慎采用大负荷训练策略，以免给年轻练习者的生理及心理发展带来严重的负面后果。

五、针对性与个体化训练原则

针对性与个体化训练原则的核心在于，根据每位练习者的具体特征和对抗性环境中的不同因素，如对手、训练及比赛条件等，制订专门的训练计划。在这一过程中，个体化训练起到决定性作用。该训练方法旨在根据练习者的体格、技术水平、综合素质、智力水平、心理状态及思维习惯等多方面特征，制订一套适合其个人特点的训练方案，以此来实施个体化训练。

众所周知，每位练习者的体育竞技能力均受天赋与成长环境的限制，个体间的差异性主要反映在神经系统的类型、形态学特征及自主神经系统等关键参数上。基于练习者固有的素质，可以预测其条件反射的形成速度和固化性、反应特征、构建联系系统的速度及其敏感度等因素，这些因素对于技能的迅速掌握与固化、素质与特长的发展以及在稳定或变化环境中技能掌握与反应的稳定性均具有重要影响。

现代散打的训练体系越发注重练习者个体的训练需求，鉴于散打竞技的独特性，练习者在赛事中与对手展开激烈比拼时，并未遵循一成不变的攻击策略，这种应变能力主要来源于练习者对自身所掌握技巧的灵活运用，以及针对对手特定情况进行的策略性技术选择。因此，许多资深教练在指导练习者时，特别强调培养其"得意技"（绝招）的技能，旨在逐渐塑造出符合练习者个性的技术体系和战斗风格。

第三节　武术散打的身体训练

一、柔韧性训练

柔韧性即人体关节在各向异性方向上的运动范围以及肌肉及韧带的延展性与弹性特质，是练习者竞技能力提升的关键因素之一。尤其在散打领域中，练习者的柔韧素质对其竞技表现尤为关键。首先，柔韧性是练习者学习及掌握复杂技能的基本条件；其次，对于某些要求高柔韧性的高难度技术动作，若无充分的柔韧性，练习者将难以学习及执行这些技术；最后，优异的柔韧素质不仅有助于提升练习者的整体运动表现，还能有效预防运动中的伤害。散打运动对练习者的柔韧素质有着特定的要求，在散打运动中被专门强调，并影响肩部、臂部、腕部、腰部、髋部、腿部及踝部等多个关键部位的柔韧性。

（一）主要训练手段

1.肩臂部柔韧性练习

（1）压肩

①正压肩：双手放在平行杆上，身体向前倾，利用自身体重压肩。

②侧压肩：身体侧向，手臂伸直，另一只手扶在高处，用力将肩部压向下方。

③反压肩：背对平行杆，双手握住杆，身体向后倾，用力将肩部向后压。

（2）拉肩

①肋木拉肩：利用肋木或类似器械，双手抓住杆子，用力将身体向前拉，使肩部得到充分的拉伸。

②倒立拉肩：通过倒立的姿势，利用自身重力拉伸肩部。

③直臂上举拉肩：双臂伸直向上举，用力向上拉伸肩部，保持一段时间。

（3）臂绕环

①单臂绕环：一只手臂绕着肩部做圆周运动，增加肩部的柔韧性。

②双臂交叉绕环：两臂交替绕环，增强协调性和柔韧性。

（4）转肩

①握竿转肩：手握竿子，做肩部转动的动作，使肩关节充分活动。

②双人翻转肩：与伙伴合作，一人固定，一人做肩部翻转的动作。

（5）吊肩

利用单杠或其他器械，进行正吊肩和反吊肩的练习，使肩部得到充分的拉伸。

2.腕部柔韧练习

（1）扳腕

①正扳腕：用一只手握住练习手的手指或手掌，轻轻向上拉动，保持数秒钟。

②侧扳腕：用一只手握住练习手的手指或手掌，轻轻向一侧拉动，保持数秒钟。

③反扳腕：用一只手握住练习手的手指或手掌，轻轻向下拉动，保持数秒钟。

（2）弹压

①自我弹压：在进行柔韧性练习时，用手对肌肉或关节施加压力，以增加拉伸的强度。例如，用手压腿来增加腿部肌肉的拉伸效果。

②器械弹压：使用弹力带、泡沫轴等器械进行柔韧性训练，这些器械可以帮助练习者更好地控制拉伸的强度和角度，达到更好的训练效果。例如，使用泡沫轴滚动腿部肌肉，以放松肌肉并增加柔韧性。

（3）倒立

①基本倒立：在墙壁或支撑物的帮助下，双手撑地，身体倒立。保持身体稳定，并尽量保持较长时间。

②自由倒立：不借助任何支撑物，完全依靠手臂和肩膀的力量进行倒立。这种方法需要较高的力量和控制能力，同时，能极大地提高上肢和肩部的柔韧性。

3.腰部柔韧性练习

（1）屈体运动

①体前屈：练习者站立或坐下，将身体前屈，尽量触碰脚趾或地面，有助于拉伸背部、腰部以及腿部的肌肉，增强整体柔韧性。

②体后屈：站立或趴在地上，将上半身向后弯曲，尽量使头部靠近脚跟，拉伸腰部和腹部肌肉，提高背部的柔韧性。

③体侧屈：站立，将一只手高举过头，另一只手沿着身体侧面滑动，尽量向侧面弯曲，有效拉伸侧腰和侧腹的肌肉。

（2）甩腰

练习者直立，双臂上举，然后身体向后弯曲。开始时幅度不宜过大，逐渐加大。

（3）涮腰

练习者站立，身体前屈，双臂伸直，然后从身体左侧向右侧涮动，反复交替进行，增强腰部肌肉的灵活性和协调性，同时，促进腰部肌肉的拉伸和放松。

（4）下腰

练习者直立，然后向后弯曲腰部，直到双手触地，身体形成一个桥状。这个动作对于提高腰部的柔韧性和力量非常有效，但需要注意循序渐进，避免拉伤。

4.髋部柔韧性练习

（1）侧压

侧对肋木，脚横放，身体直立，侧向压髋部，此动作主要针对髋关节和大腿内侧肌群。

（2）跪压

跪坐在垫上，两腿分开，身体直立后仰，有助于伸展髋屈肌和股四头肌。

（3）坐盘压

成坐盘姿势，向前压髋部，拉伸臀部和大腿后侧肌群。

5.腿部柔韧性练习

（1）压腿

①正压：双腿并拢，身体前屈，用手触碰脚尖，有效拉伸大腿后侧的肌肉。

②侧压：一条腿侧平举，另一条腿弯曲支撑，身体侧向压低，拉伸大腿内侧肌肉。

③后压：一条腿向后抬起，身体前倾，用手握住脚踝，拉伸大腿前侧和髋部的肌肉。

④弓步压：前腿弯曲，后腿伸直，身体向前压低，针对前腿大腿内侧和后腿的髋关节。

⑤仆步压：类似于弓步，但前腿更弯曲，身体尽量靠近地面，进一步伸展大腿和髋部。

（2）扳腿

①正扳：站立或坐姿，一条腿前伸，用手拉住脚，向身体方向拉近，伸展腿后肌群。

②侧扳：一条腿向侧面伸展，用手拉住脚，拉近身体，伸展腿内侧肌肉。

③后扳：站立或俯卧，一条腿向后弯曲，用手拉住脚跟，拉近身体，伸展大腿前侧肌肉。

（3）控腿

①正控：站立，双手扶住墙或扶手以保持平衡，将一条腿向前抬起，保持腿部伸直，保持 10 ～ 15 秒，放下腿，换另一条腿重复，左右各 5 ～ 10 次。

②侧控：站立，双手扶住墙或扶手以保持平衡，将一条腿向侧方抬起，保持腿部伸直，保持 10 ～ 15 秒，另一条腿重复，左右各 5 ～ 10 次。

③后控：双手扶住墙或扶手以保持平衡，将一条腿向后抬起，保持腿部伸直，保持 10 ～ 15 秒，换另一条腿重复，左右各 5 ～ 10 次。

（4）踢腿

①正踢：直立，向前踢腿，保持腿部伸直，主要锻炼大腿前侧的肌肉。

②侧踢：侧向踢出，强调腿部侧面的拉伸，同时锻炼腰部和臀部的力量。

③外摆：从身体一侧向外摆腿，增加腿部外侧的柔韧性。

④里合：腿部从外侧向身体中心线摆动，锻炼内收肌群。

⑤后踢：向后踢腿，提高后侧肌肉群的力量和柔韧性。

（5）劈叉

①纵劈叉（前后腿分叉）：一腿向前伸直，另一腿向后伸直，锻炼腿部前侧和后侧的柔韧性。

②横劈叉（左右腿分叉）：两腿向两侧伸展，达到或接近地面，极大地拉伸腿部内外侧。

6.踝部柔韧性练习

（1）扳压

①自我扳压：坐下，一腿伸直，用手拉住脚尖向身体方向拉，增加踝关节的活动范围。

②同伴扳压：同伴帮助按压，提供更大的压力，以增加踝关节和小腿肌肉的伸展。

（2）对墙压

①直腿压墙：面对墙，一腿直伸贴墙，身体向前倾压，拉伸小腿肌肉。

②勾腿尖压墙：脚尖勾住墙边，保持腿部伸直，上体向前压，有助于拉伸踝部和小腿肌肉。

（二）训练方法与要求

1.主动性练习与被动性练习相结合

主动练习涉及练习者利用自身肌肉收缩来增强关节的运动范围和肌肉及韧带的伸展能力；被动练习则依赖于外界力量（例如教练或同伴的协助进行肢体拉伸），以促进大腿后侧肌肉及韧带的柔韧性发展。

2.动力性练习与静力性练习相结合

动力性练习包括振臂、环绕臂运动等，旨在通过动态的肢体活动增强力量与协调；静力性练习，如下腰成桥、控制腿部位置并保持一定时间，有助于增强肌肉的静态持久力。

3.发展柔韧性练习

发展柔韧性练习通常安排在每次训练课程的前半段，此时，练习者通常尚未产生疲劳感，伤害风险较低。开始练习前，必须进行充分的准备活动以预防伤害。

4.发展柔韧性训练要注意循序渐进

训练强度应从低到高逐渐增加，同时，练习的频率不应过多，以避免过度疲劳。此外，每一步训练均需谨慎增加难度和负荷，确保训练效果的最大化与运动安全。

二、灵敏性训练

在散打运动中，灵敏性是练习者综合技能与运动素养的体现，是练习者在执行协调且精确的动作中以及在极短的时间内对身体位置进行快速调整的能力。此种能力的形成依赖于练习者生理机能、多样的运动素质、心理特质、性格特征以及技术储备等方面。在散打项目中，对练习者的灵敏性有着较为严苛的要求，具备高度灵敏性的练习者能够迅速规避对手的攻势，并能在关键时刻以快速且精确的技巧进行反击，而缺乏此能力的练习者难以达到高级别的技术成就。散打练习者的灵敏性主要包括运动反应速度、时间感知、空间感知及适应性调整等关键维度。

（一）主要训练手段

1. 游戏法（体育）

（1）追捕

【目的】

通过紧张刺激的追捕与被追捕过程，提高练习者的速度素质和反应灵敏性，增强练习者耐力和快速应变能力。

【方法】

①场地准备：在一个长方形的场地上进行游戏，确保场地安全、无障碍物。

②人员安排：练习者在场地上分散站立，从中选择两名练习者作为追捕手。

③游戏开始：教师鸣笛后，追捕手开始在场地内奔跑，尝试追捕其他练习者。被追捕手触及的练习者需要用一只手按在被触碰的部位。若第二次被触及，需要用另一只手标记第二次被触及的部位。第三次被触及后，该练习者应退出游戏。

④游戏结束：当场地上仅剩两名练习者时，游戏暂停，这两名练习者在下一轮中担任追捕手。

【规则】

①任何跑出场地边界的练习者不得重新进入游戏。

②追捕手可以使用手触碰其他练习者的任何身体部位，以标记被追捕。

【教学建议】

①依据参与人数和场地大小，可适当调整活动的持续时间，确保每位练习者都有充分的参与机会。

②可以根据游戏进程和练习者的热情，适时交换追捕手的角色，以维持游戏的活力和公平性。

（2）听信号

【目的】

该游戏旨在发展练习者的灵敏性和反应速度，通过对信号的即时反应，提升练习者的注意力集中能力及快速适应变化的能力。

【准备】

活动可以在排球场或任何宽敞的空地进行，以确保有足够的空间供练习者活动。

【方法】

先将练习者分成人数相等的两个队伍，命名为甲队和乙队。游戏开始前，教师详细解释规则并示范信号的意义。比赛开始时，教师吹响哨子（单响）表示计时开始，甲队的队员需要追赶并尝试拍打乙队的队员。当教师吹响两次哨音时，情况立即反转，乙队的队员则开始追赶甲队的队员。在第三次哨音响起时，所有练习者必须迅速停止当前动作，原地站好，等待教师的下一步指示。游戏设置一个明确的时间限制，如五分钟或十分钟。在这段时间内，队员们要尽可能多地拍打对方队员。结束时，每个被成功拍打的行为都被记录为对方队伍的得分。计算得分时，将每队个人的得分汇总，积分较高的队伍获胜。

【规则】

①参与者必须严格按照教师的哨音信号行动，任何提前或延后行动的行为都将被视为违规。

②所有的追逐和逃跑活动必须在规定的游戏区域内进行，一旦越界，该次追逐的得分将予不计算，且视为对方自动获得一分。

【教法建议】

①教师可以使用不同类型的哨子来区分哨音信号，如使用单音哨和双音哨，以帮助练习者更快地识别并反应不同的信号。

②为避免游戏过程中练习者相距过远，教师应确保两队的队员在活动开始前了解他们的活动范围，并尽可能维持适当的距离。

（3）偷袭反击

【目的】

该游戏旨在培养练习者的快速反应能力和加强练习者的短跑速度，同时提高战略思维和团队协作能力。

【准备】

选择一个适当的开放场地，划定两条相距 25 ～ 50 米的平行线，这两条线标志着两队的大本营。在每个大本营的线后 2 米处，各画一个直径为 2 米的圆圈，作为"俘虏收容所"，用于暂时收容被捕获的对方队员。

【方法】

练习者平均分成两个队伍，每队人数相等。每队选出一名队员作为队长，队长之间通过猜拳来决定哪一队先进行偷袭。被偷袭方的队员需要背对对手，站立在自己的大本营线后，保持警觉状态。

游戏开始，假设甲队首先偷袭，乙队所有队员背对甲队。甲队队长选派 3 名队员悄悄接近乙队并轻拍任意 3 名队员的背部，随后迅速返回本方大本营。

被拍的乙队队员立即转身追逐甲队的偷袭者。如果乙队队员在甲队偷袭者返回大本营前追上他们，则将这名偷袭者带回乙队大本营，将其视为"俘虏"安置在圆圈内。如果乙队队员未能成功追捕对手，则需要自行进入甲队的圆圈，被当作"俘虏"。甲队每人至少进行一次偷袭后，两队交换攻守角色，乙队进行偷袭，甲队则进行防守。游戏以俘获"俘虏"数目多的队伍获胜结束。

【规则】

①在偷袭过程中，任何队员在偷袭期间不得离开其指定的站立位置或转头观察。

②双方被俘的队员在他们自己的偷袭或防守回合中不得参与任何活动，以保持公平性。

③如果在游戏过程中队长被捕，则需立即选出新的队长以指挥剩余的游戏。

【教法练习】

①根据参与的练习者人数，偷袭队员的数量可以适当调整，确保每位练习者都有参与和被俘的机会。

②游戏可以连续进行多轮，以增加游戏的动态性和挑战性。每一轮结束后，应及时调整策略和交换俘虏，确保所有参与者都能充分体验游戏的各个方面。

2.躲闪练习

（1）静物躲闪

在静物躲闪训练中，围绕提前所设置的静态障碍物，如木桩、沙袋进行躲闪练习。这些障碍物模拟对手或其他突发障碍，练习者需执行多种动作，如侧身滑步、快速后退和绕圈运动，以此增强个人的敏捷性和空间意识。

（2）动物躲闪

此项练习为配对形式，一人扮演进攻者，可能携带简单器械，如棍棒，进行标准的进攻动作；另一人则执行躲闪动作，通过模拟实际对抗情况，帮助练习者在压力下保持冷静，快速做出反应。

3.跳绳

跳绳是一种简单但极其有效的全身运动，可以提高心肺耐力、协调性和节奏感。

（1）单人跳

单人跳绳要求练习者掌握基本技巧，如单脚跳、交叉跳及双脚连续跳，进而提高个人的协调能力和爆发力。

（2）多人跳

多人跳绳，又称为团队跳绳或集体跳绳，所有成员必须在相同的节奏和时间点上跳跃，任何个体的失误都可能导致整组的失败。参与者需掌握多种跳绳技巧，如基本的两脚同时跳、交叉跳、双脚连续跳等。每次训练中可增加难度和速度，使参与者逐步适应更快的节奏和更复杂的跳绳技巧。此外，练习中可使用双绳或更多绳子来增加挑战。

4. 徒手练习法

各种跳跃及旋转，如大跃步前穿、仆步换腿跳等，在许多体育运动中都非常实用，能有效增加下肢力量和整体稳定性。

在海绵垫或软垫上进行的滚翻练习，如前滚翻、后滚翻、侧手翻等，能够增强练习者的身体灵活性和对不同落地方式的适应能力。

5. 打梨形球练习

梨形球练习主要针对提高拳击和其他格斗运动中的出拳速度和力量。连续快速地击打梨形球，不仅能提升练习者的手眼协调，还能增加手臂和核心肌群的力量。

（二）训练方法与要求

1. 变换练习法

在训练中可以经常变换练习的方式、方向、节奏、速度及其他要求，如交替变换左右侧的实战姿势，控制距离的 2 人对滑步练习等，有效地发展练习者的灵敏性。

2. 渐进练习法

训练中由简到繁、由易到难、循序渐进，逐步增加练习的内容，提高练习的复杂程度，可有效地提高练习者的灵敏性，如打梨形球时，先做单手的慢速击打，再做双手交替的左右手快速击打等。

3. 加难练习法

加大练习的难度，让练习者在更为复杂的环境、更为困难的条件下进行练习，也是发展练习者灵敏性的有效方法。如甲方用拳法进攻，乙方靠近固定位置做躲闪；在擂台的一角，甲方进攻，乙方闪躲防守等。

做灵敏性练习时，一般可安排在训练课的开始部分，可以将此项练习当成练习者的准备活动来进行，有些练习则放在基本部分中间，穿插在技术训练中进行。

三、速度性训练

速度是人体在快速运动时所展现的基本能力。在散打运动中，速度被认为是攻击与防御转换过程中极为关键的元素之一。对参与散打的练习者来说，无论是在积极的进攻、迅速的撤退防守，还是在完成防守后进行的反击中，优良的速度素质都是必不可少的。因此，在散打练习者所需具备的多项关键素质中，速度占据核心的位置。散打练习者应具备的速度素质主要包括以下几个方面：对对手的各种攻防动作所作出的反应速度，称为"反应速度"；完成单一攻击或防守动作的速率，及在固定时间内重复执行某一动作的频率，简称为"动作速度"；在单位时间内完成的身体移动距离或在固定时间内移动一定距离所需的时间长度，简称为"位移速度"。

（一）反应速度

在散打运动中，练习者的反应速度通常分为简单反应速度和复杂反应速度两类。简单反应速度指练习者对单一动作或信号的即时反应；而复杂反应速度涉及对对手动作多样性的适应和相应的反应能力。在散打的竞技过程中，复杂反应速度尤为关键。

散打练习者的反应速度受多种因素影响，包括感知觉能力、信号接收能力、对信号的选择性分析、信号在反射弧中的传递速度以及肌肉的响应速度和收缩能力等。这些能力部分源于练习者的遗传条件，但通过系统训练，也可以在一定程度上得到有效提升。在散打训练中，采用信号刺激法是提高反应速度的主要训练方法。

①教练通过语言或手势发出信号，练习者需快速调整步法，执行迅速的拳击和踢腿动作。

②教练发出不定时的动作信号，如出拳或踢腿，练习者需要立即做出反应，进行防守、反击或迎战。

③对固定靶训练：教练或训练伙伴持靶，在固定位置突然展示靶子，练习者需要根据情况选择击打。

④打移动靶：教练或训练伙伴在移动中突然变换靶子的位置，练习者则应针对不同的靶位采用相应的组合技术进行击打。

（二）动作速度

1. 练习方法

练习者的动作速度是衡量练习者整体技术和能力的重要标准，动作速度主要由中枢神经系统的调控功能和肌肉力量共同决定。因此，提高动作速度需要加强肌肉训练，也需要优化神经系统的反应速度和协调能力。在现代体育训练中，采用高强度的重复训练法被认为是提升动作速度的最有效手段，此方法通过不断重复特定动作，加强肌肉记忆，以提高其反应速度和爆发力。

2. 练习手段

（1）徒手练习

①上肢速度：练习者快速从俯卧撑位置推起，两手相碰后迅速返回初始位置，此动作有助于增强肩部及胸大肌的爆发力。也可以采用立卧撑，即从站立位置快速下降至俯卧撑，再迅速站立，重复此动作可有效提升练习者全身协调性与速度。

②腰背部肌肉速度：第一，元宝式收腹。快速从躺平状态做起坐动作，同时双膝弯曲抬高至胸前，然后迅速返回，此动作加强核心肌群。第二，俯卧两头起。俯卧位置，同时尝试抬高上半身和双腿，增强腰背肌肉力量。

③下肢速度：第一，原地快速提膝。快速交替抬高膝盖至胸前，类似跑步动作，增强腿部的灵活性和速度。第二，原地小步跑。快速在原地进行小步跑动，提升脚步的快速移动能力。

（2）器械练习

①手持小重量的哑铃或杠铃进行快速冲拳，通过增加重量来增强肌肉的力量和速度。系皮筋进行快速冲拳，提供反向拉力，增加肌肉负荷。

②腰背部肌肉速度：斜板上快速仰卧起坐，增加重力影响，加强腹部肌肉的速度训练。俯卧在跳箱上的上体起，加强背部肌肉的快速力量输出。

③下肢速度：负重单腿跳增加腿部负重，提高力量和速度；负重腿法练习以及系皮筋快速腿法练习增加下肢的力量。

（3）空击训练

空击训练是通过模拟实际对战中的动作，让练习者在没有实际对手的情况下，进行各种单个技术或组合技术的进攻和防守动作，提高练习者的技术精度和动作反应速度，增强其想象中的对战能力。

（4）条件实战

通过实际的对抗练习，如鞭腿对攻或模拟拳击比赛，使一方进行主动攻击而另一方进行防守，不仅测试练习者的速度和反应，也检验其在压力下应用技巧的能力。

（三）位移速度

1.练习方法

（1）提高力量

在训练中，力量是基本的物理能力之一，对提高练习者的速度和敏捷性至关重要。特别是速度力量，也就是我们常说的爆发力，是练习者在短时间内迸发出最大速度的能力。

（2）重复练习

通过重复执行高强度甚至极限强度的训练动作，逐渐提升力量和速度，包括负重训练、弹力带辅助跳跃、深蹲跳等，都是极好地提高下肢力量和爆发力的训练。或者可以使用抗阻工具，如拖拉伞或抗阻带进行短距离冲刺，可以有效增加肌肉的力量输出，从而提升起步速度和加速能力。

2.练习手段

（1）加速能力练习

①各种距离的冲刺跑。

30米冲刺：是测试起步速度和爆发力的基本距离。需要从静止状态全力冲刺，目标是尽可能快地完成距离。

50米冲刺：此距离加强了速度的持续性，适合提高加速后的速度维持能力。

60米冲刺：这一距离帮助练习者达到接近最大速度，训练在高速运动中的肌肉控制和协调能力。

②短距离的下坡跑。

利用下坡的自然坡度来增加跑步时的重力加速，帮助练习者体验更快的速度，同时减少地面抗力的影响。

③短距离的变节奏跑。

变节奏跑包括在一定的距离内改变速度的能力。例如，可以设计一个100米的跑道，在前50米进行全速冲刺，后50米则转为慢跑。

（2）速度耐力练习

①短距离的重复跑。

50米重复跑：进行多次短距离全速跑，每次跑后短暂休息，训练过程中强调速度的恢复，适合提高短时间内的速度恢复能力。

100 米重复跑：同样是全速跑，比 50 米的距离更考验耐力。

200 米重复跑：在这个距离上，练习者需要保持更长时间的高速度，对耐力和速度的综合提升非常有效。

②中距离的间隔跑。

400 米间隔跑：以接近比赛速度运行 400 米，然后进行较长时间的恢复，有助于提高中距离的速度和耐力。

800 米与 1000 米间隔跑：对于需要在更长的比赛距离中保持较高速度的练习者来说，这些训练极为重要。

③长距离的变速跑。

设计 100 米快跑与 100 米慢跑交替的模式，整个距离达到 3000 米至 5000 米。

（3）滑步练习

①规定时间的滑步练习。

可以设置 30 秒或 1 分钟，看练习者在规定时间内能完成多少次滑步。

②规定距离的变向滑步练习。

设计一个课程，例如，50 米前进滑步后立即转为 50 米后退滑步。

四、力量训练

力量素质通常被定义为人体或其特定部位肌群在执行动作过程中，对阻力的克服能力。肌肉在运动时遇到的阻力主要分为外部与内部两类。以散打为例，外部阻力主要源于对手的阻挠与竞技抗衡；内部阻力则涉及肌肉的黏滞性、对抗肌群的牵制等因素。这些阻力要求练习者通过肌肉收缩产生足够的力量，以克服这些障碍并执行预设动作。

在散打领域内，练习者的力量素质不仅是其学习及掌握散打技术的关键前提，同时，对其运动速度、耐力及其他体能素质也有一定的影响。因此，力量素质的高低，在很大程度上决定了练习者的竞技水平。

散打运动要求练习者具备多种力量素质，可以大致分为三类：首先是最大力量，如在摔跤技巧中的举抱、搬扛等动作；其次是速度力量，表现在出拳或出腿的过程中，不仅需速度快速，而且需要力量充沛；最后是力量耐力，即练习者需要在较长时间内保持技术动作的稳定性，防止动作变形。针对这三种力量素质，以下将详细介绍各自的训练技巧与方法。

（一）最大力量

在散打比赛及实战环境中，练习者需充分发挥最大力量，特别是在执行各类摔跤技巧时。例如，在执行"过胸摔"这一技巧动作时，练习者需要动用全力将对手抱起并摔倒。为了有效培养和提升最大力量，以下练习方法及手段显得至关重要。

1. 练习方法

（1）重复练习法

通过执行 70% ～ 90% 的负荷强度，进行 3 ～ 6 次的重复练习，共 6 ～ 8 组，每组之间休息时间为 3 分钟，以此增强力量和耐力。

（2）极限用力法

开始可以选择较低的负荷强度，随着练习进展，逐步增加负荷同时减少重复次数，以达到力量训练的极限。

（3）静力练习法

采用超过 90% 的高负荷强度进行静力性训练，每次维持 3 ～ 6 秒，重复 4 次，每次之间休息 3 分钟，通过这种方式提升最大力量。

2. 练习手段

（1）发展上下肢最大力量

①手倒立推起，增强上肢力量；②引体向上，促进背部和臂部肌肉发展；③杠铃屈臂，提升臂部力量；④推杠铃，强化肩部和胸部肌群；⑤负重深蹲，增强下肢力量；⑥负重弓步走，提升下肢和核心稳定性；⑦马步站，强化腿部和核心区域。

（2）发展腰腹肌最大力量

①悬重举腿，发展腹部力量；②负重仰卧起坐，增强腹部和腰部肌肉；③高翻杠铃，提升背部和腰部力量；④负重体后屈，加强背部和腰部的力量。

（3）全身最大力量

抓举杠铃和挺举杠铃，用以增强全身的力量。

（二）速度力量

速度力量的概念涉及在最短的时间内发挥最大力量的肌肉能力。在散打竞技场上，这种力量的体现尤为关键，如练习者在快速摔跤（接腿摔）过程中迅速展现的强大力量，以及其拳击和踢腿的技术质量。

1. 训练方法

针对速度力量的提升，实践中常采用递增递减负荷的训练策略。具体而言，初期通过增加负荷超过比赛中需克服的阻力，以此增强肌肉的力量基础。待练习者适应后，再将负荷降低至常规水平，此举有助于在常规阻力条件下提升练习者的动作速度，进而提高其竞技表现。

2. 训练手段

（1）上肢

上肢训练包括多种训练手段，如俯卧撑击掌、连续扑地蹦、推铅球和抛实心球，持轻哑铃进行拳击练习以及系皮筋冲拳等，旨在增强上肢的力量和速度，提升拳腿动作的效率。

（2）下肢

下肢的力量和速度训练包括全蹲跳、立定跳远、蛙跳、多级跳远、高抬腿跑、后蹬跑以及负重跳和负重腿法练习，这些练习可以增强下肢的爆发力和持续动力，关键在于提高练习者的整体散打表现。

（3）腰腹肌

为加强核心肌群的稳定性和力量，可尝试采用元宝式收腹和实心球抛接仰卧起坐等训练方法。

（三）力量耐力

力量耐力指运动员在静力性工作中保持相应强度的肌肉紧张能力，或在动力性工作中多次完成相应强度的肌肉收缩的能力。散打比赛中，运动员的力量耐力，反映的是在规定时间内反复完成比赛动作所要求的高质量的肌肉收缩能力。散打运动员力量耐力的发展取决于比赛条件下的运动程度和特点时间。

力量耐力是指运动员在需要长时间肌肉紧张的情况下保持一定强度的能力，或者能够多次进行强度相同的肌肉活动。在散打运动中，力量耐力表现为在规定时间内能够反复执行要求高的比赛动作，并保持肌肉收缩的高质量。散打运动员的力量耐力的提升，与他们在比赛中的活动强度和特定的比赛时长密切相关。关于力量耐力的训练方法与手段主要包括以下几种：

1. 循环训练法

第一，快速冲拳 20 ～ 30 次；第二，原地快速提膝 20 ～ 30 次，第三，仰卧起坐冲拳 20 次，第四，立卧撑转体跳 10 ～ 15 次，第五，仰卧两头起 20 次，第六，俯卧撑 20 ～ 30 次。以上所有动作组成一个完整的训练循环，建议进行 3 到 4 次的循环练习，每次循环练习的持续时间为 20 到 30 分钟。

2. 重复训练法

（1）持碰铃的拳法练习。手持碰铃进行拳法练习，如直拳、勾拳、摆拳等。碰铃的碰撞声可以提醒练习者注意动作的准确性和节奏感。通过重复练习，可以加强手臂和肩膀的力量，提高拳法的速度和威力。

（2）沙袋的腿法练习。使用沙袋进行腿法练习，如侧踢、后旋踢、前踢等，沙袋的重量可以提供额外的阻力，增强腿部肌肉的力量和耐力，并且重复踢击沙袋可以磨练腿法的准确性和灵活性。

（3）步法练习。步法练习包括前进、后退、左右移动等，可以通过设置障碍物或标志物来模拟实战中的移动场景，可以提高身体的灵活性和协调性，为实战中的快速移动和闪避打下基础。

上述训练方法每组重复次数 20 ～ 40 次，间歇时间为 60 ～ 90 秒，避免过度疲劳。在间歇期间，可以进行深呼吸、拉伸等放松活动。重复完成 3 ～ 5 组，进一步巩固训练效果，提高体能和技能水平。

3. 规定条件和规定时间的实战训练

（1）规定条件。一是限制技能使用。例如，只允许使用拳法或腿法，或者禁止使用某些特定的技能；二是设置防护装备。如护具、头盔等，以确保练习者的安全。三是模拟对手特点。根据对手的特点（如身高、体重、技能水平等）来模拟实战场景。

（2）规定时间。第一，设定战斗时长。例如，每轮实战练习持续 3 分钟或 5 分钟。第二，计时休息。在实战练习之间设置休息时间，以便练习者恢复体力。

五、耐力训练

在当代体育科学领域，耐力被定义为生物体持续进行劳动或活动的能力。尤其在散打运动中，耐力是竞技水平的关键指标之一。散打练习者的耐力素质是其参与比赛的基础保障，确保其能够在整个比赛过程中，持续对抗对手。为此，散打比赛要求练习者能够在三局的比赛中，保持至比赛终止时刻的高水平体力，以便充分运用和展示其技战术能力。在散打的专项训练过程中，对练习者的耐力素质进行针对性提升，将直接影响练习者的心血管系统功能，优化其有氧与无氧代谢过程。该训练还增强了运动系统，包括骨骼肌肉和关节韧带的耐受力，能够承载更长时间的体力消耗。在心理层面，该训练同样为练习者提供了应对和克服长时间比赛带来的疲劳的心理准备。

散打练习者的能量供应主要通过三种途径：磷酸原系统、乳酸能系统以及有氧系统。这三种系统共同决定了散打运动中的能量供应方式，即无氧供能和有氧供能。因此，从体能训练的角度出发，散打练习者的耐力可以细分为有氧耐力和无氧耐力两个重要组成部分。

（一）有氧耐力

1. 长时间持续训练法

长时间持续训练法要求训练持续时间不少于 30 分钟，适用于增强心肺功能和耐力。常见的训练形式包括长距离越野奔跑、变速跑爬山活动、持久的对抗性体育竞技以及连续性团队轮战竞技。

2. 短时持续训练法

此训练法的持续时间一般为 5 ～ 10 分钟，旨在提高短时高强度的运动能力。典型的训练项目包括设定时长的"影子拳"训练、跳绳以及短距离冲刺训练等。

3. 循环训练法

有氧耐力的循环训练主要是将 6 ～ 8 种不同的训练动作组合成一个训练单元，连续不断地完成一个单元算作一组。通常进行 5 ～ 10 组，每组之间休息时间为 1 ～ 3 分钟。（图 4-2）

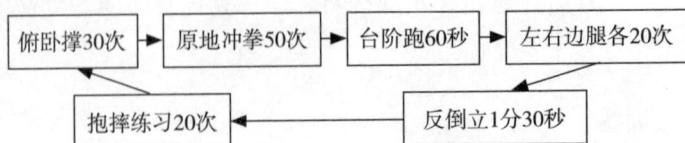

俯卧撑30次 → 原地冲拳50次 → 台阶跑60秒 → 左右边腿各20次

抱摔练习20次 ← 反倒立1分30秒

图 4-2　有氧耐力的循环训练

（二）无氧耐力

1. 极强性间歇训练法

极强性间歇训练法中，每一轮练习的持续时间为 20 ～ 40 秒，期间心率维持在每分钟约 190 次的水平。间歇休息的时间取决于心率恢复至每分钟 120 次。例如，60 ～ 100 米的间歇性短跑，100 ～ 400 米的间歇性长跑，以及 30 秒的拳腿组合空挥练习。

2. 强化性间歇训练法

强化性间歇训练法中，每轮训练的持续时间通常在 60 ～ 120 秒，负荷心率大致保持在每分钟 170 次。间歇休息期直至心率降至每分钟 120 次，方可开始下一轮训练。训练形式包括：拳击打击沙包，腿法踢击沙包，组合技术面向沙包，拳击靶训练，踢脚靶练习，条件允许的对抗性训练，模拟实战场景练习及实战应用训练。

六、功力训练

功力训练是专门性的训练方法，旨在通过特定的练习手段来增强练习者的综合身体素质。不同于单纯的力量训练或耐力训练，功力训练是通过多样化的训练手段，提升力量、速度、耐力等多方面的能力。训练计划往往包含多个周期，每个周期针对不同的训练目标，通过阶段性的训练方法，逐步提高练习者的整体素质。

以下是一些具体的训练手段，通过这些方法可以增强练习者的打击力量，并提高他们在比赛中的竞争力。

（一）增强打击力量的训练手段

1. 打沙包

打沙包是提高练习者打击力量的有效方法之一。练习时，练习者可以采用散打技术中的各种动作进行击打。关键在于击打时要注意力点的准确性和击打部位的精准性，同时，发力要充分。打沙包的主要手段包括以下几种。

①各种拳法打沙包：如直拳、勾拳、摆拳等，这些基础拳法可以有效提高手臂的爆发力和击打精度。

②组合拳打沙包：通过组合多种拳法，如左右直拳和上勾拳的连续击打，

增强手臂的协调性和连贯性。

③各种腿法踢沙包：如正踢、侧踢、后踢等，这些腿法有助于提高腿部的力量和灵活性。

④组合腿法踢沙包：多种腿法的连续组合练习，可以提升腿部力量的稳定性和持久性。

⑤拳腿组合技术打沙包：将拳法和腿法结合起来进行打沙包练习，可以全面提升身体各部位的协调性和综合打击能力。

2. 打木桩

打木桩是一种传统且有效的训练方式，通过反复击打木桩，练习者不仅可以提高打击力量，而且能增强击打部位的抗击打能力。练习时需要注意循序渐进，初期可以轻打，随着练习的深入逐渐加大力度，最终达到以最大的力量进行击打。

3. 打脚靶

打脚靶的训练方法多样，可以用各种拳法、腿法以及组合技术进行击打。练习时，可以结合步法进行，使得训练更加接近实际对战情境。

4. 打墙靶

打墙靶是一种常见的提高打击力量的方法。练习时，可以将一块垫子固定在墙上，调节到适宜的高度，然后进行直线进攻动作的击打。打墙靶能够有效提高练习者的直拳力量和精度，同时能增强身体的稳定性和协调性。

5. 摔打假人

摔打假人是一种全面提升练习者摔打能力的训练手段。练习者可以根据自己的体重级别选择适宜的假人，通过结合散打技术中的踢打技术和各种摔法进行训练。这样的训练不仅可以提高打击力量，还能增强练习者的摔投技巧和身体控制能力。

以上这些训练手段各有侧重，综合使用可以全面提升练习者的打击力量。在训练过程中，需要注意以下几点：第一，科学安排训练强度。根据练习者的实际情况，合理安排训练的强度和频次，避免过度训练导致的身体损伤；第二，注重基础技术的训练，在提高打击力量的同时，要确保基础技术动作的标准和正确性，以避免错误动作带来的不良影响；第三，结合实际比赛情境。训练时尽量模拟实际比赛中的情境，使得训练效果更佳，练习者能够更好地在比赛中发挥训练成果。

（二）抗击打能力的训练手段

1. 靠臂练习

手臂是在防守过程中使用频率最高的部位。因此，强化上肢的抗击打能力显得尤为重要。常见的训练形式包括以下几种。

①自我磕臂：练习者通过自我敲打手臂来增强手臂的耐痛感和抵抗力。

②三靠臂（两人进行）：两名练习者相对站立，轮流用手臂强力靠击对方的手臂，通过实战模拟增强耐痛性和抗冲击能力。

2. 拍打功练习

拍打练习主要是通过自我或相互拍打，来强化身体各部位，尤其是要害部位和容易受伤的区域的抗击能力。训练包括以下内容。

①练习者使用拳头轻拍自己的胸部、腹部、肋部等部位，此举可以逐步增强这些关键部位的耐打性。

②两人相互击打（单）胸、腹、肋部。

③两人相互踢打胸、腹、肋、背部。

3. 倒地功练习

在体育竞技及实战中，练习者常会面临倒地的情况。合理的倒地技巧能减少受伤风险，增强倒地时的抗震荡能力。

主要倒地技术动作方法包括：

①前倒摔：学习如何在向前倒下时保护头部和脊椎，使用手臂和前臂吸收冲击力；

②侧倒摔：训练从侧面倒地时如何正确使用身体的侧部，减少对肋骨和髋部的伤害；

③后倒摔：后倒摔需要掌握如何用背部和肩膀均匀分散落地的压力；

④鱼跃前滚翻：在空中做出一次完整的前滚翻，利用动作的连续性减少地面冲击；

⑤团身后滚翻：学习如何通过紧缩身体，进行后滚翻来有效地避免伤害；

⑥扑虎、抱背、前翻摔、盘腿摔和抱背摔。

以上这些高级技巧涉及复杂的身体协调和空间感知，需要在专业的指导下进行精确训练。

第四节　武术散打的技术训练

一、步法训练

步法构成了散打技术体系中的核心要素，是形成单一散打技术动作的基础组成部分。在竞赛或实战环境下，对抗双方通常维持一段特定的距离，故步法的灵活运用，及时调整与对手之间的间隔，成为抢占战略有利位置、为进攻发起或快速撤退创造先机的关键。鉴于此，步法训练在整个散打技术的训练体系中扮演着至关重要的角色。步法训练的方法众多，主要包括以下五方面。

（一）个人步法练习

在进行个人步法练习时，要掌握各种基本步法的动作要领。例如，滑步包括前滑步、后滑步、左滑步和右滑步。前滑步要求后脚蹬地，前脚向前移动，落地时以前脚掌先落地，随后后脚前移，保持与原基本姿势相同。后滑步则需保持身体重心后移，前脚用力蹬地，推动身体向后移动。同时，后脚迅速向后迈出，落地时同样以脚掌先着地，随后前脚紧跟后移。左滑步和右滑步需保持身体重心稳定，以一侧脚为轴，另一侧脚迅速向左或向右迈出，落地时同样以脚掌先着地，随后另一脚紧跟移动。垫步则分为前垫步和后垫步，前垫步是前脚蹬地，后脚前移，在前脚里侧处落地的同时前脚前移；后垫步则是后脚蹬地，前脚后移，同样在前脚里侧落地时后脚后移，落步后仍成基本姿势。个人在进行步法练习时，需要注意变换要快，两腿不可交叉，且身体重心要贴近地面滑行。除了滑步和垫步，散打中还有诸如弓步、虚步等步法。弓步要求前脚向前迈出一步，脚尖向前，膝盖与地面成 90 度角，后脚脚尖向外，脚掌紧贴地面，两腿呈弓形。虚步则是一种调整身体姿势和保持平衡的步法，后脚在前，前脚后撤半步，前脚掌虚点地，后脚跟抬起，与前脚掌成一条直线。在练习这些步法时，可以采用单步法重复练习的方式，充分调动主观能动性，反复多次地对某一步法进行练习，仔细体会技术动作的要领、运动路线等。同时，可以进行多步法组合练习，将各种不同的步法组合在一起进行练习，以模拟实战中的攻防转换。

（二）信号练习法

在具体训练环节中，教练或同队练习者通常采用口令或手势发出指令，练习者则需根据这些指令执行相应的步法移动，如"前进""后退""左移"及"右移"等规定动作或自选动作。通过这类针对性训练，不仅可进一步巩固步法技巧，而且有助于提升练习者的反应敏捷性。

（三）两人配对步法练习

1. 一攻一防的步法练习

在此练习中，两名练习者保持适宜的间隔，其中一方承担攻击职责，另一方则负责防守。攻击方需要自由变换步法，以测试对方的防御反应与调整能力。

2. 互为攻防的步法练习

在维持一定距离的基础上，双方练习者通过多种步法互相挑战对方的位置，例如，一方通过逼近迫使对方作出位置转移，以维持战术上的平衡。

（四）假设敌步法练习

此类练习无须实际对手或伴练，练习者通过想象对手的存在来模拟对抗场景。此方式旨在深化和巩固步法操作的精确度及灵活性，练习者在练习中模拟敌方的逼近或撤退动作，并采取适应性步法进行调整。

（五）结合攻防动作练习

在散打实战中，步法运用目的在于增强攻击、防守及反击的有效性。因此，通过融合攻防动作的步法练习是提升步法移动效果的核心策略。例如，练习者在执行左右直拳练习时，应结合前进步、后退步、左侧闪避及右侧闪避等多样步法，以应对实战中的复杂情境。

二、进攻技术的训练

（一）拳法训练

拳法作为散打进攻技术的核心元素，不仅是练习者主要的进攻手段，更是其战术实施的关键武器。散打拳法的系统训练能够规范练习者的动作技术，提升拳击速度与力度，从而更好地适应激烈的实战竞技环境。以下是常见的拳法训练方法。

1. 原地拳法练习

当练习者掌握基本的拳法技术后，可先进行静态练习。此训练从基础姿势开始，在固定位置练习各类拳法动作，训练中，教练员应要求动作达到标准化水平，而非单纯追求打击的速度和力度。

2. 结合步法的单一拳法练习

结合步法的单一拳法练习是掌握拳法技术的有效途径，通过此方法，练习者可以准确地掌握拳法动作的执行路径及力量运用。例如，练习前进步时的左右穿心拳，或左侧闪步时的前手穿心拳等。

3. 结合步法的组合拳法练习

基于步法与单一拳法结合的训练，练习者可将多种拳法动作进行串联，形成组合拳练习。此种训练旨在培养练习者形成连续攻击的习惯性动力模式。例如，练习前进步时的前手直拳—后手穿心拳—前手抄拳，或是后退步时的左右直拳—前手穿心拳等。

4. 击打手靶

在拳法练习时，教练或队友执掌手靶，以便练习者进行多种练习模式，包括静态单拳、组合拳及其与步法相结合的练习。手靶的支持方式主要分为固定式和动态式两类。此种训练形式有助于增进练习者对动态目标的专注力和反应速度，缩减训练与实战之间的技能转化时间，进而提升练习者在实战中对距离的掌控与感知能力。

5. 击打沙包、梨形球、速度球练习

对于沙包、梨形球和速度球的击打练习，不仅可以增强练习者的本体感知，而且可以促进练习者特定的打击力量发展。梨形球训练尤其强调拳击动作的协调性与速度，同时，提高练习者的反应灵敏度及打击准确性，被视为一种极为有效的训练方法。在进行沙包训练时，练习者可以选择在原地或移动中实施单一拳法或组合拳法的打击。

（二）腿法训练

在散打运动中，练习者腿法技术的运用效果直接决定了比赛的胜负。腿法技术不仅是得分的一种有效手段，也能有效阻挡对手的拳击和摔跤攻势。手是两扇门，全凭脚打人，充分说明了腿法在实战中的关键作用。通过系统的腿法训练，可以提升练习者的腿部攻击速度和力度，以及在使用腿法攻击时的身体平衡能力，从而在实战中充分发挥腿法的潜能，奠定坚实的竞技基础。

1. 原地腿法练习

通过原地腿法练习，可以帮助练习者深入理解腿法技术的动作关键和标准要求，从而提升动作的标准化水平，促进练习者腿部的柔韧性和腿击的速度及力度的提升，此类练习通常包括以下几个阶段。

（1）分解练习

鉴于腿法技术相较于拳法的复杂性，练习可以分为启动、执行和完成三个阶段。通过分阶段练习，旨在加强技术各部分的合理性和突发性。例如，练习鞭腿可以从提膝、翻髋开始，侧踢则可以从提膝、翻小腿开始进行，该方法有助于练习者逐步掌握技术细节，逐渐过渡到更高级的综合应用。

（2）扶助物完整技术练习

在训练初期，练习者可以利用辅助工具，如肋木或伙伴的支持，进行特定腿法的重复训练。当动作基本定型后，需要着重提升出腿的速度与力量。

（3）完整技术练习

练习者逐步摆脱辅助工具后，将在原位进行特定腿法的空中击打训练，以加强腿部技巧的突发性、速度及力量。

2. 结合步法的单一腿法练习

如练习侧踹时，练习者从基本姿势开始，先做垫步，然后做侧踹腿，或结合插步做侧踹腿，结合拖步做侧踹腿等。

3. 结合步法的组合腿法练习

练习者在练习腿法时，可合理运用各种步法移动进行两种以上组合腿法练习，培养练习者腿法的连续攻击性，如从基本姿势开始，垫步侧踹腿—后腿低鞭腿。

4. 踢靶练习

踢击靶练习是技术训练中的另一环节，此练习通常包括固定靶位和移动靶位两种形式。通过针对不同靶位的踢击，练习者能够加深对腿法精确度和力量调整的理解。

5. 踢击沙包

踢击沙包作为一种传统且有效的练习方式，能帮助练习者深刻掌握各种腿法中脚型的正确性和着力点的精准性，提升腿部力量，增强腿法执行时的速度和力度。

（三）摔法训练

摔法在现代散打比赛中扮演着至关重要的角色。在现代散打比赛中，摔法不仅可以作为得分的一种高效方式，还能对对手产生心理压迫。相较其他武术项目，散打的摔法独具一格，它以"快摔"为特点，能够与拳法和腿法相结合，从而增加执行难度。散打摔法的系统训练能够让练习者掌握各种技巧的精髓，提升其综合体能，使其能够在实际对抗中根据具体情境有效地实施"快摔"。

1. 摔法技术的"空摔"练习

首先，练习者可将摔法的技术动作从对抗中抽离，形成一套单独的动作序列。在此基础上，通过重复训练，练习者能初步理解并掌握关键动作。例如，在练习夹颈摔的过程中，练习者可以按照进步、背步、夹颈、顶髋、弓腰、转脸的顺序进行无对手练习。

2. 进靶练习

采用双人配对形式，其中一人充当"靶"，另一人则重复练习某一摔法技术，进行无力量的摔倒练习。例如，在练习接腿摔的场景中，一人抬腿，另一人则专注于掌握接腿的技巧。

3. 摔靶练习

（1）摔死靶练习

两名练习者配对，一人担任摔靶者，另一人担任配合者。摔靶者将通过反复施展特定的摔跤技巧，使配合者落地。

（2）摔活靶练习

摔活靶练习基于摔死靶练习，配合者持续移动，摔跤执行者则通过迫近并施展摔法使对手倒地，以期将训练环境更加贴近实战情境。

4. 喂招练习

两名练习者配对，配合者为对方创造实施摔跤技巧的机会。例如，当一方展开鞭腿攻击时，对方应迅速接住腿部并执行摔跤。训练中，技能引导者应逐渐从缓到快调整动作速度，从轻到重增加力量，逐步实现实战演练的过渡。

5. 对抗练习

当两名练习者均熟练掌握若干摔跤技巧后，应在比赛场地内互施摔跤技巧。训练中，双方应尽可能运用多种摔法以使对手落地，此方法能提升练习者在实战比赛中的摔跤技能。

6. 跌法训练

跌法训练是摔跤基础技能训练，也是增强练习者自我保护能力的关键。跌倒技巧训练是摔跤训练的必备前置内容，涵盖前滚翻、后滚翻、鱼跃前滚翻、前倒、后倒、侧倒、后倒摔、抢背摔、腾空摔等多种跌倒方式。

三、防守技术的训练

（一）个人模仿练习

在掌握特定防守技巧之后，练习者应当通过个体模拟来体验与感悟各项动作，可以选择面镜自省或在伙伴配合下进行。在此过程中，练习者需要不断对动作进行检视与修正，从而形成正确的动作模式。

（二）不接触或攻防练习

在此训练模式中，练习者在教练或队友的协助下，以预定的进攻动作作为信号，两人保持适当距离，避免身体接触，根据信号执行相应的防御动作。

（三）接触或攻防练习

接触式攻防训练中两名练习者配对，一方负责进攻，另一方进行防御，通过身体接触以增强防御技能的实战有效性，训练可分为静态攻防与动态攻防两种方式。静态训练有助于节约体能并提高训练密度，动态训练则有助于练习者判断距离，更贴近实际战场环境。

（四）进攻与防守反击练习

练习者熟练掌握一系列防守技巧后，应逐步转向防守反击的练习，以避免形成单一的消极防御模式。例如，在对手以鞭腿向胸腹部进攻时，练习者可执行"挂打"技巧。"挂"指的是用手法防御对方的鞭腿，"打"则是指在成功防守后迅速进行的反击技术。

四、攻防组合技术的训练

当练习者成功掌握散打的核心技术并完成初级技能的培训之后，接下来的重要步骤是将散打的步法、进攻和防御技术融为一体，构建一个全面的攻防技术体系。这一体系由多个攻防一体的技术组合构成。因此，综合攻防技术的训练便是散打技术训练体系中的终极阶段。此种训练使得练习者能够自然地掌握每一招式，实现攻守技能的自动化。

（一）空击训练法

1. 对镜练习

这是练习者面对镜子进行自我训练的方法，这种直接的感官刺激能够促进练习者思维活动的加强，有助于发展练习者独立思考的能力，培养练习者的创造性和自我实践的能力。

此模式是练习者在镜前进行自我指导性训练，这种直接的视觉反馈，不仅能够增强练习者思维的敏捷性，而且促进了其独立思考的能力。此外，此种方法对于培养练习者的创新思维及自主实践技能均具有效果。

2. 假性敌练习

在该训练模式中，练习者设想敌手发起攻击或出现破绽时的情境，并据此进行防御或反击的动作演练。该方法的设计使得动作更符合实战需求，极大地优化了练习者在动作协调、攻击时机把握及步法灵活性等方面的技能。

3. 看信号练习

在此训练过程中，教练或同伴通过口令或手势发出指令，练习者需要根据信号快速执行相应的攻防技巧。例如，当教练发出"打直拳"的指令时，练习者应迅速采取"下潜躲闪并抱腿杠摔"的技术动作，整体上达到教练的战术要求，且从局部来看，能够凸显练习者的个性特长，并针对其实际水平，实现训练的精准化和目标性。

（二）击靶训练法

1. 固定靶

在此训练模式中，教练员或协作人员将预先设定一系列具体的攻防组合技巧，并安排在特定的位置。练习者需在此位置上进行重复性的攻击练习。此方法不仅能够增强练习者对于一些实用攻防组合技术的熟练程度，而且还有助于培养其在对抗中主动进攻及防守反击的能力。

2. 移动靶

在移动靶的训练过程中，教练员或协作人员将在移动中不定期展示靶标，要求练习者运用指定的攻防组合技术进行反复练习。此种方式能有效提升练习者的应急反应能力。在支持靶的过程中，教练员可能会执行一系列攻击动作，以此引导练习者做出相应的防守或反击动作。例如，在执行"前手直拳击靶"（教练员持靶做贯拳）后，练习者需要进行下潜防守，随后以后手直拳和前低鞭腿对靶进行攻击，这样的训练可以逐渐接近实战需求。

（三）打沙包调练法

练习者通过对沙包实施连续的攻防组合技术操作，以提升技能熟练度。在训练过程中，沙包被视为假想敌，以模拟真实对抗场景。当假设敌发起进攻时，练习者首先展示防御技能，随后利用综合战术进行反击。该方法不仅能够提高练习者在攻防组合技术上的熟练程度，还有助于增强其击打力量，提升其行动速度。

（四）实战训练

1. 一对一实战

在规则明确规定的竞赛时间内，练习者可进行纯粹的两分钟比赛或包含准备时间的两分钟比赛，对抗演练可采用三局或五局制进行。在此过程中，参与者必须严格遵循比赛规则，并在裁判的监督下进行。在实战对抗中，双方练习者均能运用各种攻防技术进行进攻或展开防御反击。

2. 一对二（或多）实战

在对抗训练中，教练有权规定对抗的具体时间，并在其自身及裁判的指导和支持下开展此类训练。在此种形式的实战训练中，一名练习者可以同时与两名或多名对手进行攻防自由对抗。此类训练旨在提升练习者在多变及高难度情境中的应急反应能力，培养其全面的攻防技能，并锻炼其坚韧的意志力。

3. 坐桩训练

在此训练中，可提前指定一名练习者作为固定对抗者，在规定的比赛时间内，每局结束后更换一名挑战者，通常进行五至八次更换后再进行人员轮换。该训练方法主要旨在增强练习者的特定耐力，培养其在体能逐渐消耗的状况下继续坚持比赛的坚强斗志。

第五章 武术套路及其训练实践

第一节 武术套路运动基本功与基本动作训练

一、武术套路运动基本功及其训练

（一）肩臂功

在肩臂功的练习中，核心目的是增强肩关节韧带的柔韧性及其活动幅度，进而提升臂部肌群的力量，以及上肢运动的敏捷性和灵活性。这些训练为精通各类拳击和掌法等技巧奠定了基础，重点训练手段包括肩部的压迫、悬挂和旋转等动作。

1. 压肩

压肩动作要求练习者面向一定高度的横杆或其他物体，双腿伸直分开，宽度与肩部相等或略宽。双手紧握横杆，臀部伸直，上半身向前倾斜，同时抬头并挺胸，执行下压肩部的动作。此外，两人可以面对面站立，互相支撑并按压对方的肩部，同样进行抬头挺胸的动作。

关键点：保持臂腿伸直，抬头时进行下振动作，压迫点主要集中于肩部，动作幅度应逐渐增大。

2. 吊肩

面向横杆，双脚并拢，双手从背后抓住横杆，然后进行蹲下动作，臂部需要保持拉直状态，或进行空中悬挂。

关键点：双臂应保持伸直，肩部需要放松。

3. 绕肩

（1）单臂绕肩

采取左弓步，左手放置于左膝上，右臂向前或向后进行旋转动作。之后换为右弓步，右手放置于右膝上，左臂进行相同的旋转动作。这一过程应左右交替进行。

关键点：保持臂部伸直，肩部放松，旋转动作应逐渐加速。

（2）双臂前后绕环

双脚分开与肩同宽，双臂上举，掌心相对。左右臂分别向相反方向进行旋转，描绘出圆形轨迹。

关键点：双臂保持伸直，肩关节需要放松，利用腰部带动臂部进行圆形旋转。

（二）腰功

在探讨人体的协调与灵活性训练时，腰部功夫占据核心地位。若拳术训练忽略腰部，技艺则难以达到高境界。以下详细介绍几种腰部训练的技巧，涵盖前俯腰、甩腰、涮腰及下腰等方法。

1. 前俯腰

前俯腰动作的初始姿态为并脚站立，双手交叉并伸直向上举，掌心朝天，随后上体向前倾斜，双手力求触及地面。接着解开双手，环抱踝关节，逐渐尝试使胸部接近膝盖，维持此姿势一段时间后恢复站立。此外，可进行侧身转动，双手试图触摸地面。

关键点：保持膝关节伸直，胸部前挺，积极使用腰部力量，收紧臀部，多方向折叠身体。

2. 甩腰

采取开步姿势，双臂向上伸展，以腰部和髋关节为中心，做上体前后弯曲及甩动。随着腰部的动作，双臂也同步进行甩动，双腿保持伸直。

关键点：甩动时动作要迅速、紧凑，并且具有弹性。

3. 涮腰

双脚分开略宽于肩宽，双臂自然下垂，以上体前俯为起始，以臀部为主导，向左前下方伸展，继而依序向前、右、后、左方向环绕。

关键点：环绕幅度尽可能增大，动作保持迅速与紧凑。

4. 下腰

双脚与肩同宽站立，双臂伸直举起。腰部后弯，头部抬起，腰部挺直，双臂继续抬高，手部反向撑地形成桥状。

关键点：膝部、臀部保持挺直，腰部向上用力，保持桥形姿势时脚跟不离地。

（三）腿功

腿功训练主要针对下肢区域的柔韧性、灵活性及力量素质进行系统化发展。本训练涵盖压腿、扳腿、劈腿及踢腿等多种练习方式。

1. 压腿

压腿的核心目的在于延展下肢的肌肉与韧带，同时，扩展髋关节的活动幅度。常见的压腿方式包括正压腿、侧压腿、后压腿及仆步压腿等。

（1）正压腿

练习者面对肋木、横杠或其他一定高度的物体，一腿固定站立，另一腿搁置于支撑物上，两膝保持伸直，进行上体前倾并向下用力压振，使胸部贴近膝盖。此动作需要左右腿交替执行。

关键点：两腿在压振时保持伸直，支撑在肋木上的脚尖应勾紧，同时，需挺直胸部，下腰。

（2）侧压腿

练习者侧对支撑物，右腿固定，左脚跟搁置在肋木上，脚尖勾紧。左手屈肘置于胸前，右手屈肘架于头顶，上体向被压腿的方向侧压振。此动作需要交替左右腿进行。

关键点：与正压腿类似，逐步过渡使上体侧卧在被压腿上。

（3）后压腿

背对肋木、横杠或桌子等一定高度的物体，双手叉置于腰侧。右腿固定，左腿抬起，脚面伸直并搁置在肋木上，上体尽量后仰进行压振。此动作也需要左右腿交替进行。

关键点：保持两腿伸直，胸部挺起，展开髋部，上体后仰。

（4）仆步压腿

练习者一腿屈膝蹲下，另一腿膝盖伸直，脚尖内扣。双手各抓住两脚的外侧，采取仆步姿势，向下压振。

关键点：保持胸部挺直，下腰，髋部下沉。

2. 扳腿

本练习旨在增强腿部柔韧性，扩展髋关节运动范围，并提升腿部抬升力量。练习分为正、侧及后扳腿三种方式。

（1）正扳腿

可由同伴或借助器械将其左腿上搬；或左腿屈膝，右手握左脚，左手抱腰，左腿向前上方举起，挺膝，脚外侧朝前，左右交替进行。

练习者可通过配合同伴或使用辅助器材，实施左腿向上抬升；或者采取左腿膝部弯曲，右手握住左足，左手抱围腰部位置，随后将左腿向前上方抬升，同时，伸直膝部，脚的外侧朝前。此动作需要左右腿交替进行。

关键点：应挺直胸部，腰部稍作下沉，髋部向内收紧，膝部保持伸直，脚尖保持勾紧。

（2）侧扳腿

从右腿膝部弯曲开始，右手从右小腿内侧向下支撑脚跟，然后将右腿向右上方抬升，左手则展开掌面。此动作亦可通过同伴协助完成。练习过程中，左右腿需要交替进行。

关键点：支撑腿与上半身需保持垂直，被抬升的腿髋部收紧，膝部伸直，脚尖勾紧。

（3）后扳腿

练习者需要手扶一定高度的固定物体或横杠，以左腿为支撑，抬升右腿从身后向上抬举。此动作同样需要左右腿交替进行。

关键点：两腿膝部应保持伸直，支撑腿全脚着地，脚趾抓紧地面，同时挺直胸部，放松髋部，腰部略作后仰。

3. 劈腿

劈腿训练旨在加大髋关节活动范围以及增强下肢柔韧性的方法，具体包括竖叉与横叉两种基本形式。

（1）竖叉

实施该动作时，参与者需要两臂侧平举或双手扶持地面，同时将一腿置于身后，足尖向上，另一腿内侧或前侧贴地。该动作需要左右腿交替进行。

关键点：胸部挺直，腰部保持直立，髋部下沉，同时膝部挺直，确保两腿延伸成一条直线。

（2）横叉

在进行横叉训练时，练习者应保持膝盖伸直，两腿左右开展形成一条直线，足部内侧接触地面。练习者上身保持正直，避免侧身，目光应直视前方。在动作执行到双手能够触及地面时，应使用双手前方支撑地面，缓慢下降至极限位置，直至两大腿完全接触地面。

关键点：与竖叉相同。

4.踢腿

踢腿技术在武术训练中占据核心地位，其涵盖腿部力量、灵活性、协调性等多个方面的能力展示，踢腿主要分为直摆性和屈伸性两大类技术。

（1）直摆性踢腿

①正踢腿。

练习者保持目光前视，双足并拢，手部可呈掌形或拳形，侧平举以备战。以左足微步前进，作为支撑，右足则勾起脚尖，迅速向前额方向发力踢出。此动作需要左右腿交替执行。

关键点：保持胸部挺拔，腰部直立，踢出时脚尖勾起并迅速收髋，腿部过腰时要加速，确保发力精准有力。

②侧踢腿。

开始时，左足前置，右足后置，身体轻微向右转。左臂前伸，右臂后举，随后身体向左转动，右足脚尖紧勾向右侧上方踢出，左臂屈肘上举，右臂屈肘成立掌状，放于左肩前或垂于裆前。目视前方。

关键点：保持胸腰挺直，髋部打开，侧身操作，力度集中在腹部快速收紧。

③里合腿。

起始姿势与正踢腿相同，左足向前半步支撑，右足脚尖勾起，直腿向右侧上方踢起，随后腿部经过脸前向左侧上方扫动，最终落于右脚外侧。目视应保持水平。

关键点：胸腰挺直，髋部放松并收紧，内收动作应大幅度且形成扇形。

④拍脚。

两脚并拢站立，两臂侧平举。左足向前迈出并伸直支撑，右足平绷，直腿向上踢摆；同时，右掌在额前击拍右脚面。随后，右腿保持适度紧张下落，前脚掌着地。左右腿交替进行。

关键点：胸腰挺直，腹部收紧，拍击声应清晰响亮。

（2）屈伸性腿法

①弹腿。

练习者双脚并拢站立，双拳置于腰间，左脚向前迈步支撑，右腿屈膝迅速挺直，脚面绷直，以脚尖为力点向前弹出，大腿与小腿保持一条直线。

关键点：胸腰保持挺直，脚面绷直，发力时应有爆发力。

②蹬腿。

基本动作与弹腿相似，区别在于脚尖的处理，应勾起至力达脚跟。

关键点：脚尖的精准控制和力量传导。

③侧踹。

起始姿势为并步站立，可选择叉腰或双拳抱腰。两腿左右交叉，右腿稍屈膝，随即蹬伸作为支撑；左腿屈膝提起，左脚尖内扣脚跟发力向左侧上方踹出，上体同时向右侧倾斜。此动作同样需要左右腿交替进行。

关键点：膝部挺直，髋部打开，踹出时力量要集中并传至脚跟。

（四）桩功

1. 太极桩

在进行太极站桩时，需使两足平行展开，与肩同宽。双腿略微弯曲成蹲姿，重心均匀分布在双腿之间。在保持躯干垂直的同时，双肘呈环抱状置于胸前，掌心向内对准，指尖对立，手指自然弯曲且分开。颈部应保持垂直，头部直立，稍微收紧下颌，目光直视前方。

关键点：两膝微向外扩，确保躯干保持垂直直立，重心保持稳定。

2. 弓步站桩

在弓步站桩中，前腿需要半蹲，确保膝盖不超出脚尖；后腿臀部轻微内收，膝盖保持伸直，脚尖略向内扣，保持全脚掌接触地面。上半身保持自然状态，双臂可以自然下垂或者摆出"野马分鬃"等手势；颈部保持自然状态，头部保持正直，下颌轻微收紧，目光前视。

关键点：后脚掌的外侧须略作内扣，髋部向下放松，确保稳定性。

3. 虚步站桩

在虚步站桩中，后腿半蹲，全脚掌贴地，脚尖微向前斜；前腿膝盖轻微弯曲，用脚尖或脚跟在前方轻触地面。上半身应保持直立；双臂可以采用"白鹤亮翅"等姿势；颈部自然，头部直立，下颌略微收紧，目光保持前方。

关键点：后腿承担体重，前脚轻触地面，双腿劲力分配需要清晰体现虚实对比。

二、武术套路运动基本动作及其训练

（一）手型手法

1. 手型

（1）拳

四指须并拢收紧，形成一拳，同时，拇指要紧扣在食指与中指的第二指节上。

关键点：确保拳面的平整性。

（2）掌

在执行掌的动作时，四指并拢且需要伸直，拇指弯曲固定在虎口，即掌与拇指之间的缝隙处。

关键点：手指紧密并拢，掌心完全展开，同时指向垂直方向。

（3）勾

五指的第一指节需要紧密捏合，伴随手腕的屈曲。

关键点：手指保持一致的平直，手腕则需要保持紧张的屈曲状态。

2. 手法

（1）冲拳

冲拳主要分为平拳与立拳两种形式。在平拳的执行中，拳心朝下，立拳则需拳眼朝上。执行此动作时，需两脚分开，与肩同宽，两拳置于腰间，肘部向后延伸，拳心朝上，形成初始准备状态。在动作过程中，胸部应挺起，腹部收紧，腰部挺直。随后，右拳从腰部迅速向前冲出，同时，需要转动腰部，顺势旋转肩部，右前臂在肘关节处向内旋转。此时，力量通过臂部传递至拳面，臂部伸直，与肩部保持同高，同时，左肘向后牵引，左右手交替执行。

关键点：腰部扭转、肩部顺势旋转及力量传递至拳面。

（2）架拳

架拳的起始姿势与冲拳相同。从右侧开始，右拳向上画弧至头部上方，拳心朝上，目光应直视前方。

关键点：肩部放松，肘部微屈，前臂向内旋转。

（3）推掌

推掌的起始姿势与冲拳一致。右拳转变为掌，以掌根为轴点，小指一侧朝前，迅速推出。

关键点：在推掌过程中，需要转动腰部，顺势旋转肩部，同时，保持臂部伸直，动作快速而有力。

（4）亮掌

亮掌的准备姿势与冲拳相同。右拳转为掌，从左侧向上画弧至头部左上方，同时亮掌，掌心微斜向上，目光应直视前方。

关键点：亮掌和转头应同时完成。

（二）步型步法

1. 步型

（1）弓步

起始于并步站立状态，双手握拳置于腰间，呈预备姿态。前肢屈膝，足尖轻微内扣；后肢伸直，足尖向内；双足全掌接触地面。左脚前置时称为左弓步，反之则为右弓步。

关键点：迈步时长度应为本人脚长的 4 ~ 5 倍。

（2）马步

双足分开，左右对称，脚尖指向前方，膝部屈曲至半蹲状态，膝盖不应超过足尖，大腿尽可能保持水平，全足贴地，重心均匀分布于两腿之间，双拳环抱于腰侧。

关键点：胸部挺直，腰部下沉，同时脚跟向外推。

（3）仆步

左仆步：双拳位于腰侧，左脚向左侧迈出，膝部屈曲至全蹲，臀部下降至接近右小腿位置，右腿膝部向外展开；左腿伸直，贴地，脚尖内扣。

右仆步：动作与左仆步相似，但方向相反。

关键点：保持胸部挺直和腰部下沉，同时臀部加重。

（4）虚步

左虚步：双拳抱于腰侧，右脚趾外展45°，左腿屈膝支撑；右脚向前伸出，膝部微屈，以前脚掌着地并内扣。

右虚步：动作与左虚步一致，方向相反。

关键点：胸部挺直，腰部下沉，重心集中于支撑腿，明确区分虚实。

（5）歇步

左歇步：双拳抱于腰侧，右脚向左脚后方插步，前脚掌接触地面，双腿交叉，膝部全蹲，臀部坐于右小腿上。

右歇步：动作与左歇步相似，方向相反。

关键点：胸部挺直，腰部下沉，双腿靠近并紧贴。

2.步法

（1）上步

初始姿势为前后脚分开站立，双手拳头置于腰间。执行动作时，后足超前前足，向前迈出。

关键点：此步骤需要沿直线进行，动作起伏应迅速且轻盈。

（2）退步

起始姿态与前进步骤相似，动作中前足超后足，向后移动。

关键点：保持直线后退，动作起伏同样需要快速而轻盈。

（3）盖步

起始姿势为双脚分开站立，双拳置于腰间，呈预备状态。动作中右足抬起，从左足前方向左侧横向迈出一步，使双腿交错。

关键点：步法应轻便，且步幅不宜过宽。

（4）弧形步

双拳置于腰间，腿部微曲，双脚并拢站立。执行时，以右侧为圆心，右足向前侧方向画弧线步行。

关键点：行进过程中应如履薄冰，保持半稳定的重心。

（三）平衡

1. 提膝平衡

两脚并拢站立，双手自然下垂于体侧，呈现初始准备状态。随后，伸展一腿直立，另一腿提膝抬升高于腰线。同时，足背拉紧，脚尖微内旋，双手置于腰间。

要点：维持稳定的平衡态势，将提抬的膝盖尽量靠近胸部，足尖向内旋转。

2. 燕式平衡

以右腿为先，前方屈膝抬高，双手前臂交叉，掌心朝内相对。继而，双臂向侧面伸直，同时平举，上身向前倾斜，右腿则向后方强力蹬伸，形成燕式平衡姿势。

要点：两腿均需保持伸直状态，后腿上抬，同时需展开腹部，胸部向前挺起，头部抬高，腰部及背部形成反弓状。

第二节 武术套路专项力量训练

一、武术套路技术动作对力量的要求

武术套路训练要求练习者具备卓越的体能素质，整体爆发力需要达到较高水平。鉴于武术套路本质上包含一系列的技击及攻防动作，具有鲜明的独特性，因此，对技术的专项训练提出了特殊要求。具体而言，长拳套路中的动作涵盖弓步冲拳、弹腿冲拳、虚步栽拳、提膝穿掌、歇步抡箍拳及仆步亮掌等，这对练习者的肢体力量与协调能力提出了较高的要求。[①]从南拳的实践视角出发，其重点在于桩功的修炼，主要练习坐桩，并涵盖丁桩、跪桩等形式。南拳训练还包括练习药手、打沙袋、铁砂掌、点穴功、童子功、罗汉功、青龙功及排打功等技巧，这些技巧对上肢力量的要求极为严格，主要是由于其结构紧凑、动作朴实而多变，以短手连续打击为主，步法稳健，攻击激烈，且常伴随助威声，具有较强的技击性质。

武术的器械套路中，主要包括短兵器械与长兵器械，如剑、刀、匕首、枪、戟、大刀、九节鞭及流星锤等，各类器械主要采用刺击、砍劈、搭挂等技术动作，所表现出的气势颇为逼人。有鉴于此，不同的武术套路在力量运用上存在明显差异。在综合考量上述武术动作的力量运用情况时，对于一位职业武术练习者而言，无论是日常训练还是竞技比赛中，各个动作的力量发挥均至关重要，其力量发挥需要达到合理、精确且迅猛的效果，以充分展示武术的爆发力。在具体的力量发挥顺序上，武术中的力量层次包括局部力量（肢体力）、复合力量（脊柱力即上肢与躯干的联合发力）、内核力量（丹田力即骶骨之力）、躯干力量（身法力）、整体劲力以及浑圆力（即六面整体浑圆力）。从运动解剖学角度出发，运动过程中首先由小肌群至大肌群进行驱动，最终在动力的汇集点通过四肢完成力量的传递。因此，在武术训练过程中，对于手部与足部的力量训练应当予以高度重视，通过系统训练，提高力量的协调性和效率，从而达到技术上的精准与力量上的充分发挥。

在武术套路比赛过程中，受制于时间与规则的约束，对参赛者的耐力提出了较高的要求。此处所指的耐力，实质上是参赛者在持续性训练中的承受能力。针对各类武术器械套路，每种器械均设定了固定的重量，此参数在训练中保持不变。故而，在训练实践中，调整的仅是参赛者的运动速度及动作幅度。因此，训练中应当重视对参赛者负荷能力的培养，采用加重训练的手段以提升其耐力与整体表现。

---

① 高静．武术套路运动员专项力量训练方法探析 [J].体育世界（学术版）2018（1）：87.

二、武术套路练习者的专项力量训练的作用

武术套路的练习对于练习者的身体素质提出了较高的要求。特别是在长拳等套路的演练中,练习者需要展现良好的腰腹力量及下肢的快速爆发力。具体而言,如踢打摔拿、弹腿冲拳、闪展腾挪、蹿蹦跳跃及弓步冲拳、仆步亮掌等一系列动作,均依赖于下肢的强劲爆发力来完成。同时,在南拳套路的实践中,动作的发力须迅速而有力,如坐桩、跪桩及罗汉功等训练,则进一步要求练习者具备强大的上肢力量,以及在躯干固定的状态下精确地完成技术动作。在武术器械套路训练中,刀法与枪法的应用技法极具多样性及复杂性,刀法中包括劈、砍、刺、撩、挂、缠头裹脑等技巧;枪法包括拦、拿、扎、舞花等操作,这些技法不仅要求技巧性,更要求动作的协调性与平稳性。练习者必须能够在演练或竞技对抗中保持力量的连贯性,确保在各种技术动作中能有效地产生寸劲与爆发力。此外,武术中的力量发生须遵循从肢体力、脊柱力、丹田力到整体劲力的顺序,以确保技术动作的准确性与效果。

(一)提高上下肢的连接及发力流畅性

在武术套路训练中,针对练习者核心区域的深层与浅层肌群的肌力等专项力量训练,对于提高其综合能力具有积极的作用,具体训练方法依据技术动作的力量顺序与结构特征进行设计,如采纳杠铃力量训练配合深蹲或半蹲及左右旋转90°的动作,提升练习者在执行"旋风脚"跳跃动作时,核心区域的协调与配合能力,并且可以通过抓握肋木并垂直收腿的体控练习方式,增强练习者在空中的身体稳定性。在专项力量训练过程中,通过多关节与多肌群的共同参与,可有效实现力量的最优生成、传递与控制,强化骨盆与躯干部位肌肉的稳定性,协调上下肢的发力,促进武术套路练习者以迅速、清晰且高效的方式完成技术动作,充分展现练习者的精气神。

(二)提高武术套路练习者的控制能力

在接受系统的武术套路专项力量训练后,可有效提升练习者核心区的稳定性,激活更多的小型肌肉组,尤其是关节周围的辅助性肌肉,从而提升练习者在实施武术套路动作时的关节稳定力与重心控制能力。

(三)提高武术套路练习者的竞技水平

专门的力量训练对于提升武术套路练习者的竞技能力极为关键,此训练涉

及多样化的手型、手法、步型、步法、腿法、身型及身法，可增强练习者对身体平衡的稳定与控制，进而提升动作的精确度与质量。

此外，该训练还能在一定程度上优化武术套路的演练质量，充分展示各异的武术套路风格。例如，缓慢如抽丝的太极拳套路、剽悍凶狠的南拳以及空灵轻巧的长拳等。通过上下肢的协调配合及空中身体姿态的平衡维持，实现有效的起跳、空中旋转和着地缓冲，积极预防运动性伤害。

三、武术套路专项力量训练内容、方法及要求

（一）训练内容

武术套路练习者的专项力量训练是在准确把握技术动作相关的力量前提下，针对武术套路练习者身体不同部位肌肉的力量开展的训练，具体包括以下内容。

1. 上肢爆发力训练

在武术套路练习者的体能训练方案中，上肢和腰腹区域的力量训练是至关重要的。上肢力量在武术器械技术中尤为关键，尤其是在执行双臂屈伸动作以增强扎枪技巧时，武术套路依赖于肌肉在不同支撑点及用力方向下的适应能力。为此，应通过系统的力量训练方案提升练习者的上肢爆发力，推荐的训练方法包括卧推、平推、哑铃挥舞、旋转千斤棒以及推铅球等，旨在增强三头肌、三角肌及胸大肌的力量和耐力。

2. 腰腹力量训练

在腰腹力量的培养上，武术套路要求练习者通过腰腹部的有效发力来支持各种技巧动作，如腹肌控制、踢腿及摆腿等。为了增强这一区域的力量与灵活性，练习者可以采用多种训练手段，包括仰卧起坐转体、手持重物做负重转体、弓身上拉、体侧提铃、抛丢实心球及倒挂屈收上体等，强化腹直肌、腹内外斜肌、背长肌及斜方肌，提升腰腹区域的综合力量。

3. 下肢弹跳力训练

武术套路动作难度不同，但对练习者的下肢弹跳力均有较高的要求，如长拳的侧空翻与旋子转体，南拳的云里翻与旋风脚以及太极拳的腾空飞脚与摆莲腿等。为了有效提升练习者的下肢弹跳力，应采用以踝关节和膝关节为主要用

力部位的训练方法，同时关注发力肌肉群，包括小腿三头肌与大腿屈肌群，通过实施包括负重足踵屈伸、负重踢摆、负重深蹲／半蹲弹起以及负重蛙跳／团身跳等多种负重训练手段，可增强腿部肌力。

4. 全身爆发力训练

武术套路练习者的全身爆发力训练是一个系统化的全面训练过程，通过各种负重训练的方法，如负重快速挺举／抓举、立卧撑挺身跳等动作，可有效提升练习者的全身爆发力，增强练习者的胸大肌、肩带肌群、股四头肌、小腿三头肌及腰腹肌群的力量。

5. 拳术套路力量训练

拳术套路力量训练着眼于提升练习者的拳脚力度及腾空高度。根据武术套路的特定动作特征和练习者的身体状况，进行全套动作的反复负重力量训练，从而提升动作力度及专项爆发力。在使用器械进行套路力量训练时，适当增加器械长度，并采用超负荷力量训练方法，以确保练习者能够完成单一或组合的武术套路动作，进一步增强动作的力度与耐力。

（二）训练方法

1. 循环训练法

循环训练法属于常见的体育训练技术之一，主要是通过构建特定的训练站点与练习区域，按照预设的顺序与路线，使练习者循环执行各站点所设定的任务与标准。该方法是一种集成多元练习元素的方法，具备生动与活泼的特点，有助于激发练习者的参与热情及主动性。在设置站点数量、各站练习任务、负荷量以及循环轮次时，应针对具体的训练目标和参与者的能力水平进行灵活调整。在应用此训练法时，需要考虑以下几点：第一，站点的数量应符合训练的具体需求，通常建议设置约 10 个站点；第二，每个站点的训练内容应根据训练的具体任务精心设计，并确保内容的针对性；第三，训练内容应覆盖练习者已掌握的相关动作；第四，合理规划各站点的顺序，实现不同技能和体能部分的交替练习；第五，每站的练习时间应在 5 ～ 20 分钟，各站间休息时间为15 ～ 20 秒，采用适当的动态休息方法；第六，循环的次数应基于站点总数及练习者的训练水平来决定。

2. 比赛训练法

比赛训练法核心在于采用竞赛模式进行练习者的技能提升。在这一过程中，根据练习者在比赛中的表现，适时地进行奖励或惩罚，以此激发其训练热情及积极性，从而达到预期的训练效果。需要强调的是，实施比赛训练前，教练需要对比赛的规则及相关注意事项进行详细阐述，确保练习者之间的能力均衡，保证比赛的公正性。在此训练法中，奖惩机制主要以练习者的力量和速度为评估标准。具体而言，在比赛过程中，表现不佳的队伍应加大力量与速度的训练强度；表现突出的队伍则可适当延长休息时间。无论采取何种训练策略，每次训练结束后，都应当立即安排练习者进行柔韧性训练，以缓解其身心压力，帮助其从紧张的训练氛围中尽快恢复。

（三）执行要求

武术套路的力量训练不仅要求动作的精确和力度的控制，更要求训练的规范性和系统性。不同于传统的举重或健身训练，武术力量训练需依据套路的特性进行调整，以适应其对速度、力度和技巧的综合要求。例如，武术训练中的负重深蹲，与传统举重的执行方式有所不同。武术练习者在进行深蹲时，需要根据套路的需求调整动作的速度和节奏，注重动作的流畅性和爆发力。

实施力量训练时，必须严格遵守训练原则。训练的每个动作都应该在专业指导下执行，确保每个动作的标准性和安全性。例如，进行蹲起训练时，练习者需掌握正确的姿势，避免伤害。动作执行中，下蹲到大腿与地面平行，保持躯干稳定，然后通过腿部力量快速起身，以增强股四头肌的力量和爆发力。除了执行标准外，对于特定的武术套路，练习者还应采用相应的策略来提高效果。例如，对于动作速度要求高的套路，练习者可以通过短时间内的高强度训练来提升速度感和时效性。此外，利用计时计速技术来监测训练效果，确保练习者在规定时间内完成指定动作，也是提高训练质量的有效方法。在进行耐力训练时，延长训练时间和增加训练的密集度，对于提高练习者的耐力和整体体能极为重要。通过长时间的持续训练，练习者的肌肉耐力和心肺功能得到显著提升，从而在执行长时间复杂的武术套路时保持高效的表现。

第三节　身体柔韧性、协调性与灵敏度训练

一、柔韧性训练

（一）拉伸训练

1. 静态拉伸

在武术套路训练中，静态拉伸需要选择可以全面覆盖身体各主要肌肉群的动作。例如，拉伸腿部的肌肉时，可以尝试坐姿前倾，尽量让手触及脚尖，此姿势能有效拉伸小腿和大腿的后侧肌肉。维持每个拉伸动作应持续 15～30 秒，持续的肌肉牵拉有助于增加肌肉长度和提升其柔韧性。值得注意的是，进行静态拉伸时，应避免"弹跳"动作，因为突然的力量可能导致肌肉拉伤。

2. 动态拉伸

动态拉伸是一种活跃的预热方式，进行动态拉伸时，练习者应该从轻松的步法开始，逐渐增加运动的范围和速度。例如，可以从慢速的腿摆动开始，逐渐过渡到较大范围的摆动。在摆动腿时，练习者应确保腿部动作控制在自身舒适的范围内，并且每次摆动都尽可能地延伸，以拉伸大腿前部和后部的肌肉群。动态拉伸还包括诸如手臂圈和躯干扭转等动作。进行手臂圈时，练习者应伸直双臂，做出连续的前后圆周运动，这有助于放松肩部和上背部的肌肉。躯干扭转则需要保持脚步稳定，上体轻轻扭动，目的是通过活化脊柱周围的肌肉增加腰部的灵活性和活动范围。整个动态拉伸过程应连贯进行，每个动作持续时间约为 5～10 秒，整体拉伸时间不宜超过 10 分钟。

3. 循环拉伸

循环拉伸是集静态和动态拉伸优点于一身的训练方式，特别适用于武术等需要高度身体柔韧性和肌肉控制的运动。在循环拉伸中，练习者首先通过静态拉伸法进入某一特定姿势并保持一段时间，增加关节活动范围，同时，减少肌肉紧张。在静态拉伸的基础上，可以加入动态拉伸元素，以控制和有节奏的方式进行肌肉伸展和缩短，使拉伸动作变得更加活跃。循环拉伸的实施，要求练

习者在每个动作的转换过程中保持平稳和连续性，避免突兀的动作改变，这对于保持肌肉的控制非常关键。

（二）柔软度训练

与普通的拉伸训练相比，柔软度训练更为系统和深入，常通过结合多种训练方法来实现更好的效果。在武术中，柔软度是执行各种高难度动作的基础，如踢腿、下蹲和翻滚等，这些动作要求练习者具有良好的身体延展性和控制能力。瑜伽是提升柔软度非常有效的训练形式，包括多种伸展和强化身体柔韧性的体式，还可通过调节呼吸和心理状态来增强身体的整体协调性和平衡感。瑜伽中的某些体位，如下犬式和勇士式，特别有助于开展臀部、腿部和背部的肌肉，练习者通过持续的瑜伽练习，可以提高身体的柔软度，还能在精神层面上获得集中和放松的效果。除了瑜伽，器械辅助的柔软度训练也是常见的方法。使用器械，如拉力带和柔韧性练习机，可以帮助练习者在没有助手的情况下进行深层次的拉伸，提供额外的支持和阻力，使练习者能够安全地延伸肌肉至正常范围之外，从而逐步增加关节的活动幅度。例如，使用拉力带进行腿部拉伸，可以更准确地控制拉伸的角度和力度，有效地提高腿部的柔软度和力量。

二、协调性训练

（一）提高运动素质

运动素质是指运动员在各种运动技能上展示出的综合能力，包括力量、速度、敏捷性、耐力和灵敏度。在武术训练中，协调性训练的目标是使武术练习者能够在执行复杂套路时，各部位动作协调一致。例如，在进行连贯动作时，如何有效地利用身体的核心力量来引导和支持四肢的动作，是训练中的重点。此外，协调性训练也涉及调整和优化呼吸技巧，以支持更高强度和更长时间的套路执行，进而增强武术练习者对技术细节的感知，使其在实际对抗中能更好地适应和应对各种情况。因此，在武术套路的协调性训练中，教练通常会设计一系列综合性练习，通过模拟战斗场景或者增加动作的复杂度，来激发和提高学员的身体协调能力。

（二）注重基本功训练

基本功是武术的根基，涵盖站立、行走、跳跃、翻滚等基础动作，是构建复杂武术技巧的基石。在进行基本功训练时，武术教练强调动作的每个细节，如手脚的位置、身体的角度以及力的发力点，帮助练习者在重复训练中发现并纠正错误，使得每个动作都能精确到位。基本功训练还包括对呼吸和节奏的控制，正确的呼吸模式能够增加身体的稳定性和持久力，节奏的掌握则确保了动作的连贯性和时机的把握。持续的基本功训练还能增强身体的灵活性和适应性，使练习者在面对不同的对抗情景时，能够更加灵活地调整自己的动作。例如，在实战或对抗练习中，良好的基本功训练可以使练习者迅速做出反应，有效地利用身体的各个部分产生最大的力量和控制。

（三）遵循形神结合训练原则

形，指的是外在的动作和姿态；神，指的是内在的精神和意念。形神结合的理念，强调的是外在动作与内在精神状态的和谐统一，即形体动作要与内心的意念、情感和精神状态相协调。在实际武术套路训练中，形神结合要求练习者在每个动作的执行中，都必须思考和体现其背后的意义和用途。例如，在练习推手或是某个打击动作时，练习者要关注手和脚的位置，通过动作传达攻防的意图和力度的变化，使动作更加生动、自然，不是僵硬地复制动作，而是要有适当的情感投入和意念引导，使动作都富有表现力和感染力。在武术中，呼吸与动作的同步是非常重要的，正确的呼吸配合可以增强动作的力度和效果。练习者需要在动作的快慢、起伏中找到合适的呼吸节奏，使得整个套路的执行既流畅，又有力。形神结合的训练还需要练习者具有高度的自我意识和觉察能力。通过持续的训练，练习者应能够感知并调整自己的身体状态，精确控制每一块肌肉的力量输出，确保动作的准确性和美感。这种对自我身体和精神状态的深入了解和控制，提升了练习者的武术技艺，增强了个人的心理素质和自信心。

（四）强化理论知识的学习

在武术套路训练中，理论学习不仅涉及武术技术本身，还包括了解和探讨武术的文化背景。技术理论的学习主要关注动作的正确性、力度的分配、呼吸的调节以及动作与动作之间的连接。每一个细节都是协调性训练的基础，理解技术细节有助于练习者在练习时减少不必要的体力消耗，提高动作的流畅性和精确性。例如，学习如何正确地分配身体的重量，可以帮助练习者在转身或跳跃时保持平衡，执行更复杂的套路。文化理论的学习则是理解武术深层文化意义和历史背景的过程。武术是中国文化的重要组成部分，每种武术流派都有其独特的哲学思想和历史传承，深深影响了武术的发展和传播。例如，太极拳强调的是阴阳平衡，体现在动作的柔和与刚猛之间的转换，也体现在实战与养生之间的平衡，深入学习这些文化知识，武术练习者能够在表演时更好地表达武术的内涵。

（五）提升反应能力

在武术套路的训练中，提升练习者反应能力的有效方法包括信号刺激法和动态感觉训练法。信号刺激法是通过外部信号来驱动反应。在实践中，教练或训练系统会发出视觉或听觉信号，要求练习者以最快的速度做出相应的反应。例如，在一个标准的训练场景中，当听到哨声或看到特定颜色的灯光时，练习者需要迅速从一种动作转换到另一种动作，或者从静止状态瞬间发力执行某个技巧。动态感觉训练法则侧重于在移动中的感知和反应，通过动态感觉训练练习者在执行技术动作时必须对周围环境的变化保持高度敏感，如对手的移动或是其他外部变化因素。在动态感觉训练中，练习者可能需要在移动过程中识别不同的标志或信号，并作出快速决策。例如，在一系列攻防转换的演练中，练习者需要在短时间内判断对手的攻势方向和力度，快速作出防御或反击的决策。

（六）锻炼平衡能力

在武术套路中，平衡能力通常被细分为动态平衡和静态平衡两大类。静态平衡指的是在静止状态下保持身体稳定的能力。在武术中，许多套路要求练习者在单腿站立或采取某种特定姿势时能够保持身体的稳定，例如，太极拳中的"金鸡独立"姿势。静态平衡的训练通常包括瑜伽、普拉提和各种站立平衡练习，这些训练有助于增强肌肉的控制力，提高关节的稳定性，从而在执行武术动作时，能够保持正确的姿势和平衡。动态平衡则涉及在移动中保持身体的稳定性。武术中的很多高级技巧，如旋风腿、翻滚和跳跃等动作，都要求练习者在快速变换位置或方向时仍能保持身体的平衡。动态平衡的训练是通过模拟这些动作来进行的。例如，通过在不平坦的表面上进行跑步或跳跃，或者在移动中执行复杂的脚步动作，如武术套路中常见的连续步法变化。在训练平衡能力初期，练习者需要在辅助设备如平衡垫上练习，随着能力的提高，逐渐移除这些辅助工具，增加训练的复杂度和挑战性。此外，集成反馈的形式，如视频分析或教练的直接指导，对于提高平衡技巧也至关重要。

（七）培养空间定向能力

空间定向能力的培养，首先需要练习者具有良好的身体感知。通过系统的基本功训练，如站桩、步法练习等，练习者可以逐渐建立起对自身身体各部位在空间中位置的敏感度。在进行步法移动的训练中，通过反复练习，练习者能够无须额外思考即可准确掌握步法长度和方向，使得移动更加迅速和准确。武术套路中的空间定向训练还需要加入对环境的感知训练，包括利用训练场地的特定标记或障碍进行训练，要求练习者在完成一系列动作时，能够精确地调整身体位置以适应环境布局。通过在训练场地设置不同的障碍物，练习者需在不接触障碍物的情况下完成既定套路，考验其对空间的控制能力，提升对环境变化的适应性。另外，虚拟现实技术的引入也为空间定向能力的训练提供了新的可能。通过在虚拟现实中模拟各种战斗环境，练习者可以在安全的条件下训练对复杂环境的空间应对能力，从而在现实对抗中表现得更加自如和精准。

（八）培养时间感知能力

武术套路是一种高度编排的动作序列，每一个动作和步骤都要求精确的时间控制。在实际对抗中，能否在正确的时间做出反应，往往决定了对抗的成败。因此，通过特定的训练方法来提升时间感知能力，是武术训练中不可或缺的一部分。训练中，教练会特别强调节奏感的培养，即练习者需要按照音乐或节拍器的节奏完成一系列动作，帮助练习者感受并内化动作所需的时间长度，使得动作既不显得急促无序，也不会过于缓慢和拖沓。例如，通过练习"慢打快收"的招式，练习者可以学习如何在攻击时迅速发力，而在回收动作时保持快速而精准，从而在实际应用中能够更好地控制对手。此外，模拟对抗训练是另一种有效的方法来提升时间感知能力。通过与对手或教练进行模拟战斗，练习者必须在非常短的时间内做出判断和反应，高压和快速的决策过程能够提升动作的时机感，增强练习者在压力下进行时间判断和动作执行的能力。综合使用这些训练方法，武术练习者在培养时间感知能力的同时，也在不断提升其他相关的身体和认知技能，如注意力集中、反应速度和动作精确性。

（九）提升专项感觉能力

在武术训练中，提升专项感觉能力的方法涉及多种综合性训练技巧。第一，闭眼练习是一种常见的方法，通过剥夺视觉信息来强迫身体依赖于其他感觉，如平衡感和触觉，来维持动作的准确性和稳定性。闭眼执行形意拳的五行拳（分别代表金、木、水、火、土的动作），可以帮助练习者在没有视觉辅助的情况下，增强对身体各部分位置和力度的感知，从而深化对每个动作内在联系和力量分配的理解。第二，利用不稳定的表面进行训练，也是提高专项感觉能力的有效方法。通过在泡沫垫、平衡球上进行武术基本功的训练，如站桩、单腿站立等，练习者需要调动更多肌肉群和加强神经系统的反馈响应来维持平衡，增强练习者身体的稳定性，提高其对细微身体变化的感知能力。第三，实施反应训练对提升专项感觉能力极为有利。通过快速变换招式和方向的练习，如反应球训练或是多方向冲刺，练习者必须迅速调整身体状态以响应新的动作要求，有助于提升练习者神经系统对速度和力量变化的处理速度和精确性。第四，进阶的感觉训练包括在复杂背景下执行技术动作，如在不同的光线或噪声环境中练习，或是在模拟实战中增加意外元素的出现，环境的不确定性迫使练习者必须更加依赖内在的感觉做出判断和调整，以应对突发状况。

三、灵敏度训练

（一）反应速度练习

反应速度练习的主要目的是缩短从感知对方动作到身体做出反应的时间。反应速度训练通常涉及复杂的身体协调和高度的注意力集中。在实际训练中，教练会设计各种突发情况，模拟对战环境中的不可预测性，从而训练练习者在极短的时间内做出反应。例如，教练突然发出攻击指令或改变攻击方向，要求练习者立即做出防御或回击，帮助练习者提高在高压环境下的应变能力。与此同时，反应速度练习也包括对感官输入的快速处理，比如，通过视觉或听觉的线索来预测对手的下一步行动。在高级训练中，练习者需要在极短的时间内，通过对手的肢体语言、眼神等微妙变化做出判断。另外，为了有效提升反应速度，武术训练还常结合使用现代训练方法，如使用反应灯或电子感应器提供即时反馈，帮助练习者详细了解自身的反应时间，通过高科技设备的辅助，使训练变得更加科学和系统，也更加符合个体的训练需求。最后，反应速度的训练不仅是提高身体反应的快速性，更是全面提升认知处理速度、判断力和执行力的过程，要求练习者在体能、技能和心理三个层面同时进行优化，从而在实战中能够以最快的速度做出最有效的反应。通过系统和科学的训练，武术练习者可以在保持冷静和精确的同时，迅速适应并控制战斗节奏，有效地防御和攻击。

（二）穿插冲刺训练

穿插冲刺训练，作为提高灵敏度的一种有效方法，具有极高的实用价值，得到广泛的应用。穿插冲刺训练包括短距离的快速冲刺与突然的方向变化，考验着运动员的速度，是对其反应时效和身体控制能力的挑战。在实际训练中，教练会设置多种随机或预设的信号和方向变化，要求运动员在尽可能短的时间内做出响应，训练模仿实战中的不确定性和快速变化的场景，使运动员能够在保持最高速度的同时，迅速调整身体姿态和方向。例如，在穿插冲刺训练中，教练突然呼喊方向，或通过手势指示运动员改变冲刺方向，运动员需要在瞬间判断信号并立即执行，高强度的神经肌肉刺激有助于提高神经反射的速度和精确性，随着训练的深入，运动员在面对复杂动作要求时的协调性和动态平衡能力也会显著提升。穿插冲刺训练还涉及大量能量系统的高效利用。在短时间内进行高强度的爆发力输出后，如何在极短恢复期内迅速恢复，准备下一次爆发，是训练中的另一个重点，增强运动员的耐力和恢复能力，优化其能量利用效率，进而在实际对抗中能够持续保持高强度的表现。

此外，穿插冲刺训练的高效性还体现在它对心理素质的锻炼上。训练了武术运动员在面对压力和不断变化的对抗环境时，能够保持冷静和专注，快速做出最有效的决策。

（三）平衡性练习

在武术套路的训练中，平衡性练习有助于提高练习者的整体表现和技术精准度。在众多平衡性练习中，单腿平衡训练和利用台阶进行的平衡训练是两种极为有效的方法。单腿平衡训练是基础且极富挑战性的练习，通过单腿平衡训练可以提高武术练习者的稳定性和协调能力，通常开始于简单的站立姿势，练习者需要在平稳的地面上站立，缓慢地将一脚抬起，维持身体的直立状态。初学者需要在旁边设置支撑物以帮助保持平衡。随着技能的提高，可以增加动作的复杂性，例如，闭眼进行单腿站立，或者在不稳定的表面上进行训练，如垫子或平衡垫上。单腿平衡训练还可以结合武术的基本动作，如慢速执行踢腿动作，考验平衡能力，提高腿部的力量和控制能力。

利用台阶进行平衡训练则是另一种提高平衡性的有效方法，通常涉及在台阶上进行各种动作，如前进、后退以及侧向移动。练习者开始时可使用较低的台阶，并逐步增加高度，以增加训练的难度。在台阶上进行的训练不限于简单的上下移动，还可以结合转身和跳跃等更为复杂的动作，极大地依赖于脚部的灵活性和控制力。此类练习不仅增强了腿部肌肉，还可提升核心肌群的稳定性，核心肌群对于保持整体平衡至关重要。

第四节　武术套路运动节奏训练

一、武术套路中运动节奏的概念及意义

（一）运动节奏的概念

在武术训练和表演中，运动节奏是一个至关重要的概念。运动节奏是指在一系列连续动作中，通过合理的时间安排和力度控制，使动作连贯、流畅且富有韵律的一种表现形式。简单来说，运动节奏就是动作之间的衔接方式，它决定了动作的快慢、轻重和起伏变化。运动节奏主要由时间和力度两大要素构成。时间上的节奏指的是动作的快慢和衔接的紧密程度。例如，在一套武术套路中，有的动作需要迅速完成，有的动作需要缓慢进行，这种快慢交替就构成了时间上的节奏。力度上的节奏指的是动作的轻重缓急。例如，在一个攻击动作中，初始的发力可以较轻，在达到目标时则需要爆发出最大的力量。

（二）运动节奏训练的意义

1.提高动作的协调性和整体性

在武术套路中，运动节奏训练可有效提升动作的协调性和整体性。武术套路包含了各种复杂的动作组合，需要在特定的时间节点上完成，通过合理的节奏安排，使动作更加连贯自然，提高表演的观赏性，使练习者能更自如地完成各种复杂的动作，增强整体表现力。

2.增强实战能力和应变能力

实战中的节奏感是武术练习者制胜的关键因素之一。通过系统的运动节奏训练，练习者可以更好地掌握攻击和防守的节奏，从而在实战中占据主动。合理的节奏变化能有效迷惑对手，使对方难以预测自己的下一步动作，提升战斗

中的应变能力和反应速度。此外，节奏训练还可以帮助练习者在实战中保持冷静，提高其在高压环境下的决策能力和执行力。

3. 改善身体素质和心理素质

运动节奏训练不仅对身体素质有显著的提升作用，还能够有效改善心理素质。在训练过程中，练习者需要高度集中注意力，调整呼吸和动作的节奏，保持身心的协调一致。长期的节奏训练能增强心肺功能，提高耐力和爆发力，同时，也能锻炼练习者的意志力和耐心。通过综合训练，练习者在面对压力和挑战时能够保持冷静和自信，从而在比赛和实战中表现出更强的心理素质和身体素质。

二、武术套路中运动节奏的训练内容

（一）腰功训练

在武术套路训练中，腰部作为身体的核心，起到支撑和连接的作用，在发力、转身和稳定平衡方面起着关键作用。以下是几种常见的腰功训练方法。

1. 旋转腰部

练习者站立，两脚分开与肩同宽，双手叉腰。通过腰部的左右旋转来增加腰部的灵活性和力量。在旋转过程中，保持上半身和下半身的稳定，尽量让旋转的幅度逐渐加大，每次练习持续 3 ～ 5 分钟。

2. 俯卧抬腰

练习者俯卧于地面，双手放于身体两侧，双腿并拢。通过腰部的力量将上半身抬起，尽量抬至最大限度，然后缓慢放下，重复此动作。每组进行10 ～ 15 次，每天进行 3 ～ 4 组。这种练习有助于增强腰部的肌肉力量和柔韧性。

3. 侧卧抬腿

练习者侧卧于地面，一手支撑头部，另一手自然放在身体前方。通过腰部和臀部的力量将上侧腿抬起，然后缓慢放下。每组进行 15 ～ 20 次，每天进行3 ～ 4 组。该练习可以有效增强侧腰的肌肉力量，提高腰部的稳定性。

4. 仰卧扭腰

练习者仰卧于地面，双手平放在身体两侧，双腿并拢抬起。通过腰部的力量，将双腿向左右两侧扭动，尽量保持上半身的稳定。每侧进行 15 ～ 20 次，每天进行 3 ～ 4 组。此方法能有效锻炼腰部的灵活性和协调性。

5.弓步转腰

练习者取弓步姿势，一腿在前，另一腿在后，双手叉腰。通过腰部的力量进行左右转动，保持身体的稳定性和姿势的正确性。每组进行 15 ～ 20 次，每天进行 3 ～ 4 组。此练习不仅可以锻炼腰部力量，还能提高全身的协调性和平衡感。

（二）步法训练

精确的步法是稳固下盘、维持坚实体态及增强武术动作审美的关键。训练内容包括向前进步、向后退步、向左转身、向右转身、翻身及跳跃等，以此来提升步伐的稳定性和灵活性。

向前进步是武术中基本的步法。练习者需要在保持身体重心稳定的同时，迅速而轻盈地向前移动。在进步的过程中，步法要有节奏感，不能忽快忽慢。向后退步也是步法训练的重要组成部分。退步时，练习者需要时刻保持警觉，以防止对手的突袭。退步的节奏要掌握好，既不能过快导致失去平衡，也不能过慢影响反应速度。转身动作包括向左转身和向右转身，这是武术套路中常见的步法变化。转身动作要求身体的协调性和灵活性，练习者在转身时要保持身体的平衡，确保动作的连贯性。翻身和跳跃是步法训练中较为复杂的部分。翻身需要练习者在空中迅速调整身体姿态，以保证动作的顺利完成。跳跃则要求练习者在腾空瞬间，能够准确控制身体的方向和落地姿态。

（三）手法训练

首先，手法训练注重手部动作的精准性。武术套路中的手法多种多样，如劈、砍、挑、拨等，每一种手法都有其特定的要求和技术要点。在训练过程中，练习者需要反复练习这些基本动作，确保每个动作都能做到位，动作干净利落，从而在整套动作中保持连贯和流畅。其次，手法训练强调动作的速度和节奏感。武术套路讲究快慢相间、刚柔并济，而手法的速度和节奏直接影响整个套路的表现力。在训练时，通过不断加快动作速度，练习者可以提高反应速度和手部力量，进而增强整套动作的节奏感和连贯性。再次，手法训练要求练习者具备高度的身体协调性。在实际训练中，手部动作并不是孤立存在的，它需要与步法、身法相互配合，形成一个完整的动作体系。最后，手法训练还包括对动作连贯性的练习。武术套路中的动作常常是连续进行的，要求练习者在完成一个动作后，迅速衔接下一个动作。

（四）身法训练

在身法训练中，可以借鉴太极拳、五福拳、螳螂拳和通臂拳等传统拳种的方法。太极拳强调"以柔克刚"，通过缓慢而有力的动作来训练身体的协调性和平衡感。练习者需要在动作中保持身体的放松，同时，要控制好力量的释放，有助于提升动作的连贯性和节奏感。五福拳则注重"快如风，慢如松"的动作特点，要求练习者在快速与缓慢之间找到平衡，通过不同节奏的切换来锻炼身体的灵活性和反应速度。螳螂拳和通臂拳则更强调爆发力与瞬时的平衡控制。螳螂拳的动作模仿螳螂的捕食动作，要求迅捷有力，适合训练练习者的反应速度和爆发力。而通臂拳通过大幅度的挥动动作来锻炼身体的协调性和整体发力。

（五）意识训练

意识训练的目的是通过模拟实战环境和提高感知能力，使练习者在各种情况下都能保持动作的连贯性和节奏感。具体过程和内容如下。

1. 视觉训练

视觉训练主要通过眼睛对动作的观察和判断来提高反应速度。练习者需要在训练中专注于对手的动作，通过眼神的引导来预判对方的攻击路线和节奏。例如，在对练时，要求练习者注视对手的肩部、腰部等关键部位，迅速判断其下一步动作，并作出相应的反应。

2. 听觉训练

听觉训练是通过声音来提高反应速度和动作节奏感的一种训练方式。在训练中，教练可以使用拍手、击打木板等方式制造不同的声音，练习者根据听到的声音作出相应的动作。例如，当听到拍手声时，进行快速的拳打动作；当听到击打木板声时，进行防守动作。

3. 触觉训练

触觉训练通过身体的接触来感知对方的力量和动作节奏。在对练过程中，练习者通过身体的接触，感知对手的力量传递和动作变化。例如，在推手训练中，练习者通过手臂的接触，感受对方力量的变化，及时调整自己的动作节奏。

（六）肌肉协调性训练

肌肉协调性是影响武术套路动作规范性与流畅性的关键因素。在日常训练中，练习者应采用多角度练习、肌肉交替练习及速度练习等多种方法，以全面提升肌肉的协调性。首先，多角度练习是基础。通过在不同角度、不同方向上的练习，可以全面均衡地锻炼各主要肌群。这样不仅能增强肌肉的力量，还能提高各部位肌肉在不同角度下的协同工作能力。例如，进行腰部的旋转训练时，需要在不同角度上进行反复练习，确保腰部在各种姿态下都能灵活自如地转动。其次，肌肉交替练习是关键。在训练中，应注重肌肉间的协调与配合。例如，在进行手法和步法的配合训练时，强调手脚动作的同步性和协调性。通过反复交替练习，可以提高肌肉间的协作效率，使动作更加连贯流畅。最后，速度练习是提升肌肉反应速度和动作执行速度的重要手段。在速度练习中，重点在于提高肌肉的爆发力和快速反应能力。例如，通过快速出拳训练，可以增强手臂肌肉的反应速度，使出拳动作更加迅猛有力。

三、武术套路中运动节奏的训练方法

（一）加强基础动作训练

基础动作训练是培养武术动作节奏的核心环节，包括摆拳、撩拳、架拳、下腰、踢腿等关键技能的训练。摆拳训练旨在提高手臂的灵活性和力量，通过反复练习，可以使练习者掌握拳头出击的力度和速度，从而在动作之间形成流畅的过渡。撩拳训练则侧重于手臂和腰部的协调，通过腰部的扭转和手臂的快速出击，增强动作的连贯性和爆发力。架拳训练强调手臂的防御和反击能力，通过不断练习，练习者能够在进攻和防守之间快速切换，形成连续的动作节奏。下腰训练则注重腰部的柔韧性和力量，是许多复杂动作的基础，可以提高身体的整体协调性。踢腿训练是基础动作训练中不可或缺的一部分，通过对腿部力量和灵活性的训练，使练习者能够在套路中实现高效的腿部动作，通过反复练习，可以使踢腿动作更加精准和连贯。在训练过程中，基础动作的反复练习有助于巩固技术要领，增强身体的记忆力，从而使动作更加自然和流畅。

（二）加强发力与劲道训练

发力是指在武术动作中，通过肌肉的快速收缩，将力量集中于特定部位或瞬间爆发出来的过程。劲道则是指在动作过程中，通过控制身体的各个部位协调发力，使得力量能够流畅地传递和释放。简言之，发力是力量的源泉，劲道是力量的传递和运用。在武术套路中，发力与劲道训练具有极其重要的地

位，可直接影响到动作的威力和效果。通过有效的发力训练，能够使拳脚更加有力，击打更有穿透力。劲道的训练能够使力量的传递更加连贯，动作更加流畅，从而提升武术套路的整体观赏性。发力与劲道的训练还有助于增强练习者的肌肉控制能力和身体协调性，提高其在实战中的反应速度和攻击精准度。发力与劲道的训练离不开扎实的基本功。练习者需要通过长时间的基本动作练习，如拳法、腿法、步法等，来强化肌肉的力量和灵活性。在进行发力与劲道训练时，重复练习是必不可少的。通过反复练习特定动作，练习者能够逐渐掌握动作的发力点和劲道运用。同时，可以将复杂的动作进行分解，逐步练习每一个动作的发力过程，最终将其组合起来，使动作更加连贯和有力。呼吸和意念在发力与劲道的训练中同样重要。通过调整呼吸节奏，使得发力更加顺畅，同时，通过集中意念，可以增强发力的准确性和力量的集中。例如，在进行拳击训练时，通过吸气、憋气、吐气的配合，使得每一次发力更加有力。

（三）加强身法与步法训练

身法主要指身体的姿态、重心的移动和身体各部位的协调配合，良好的身法不仅能够提高动作的美感，还能增强动作的连贯性和稳定性。步法是指武术中各种步法的运用和转换，决定了动作的连贯性和整体节奏感。加强身法与步法的训练需要系统性和科学性。练习者应根据自身的基础和需求，制订合理的训练计划，确保训练的有序进行。应注重基本功的练习，通过扎实的基本功训练，为更复杂的动作打下坚实的基础。例如，通过站桩和基本步法的反复练习，提高身体的稳定性和步法的灵活性。同时，应结合套路的实际，进行专项训练，通过模拟比赛和实战情境，进一步提高身法与步法的协调性和实用性。

在具体的训练方法上，首先要注重动作的分解和细化。通过将复杂的动作分解为多个简单的步骤，逐步掌握每一个细节，从而提高整体动作的连贯性和准确性。其次，要注重速度和力量的训练。通过快速的步法转换和身法变换，提高动作的爆发力和应变能力。最后，还应注重节奏感的培养。通过音乐或节拍的辅助训练，提高动作的节奏感和协调性，使整个套路更加富有韵律和美感。

第六章　武术兵道及其训练实践

第一节　中国武术兵道的历史生成与现代化演进

一、中国武术兵道的释义

《六韬》是一部古代军事理论著作，书中的《兵道》篇章，特别强调了军事行动的统一性，提倡在用兵时要实现兵力和指挥的集中，以达到行动的高度一致，这种统一性是胜利的关键，能让军队灵活自如地进退，仿佛进入超越常态的境界，既能独立行动又能灵活应对各种战场情况。《兵道》还讲述了对立与转化的观点，指出在军事行动中，常常会有生与死、乐与苦等极端情感的交织。因此，指挥官在军队兴盛时应考虑其衰败的可能，在欢乐时也不忘未雨绸缪，这种前瞻性和预备性的思维方式是用兵的智慧，可以让军队在变幻莫测的战场上占据有利位置。在实际对抗中，欺骗和迷惑对手是取得优势的一个重要手段。《兵道》提倡通过展示虚假的军事动向来引诱敌人，以达到声东击西的效果，在关键时刻给予敌军致命一击。而且，《六韬》还强调在军事行动中，迅速而出其不意的攻击往往能够取得决定性的胜利，其要求军队能够精确地把握敌人的弱点，并在最合适的时机发起攻击。

在当前时代背景下，我国政府逐渐加大对体育领域的支持和推动，特别是在传统体育项目的创新与改革方面，这一政策导向为传统武术的现代化发展带来了新的机遇。2021年年初，国家体育总局武术运动管理中心提出了一个创新的分类概念——"武术兵道"，这一新提法不仅是名称上的变更，还深刻反映了对传统武术项目的现代解读和文化价值的重新定位。"武术兵道"涵盖了短兵、长兵、暗兵、投射兵、软兵等多个门类，统称为武术中的冷兵器格斗技术。此概念的提出主要源于对现有武术形态的反思与前瞻，意在推动武术项目不能仅停留在技术展示，应向文化深度和哲学思考方向发展。据国家体育总局武术运动管理中心的张雷部长解释，新的命名方式更符合中国传统文化中"道"的理念。在中华文化中，"道"被视为哲学上的高度，超越了单纯的技术或技艺层面。对于短兵这一类别，其被重新定义和重组的主要原因在于，与其他较为固化的武术项目相比，短兵更适合在改革和创新的浪潮中进行调整。从古至今，冷兵器不仅是战斗工具，更是文化和哲学思想的承载体。通过"武术兵道"的提法，旨在强调这些兵器的文化内涵和哲学价值，使之与现代体育精神和文化追求相符合。短兵国家队的教练罗宏在访谈中进一步阐释了这一变革的深层意义，他提到通过这样的重组和重新命名，可以更好地展现兵器的艺术性和技击性，同时让传统武术与现代体育理念更好地融合。

二、中国武术兵道的历史形成与现代化演进

（一）古代史阶段（远古—1840 年）

1. 原始社会时期

早期人类社会，石器在工具和武器的使用上起着举足轻重的作用。尤其是石斧，最初的设计并非为了战斗，而是作为生存工具出现的。石斧主要用于伐木和清理土地，为早期的农业活动提供了必要的支持，特别是在粟的种植方面，石斧的使用为人类社会的发展提供了极大的助力。随着时间的推移，原始人类逐渐发现这些工具还可以在其他方面发挥作用。当面对野生动物的威胁或者部落间的冲突时，石斧和其他工具可被用作防御和攻击的武器。这一转变标志着工具用途的多样化，体现了石器从单纯的生产工具逐步发展成为作战武器，也体现了人类适应环境和应对挑战的能力，更展示了技术进步对社会发展的影响。石器的广泛使用反映了人类在早期社会中对自然资源的依赖和利用。通过制造和使用石器，人类不仅能够更有效地获取生产资料，而且提高了其生存能力。石斧和弓箭等工具的出现和使用，预示着中国武术兵道（短兵）的形成，也为后来的武术发展奠定了基础。

2. 奴隶社会时期

先秦时期，商朝为了应对奴隶和外族的频繁叛变，君主与奴隶主贵族阶层

着手建立了一支庞大的军事力量，以巩固其统治地位并有效掠夺资源。军队的主要组成部分是士兵和武器，其中士兵是关键的角色，直接决定了军事力量的强弱。尽管武器通常被视为辅助工具，处于被动使用和控制的地位，但在特定的战略环境下，武器的制造水平显得尤为重要。高质量的武器制造是决定重大军事行动胜败的关键因素。因此，商朝在注重士兵训练的同时，也非常重视武器的研发和制造，以确保在战场上占据优势地位，这种对军事实力的双重关注体现了商朝君主与贵族在面对外部威胁时的策略智慧与统治眼光。

春秋战国时期，中国历史进入了群雄割据的复杂状态，秦国为了加强自己的军力，开始引进来自吴越地区的先进锻造技术，不仅提高了武器的质量，还推动了民间广泛佩戴剑的风尚，使得剑成为当时文化的一个重要符号。这一时期是诸侯割据的时代，也是剑术与铸剑技艺达到高峰的时刻，孕育出了徐夫人、干将、莫邪、薛烛等杰出的铸剑大师和剑术大师。

历史文献如《左传》和《春秋》记载了当时的许多名剑，包括干将、莫邪、大夏、豪曹、纯钧、鱼肠、胜邪、湛泸和龙渊等，这些名剑不仅是锻造技艺的代表，也曾是那个时代文化的象征。此外，剑术的理论体系也在这个时期得到了系统的发展和总结。《庄子》中提出剑术分为三个层次，《吴越春秋·勾践阴谋外传》和《吴越春秋·阖闾内传》等文献则提供了剑术理论的重要视角，如阴阳对立的多元剑法理论，这些理论涉及剑术的内外、动静、攻守、虚实和方圆等多个方面。这些观点不仅阐释了剑术的实战应用，还强调了剑术的精神层面，如《吴越春秋·阖闾内传》中的"尚志不上力"。

同时，《吕氏春秋》中将剑术定义为"持短入长，倐忽纵横之术"，这不仅概括了剑术的技巧和理论框架，而且赋予了剑术深厚的文化内涵。这一时期剑文化的发展与奴隶社会的生产技术进步和军事力量的建立密切相关，为中国武术中的短兵兵道的形成提供了重要的人力与物质基础，奠定了理论基石。

3. 封建社会时期

秦至汉初，剑的造型及重量有明确规范。最优质的剑，其全长五尺，柄长相应，重达九锊，为上等制品，专为上层士人佩戴。次之剑，全长四尺，柄长适中，重七锊，适合中等阶层。最朴实的剑，全长三尺，柄较短，仅五锊重，为下等阶层所用。由此可见，所佩剑的长度与重量反映了不同社会阶层。周纬先生将之命名为西周时期的短剑与长剑，长剑的代表则是秦国将军所佩戴的剑。关于剑的传承与演变，马明达在其著作《说剑丛稿》中有所阐述，长剑是基于短剑的进一步发展，春秋时期的吴越短剑是其杰出的代表。《庄子·说剑》中描述，赵文王酷爱剑术，剑客云集，常在宫门之外进行剑术对决，每年因此有百余人死伤，然其热忱从未减少。而《史记·项羽本纪》记载，项羽少年时期曾尝试学习书法及剑术，但均未精通，遭到项梁的严厉批评。这一时期，剑不仅是武艺的体现，更是身份与地位的象征。佩剑、斗剑、练剑之风在当时社会中极为盛行，形成独特的"击剑"文化，体现了该时期文化的高度发展。

在两汉至南北朝时期，根据考古学对墓葬中的文物发掘所显示，此阶段未见青铜剑的出土记录。据此，可以推测在此历史时段内，青铜铸造剑的技艺已逐渐被废弃，冶铁技术逐步得到普及，此时制作的剑多以铁质材料替代青铜。同时，在汉朝，操练剑术、学习剑法以及佩带剑械的行为十分常见。在汉高祖期间，存在着诸如"群臣饮酒争功，醉或妄呼，拔剑击柱"及"自天子至百官无不佩剑"等记载。到了东汉末年，曹丕在《典论·自序》中有"予又学击剑，阅师多矣。四方之法各异，唯京师为善"的感慨，显示出无论是官方还是民间，剑术仍旧广泛流行。据《汉书·地理志》记载，吴越地区的君主均崇尚武勇，因此当地的居民至今仍喜爱使用剑，并轻视死亡，易于发起冲突。东汉时期，剑术教育强调师承关系和技术传播，如东汉学者王充在《论衡》中提到："剑伎之家，战必胜者，得曲城、越女之学也。两敌相遇，一巧一拙，其必胜者，有术之家也。"此外，以"两两相击""点到为止"为规则的剑术对抗形式亦开始兴起，表明了剑术文化在当时的重要性与普及程度。

在古代中国，传统观念深受尊崇，其中尤以"身体发肤，受之父母"为核心理念，因此在武术训练和对抗中经常采用非金属武器以减少伤害。此种现象在后世被称为"以杖代剑"。据考古发现，1978年山东微山县出土的汉代石雕"双人执棍对打图"便是这一传统的体现，图中所示的短棍，即"白棓"，标志着古代击剑形式已演进至"两两相击"的阶段。这也是当时社会普遍推崇儒家"仁"的价值观的体现。孔子的哲学体系将"仁"视为至高无上的道德准则。有研究学者提出，儒家思想主张"大义服人，先礼后兵"，强调在武术对抗中应遵循"点到为止"的原则，从而体现了中国传统的"仁"伦理。在这种文化影响下，西汉至南北朝时期，中国的击剑文化保持了连续性，经历了从实用武术向表演和典礼性质的转变，其中"以杖代剑"的现象标志着中国武术兵道的理性转化。

隋唐时期，中国武术种类繁多，涵盖手搏、短兵、长兵、角抵、白打、相扑、射远兵器等多种形式，显示出武术在该时期的广泛发展与丰富多样性。在唐代，剑术备受文人墨客的青睐，李白等诗人通过诗歌表达了对游侠和剑客的向往，其中《与韩荆州书》中的"十五好击剑"尤具代表性。此外，众多唐代诗篇也频繁提及剑术，内容涵盖广泛：郭震的《古剑篇》赞颂了游侠之剑的豪迈；贾岛的《剑客》则细致描绘了剑舞之美；杜甫的《观公孙大娘舞剑》揭示了张旭观看公孙氏舞剑后书法技艺的飞跃，以"书剑传神"故事彰显剑舞与书法艺术的相互影响。随着剑术从军旅转向民间，其在健身、表演及娱乐方面的功能愈加多样，进入了集多种功能于一身的新阶段。这一时期的剑文化在艺术化层面得到了深入展现，诗与剑、剑与舞相互交融，充分体现了剑文化在健身、表演与娱乐等方面的综合性与艺术性，推动了"剑"文化在隋唐时期的空前繁荣与发展，极大地丰富了中国武术兵道的文化内涵。

在宋元时代，我国历经辽、宋、西夏、金、元等多个政权的交替与并存。长期的战乱使得社会秩序混乱，民族间的矛盾与宋朝内部的社会矛盾日益尖锐。在这一背景下，宋朝政府实行被称为"守内虚外"的政策框架，严格限制民间持有武器，规定军民私自存有刀枪武器甲胄的，应于五十日内上交政府，逾期不交者将依法处理，以及禁止民间结社祀奉非官方认可的神灵，私自持有刀盾旗帜等物。因此，在这种政策的影响下，民间的"棍棒"武艺得到了前所未有的推广与发展，逐渐取代传统的剑术，成为主流的民间武器。例如，在《水浒传》中，林冲使用棒击败洪教头的场景正是这一变化的体现。

自明朝末年起，随着火器的逐渐盛行，同期"击剑"的发展显得较为缓慢，甚至出现衰退的迹象。然而，整体而言，中国武术在此阶段迎来了一个繁荣发展的新纪元，展现出百花齐放的景象。尤其是明朝晚期至清朝期间，涌现出众多武术拳种。直至清朝末期，武术在其悠久的发展历程中终于完成了体育化转型，"剑"作为套路运动的一种形式，被纳入以"拳"为核心的武术体系中，从而为中国武术兵道（短兵）的发展指明了方向。总结来看，在中国古代历史阶段，武术兵道（短兵）是主要以传统的"击剑"为主要表现形式的器械武艺，其发展具有双重特征：一方面，兵器材质经历了从青铜剑、铁剑到木剑、棍棒的转变；另一方面，形式上也呈现多样化，从伴随军队的初始形态，到"击剑"文化的逐步成熟，再到"仁"思想的融入以及"以杖代剑"的理性转换。这一系列变革彰显了兵器发展的多样性，并最终确定了武术兵道（短兵）体育化发展的方向。

（二）近代史阶段（1840—1949 年）

19 世纪中期，英国通过工业革命走在世界前列。不久后，英国引发了鸦片战争，这场战争导致中国在 1842 年被迫签订《南京条约》，这一条约剥夺了中国的主权，标志着中国半殖民地和半封建社会的开始。进入 20 世纪，中国在文化与体育领域寻求复兴。1928 年，为复兴民族精神与文化，中国政府在南京成立了中央国术馆。同年，该机构举办了第一届全国武术考试，这是国家层面对传统武术的第一次正式认可与推广。然而，这次活动的组织并不完美，暴露了许多问题。第一，由于缺乏全国统一的武术竞赛规则，各参赛者在比赛前无法进行针对性的规则训练，在比赛过程中出现了广泛的争议。裁判的判决因此遭到质疑，影响了比赛的公正性。第二，比赛中使用的护具问题也十分突出。当时的护具设计源于军用，既笨重又不便于运动员灵活操作，限制了参赛者的表现。为了改进这一状况，1931 年中央国术馆出台了《击剑比赛细则》，为比赛提供了一套详尽的规则，促进了武术护具的改良和创新，解决了比赛中存在的技术和规则问题，标志着中国武术（短兵）进入一个重要发展阶段。

在 1933 年 10 月，南京举办了历时十天的第二届全国国术大会。基于首届国术大会的举办经验，此次大会发布了新的《国术比赛规则》，其中第四章详细阐述了"击剑比赛细则"。短兵比赛，特指剑术领域，选手在比赛中身穿皮质护甲，头戴由厚棉块相连缝制而成的铁质头罩，这样的配置使头部受剑击时只感受到震动而无疼痛感。剑的构造则由藤棍替代，棍体外包裹海绵和软皮，且在实际比试前，选手会将布套内填充白粉并套在藤棍上。如此装备一旦击中对方，被击中者衣物上即会显现白粉，从而标记为有效一击。比赛采用回合制，以被击中次数较少的选手获胜。这些规则的制定和装备的改进，使得第二届全国国术大会提升了比赛的公正性和安全性，标志着中国武术兵道的正式成熟。

中国武术兵道（短兵）之所以能够在民国时期得以正式确立，主要归因于两大要素：一方面，历史演进的必然趋势。中国武术兵道（短兵）承袭自封建时代，经历了漫长的发展过程，无论是人才技术、思想架构，抑或物质基础，均已足够成熟，其成型标志着历史发展的逻辑性推进；另一方面，源于"强国强种、尚武精神"这一时代的需求。中华民族自古以来便秉持"尚武"的优良传统。民主革命的先锋——孙中山先生于1919年在上海精武体育协会创立《精武本纪》之际，亲自撰写序言，高度强调"尚武精神"，并阐释其对于提升民族体育技击术，以及对加强种族保卫国家的重要性。在这样一个呼唤"强国强种"的历史阶段，传统的兵器对抗技艺"兵道"，被注入了新时代的需求与期望。

（三）现代史阶段（1949年至今）

1. 中国武术兵道（短兵）初步发展时期（1949—1953年）

在中华人民共和国初期，面对国家的重建任务，民族传统体育得到了政府的重视与推广。1951年，天津市举行的民族体育表演赛事展示了民族体育的魅力，比赛包含短兵等竞技项目，体现了国家对传统体育的尊重和复兴意志。随后于1952年，为了进一步提升国民的身体素质并普及体育活动，毛泽东提出"发展体育运动，增强人民体质"的口号，标志着体育运动在国家政策层面得到了前所未有的提升。为了更好地推广体育活动，同年成立的国家体育委员会，负责管理全国体育赛事，并特别将武术作为重点推广项目。天津市再次成为焦点，举办了首届全国民族运动会，涵盖多个民族体育项目，如武术套路、散手、短兵、长兵及摔跤等，推动了民族体育的普及和发展。

1953年，全国民族形式表演及竞赛大会的成功举办标志着武术作为表演项目被广泛接纳，且正式进入竞赛领域。这一转变是武术竞技化的重要里程碑，特别是在这些比赛中频繁出现的兵道（短兵）项目，极大地促进了该项目以及相关武术形式的普及和技术发展。

2. 中国武术兵道（短兵）发展停滞时期（1954—1978年）

20世纪50年代，中国传统武术经历了一系列重大的变革和发展。1954年，政府对民族传统武术进行了一次大规模的清理和整顿，导致短兵运动快速衰退，并最终从体育竞技的舞台上逐渐消失。尽管短兵运动遭受挫折，但1957年是中国武术作为官方竞赛项目的一个新起点，国家体育委员会将其纳入正式的竞赛项目中。同年，首届全国武术大会的召开，进一步凸显了武术在国家体育活动中的重要地位。接着在 1958 年，成立的中国武术协会成为推动武术发展的关键力量，表明武术运动开始得到系统化和规范化的管理。1959 年，随着第一届全国运动会的举办，我国发布了首部《武术竞赛规则》，对武术的竞技标准和公正性建设产生深远的影响，成为推动武术发展的重要历史里程碑。然而，值得注意的是，尽管武术已成为官方认可的比赛和表演项目，短兵项目却未被包括在内，原因不明。此外，从 1966 到 1976 年，由于特殊的历史背景，短兵等武术搏斗项目遭到废止，短兵部分长期处于停滞状态。

3. 中国武术兵道（短兵）恢复发展时期（1979 年至今）

20 世纪 80 年代，中国经济和政治逐步复苏，文化体育领域也呈现出多元化发展的态势，其中包括对传统武术的振兴和规范化。武术的复兴开始于 1979 年，当时有关部门在河北省石家庄市及广西壮族自治区南宁市开展了短兵运动的专项汇报。短兵运动是武术的一个分支，主要涉及短兵器械的使用和技巧。1980 年，为了推动短兵的发展，国家体育委员会起草了《武术短兵竞赛规则》的征求意见稿，并在全国武术观摩交流大会上进行了行业内部研讨，此举引起了广泛的社会关注和讨论，通过不断的研讨和实践，武术短兵运动逐步被纳入更正规的竞技体育项目。2001 年，武术短兵运动迎来重要的发展里程碑，国家体育总局武术运动管理中心正式批准西安体育学院承担研究和试点短兵运动的任务，标志着短兵运动的复兴和规范化进程再上一层楼。同年 8 月，青岛市举办的武术兵道（短兵）竞赛研讨会上，与会者集中讨论并初步建立了中国武术兵道（短兵）运动的竞技比赛体系，为武术短兵运动的未来发展方向和规范化提供了框架，也反映了中国在传统文化和现代体育之间寻求平衡和融合的努力。

2020 年 10 月到 2021 年 2 月，天津的霍元甲文武学校和北京的什刹海体育运动学校举办了针对武术兵道教练员、裁判员以及相关工作人员的培训课程。此次培训所采取的形式不仅包括面对面的教学，还采用了线上的实战演示，期间甚至涉及了多次兵器的更换，可见在兵器使用方面尚存提升空间。为进一步推动该项目的发展，2022 年 7 月，在浙江湖州举办了全国首届武术兵道（短兵）锦标赛，由国家体育总局武术运动管理中心、中国武术协会等单位主办，吸引了来自全国各地的近 80 支队伍，共 700 多名选手参与，这场为期五天的比赛是对运动员技能的一次大检阅，也是对前期培训成效的实践考验。

从 2021 年的教练员和裁判员理论培训到 2022 年锦标赛的成功举办，标志着从理论到实践的成功转变，对参与者的专业成长至关重要，也对整个武术兵道（短兵）项目的复兴和发展起到了推动作用。实际上，这种由理论教学向实践应用的转变是该运动项目发展中的重要里程碑。此外，活动的成功举办也标志着武术兵道（短兵）已经成为中国国家竞技比赛体系的正式组成部分。

中国武术的发展历程充分体现了对传统的继承与创新的重视。特别是在短兵技术方面，随着全民健身潮流的兴起，传统武术有了新的发展空间和需求。这种短兵艺术，通过吸纳现代竞技的技术要求，不断演化，最终演变成了一种新的武术项目——兵道。

第二节　武术兵道运动的显著特征

一、易学易练，战斗精彩

兵道项目的诞生与发展源自短兵技术，经历改革后，其形态转变为易于学习、练习、竞赛及评价的体育项目。兵道的核心进攻技巧被定义为"劈、砍、斩、刺"四项基本动作，这些技术均源于传统的刀剑术。详细来看，每种动作都具有深厚的传统武术背景和明确的技术表现。"劈"，在传统形意六合刀中表现为力劈华山，其技术动作是弓步劈刀；"砍"，源于南方刀法，具体动作为石破天惊，即震脚砍刀；"斩"，取自青萍剑术第一路第五十三势，被称为苍龙探爪，表现为并步平斩；"刺"，亦来自青萍剑术第一路第四十四势，原名仙人画图，现表现形式为弓步探刺。

这些动作经过梳理与重构，逐渐演变为类似于拳击及散打等徒手搏击运动中的基础攻击技巧，例如，直拳与摆拳等，这些技巧操作简洁、直接、易于掌握。相应地，基本的防御技巧，如上格挡、左右推挡及左右下格挡，亦可通过简单的手臂运动与腰胯转动，在初学阶段迅速学习并掌握。具备一定运动底子的青年可在短短半小时的训练后，装备适当护具，参与低强度实战练习。规则中所规定的需要跳跃完成的两分得分动作和需要转身完成的三分得分动作，也能在两至三个课时的训练中逐步熟练并应用于实战环境中。

武术兵道在实战中的策略及其应用指出，尽管初步接触时对兵道实战的部分规则持质疑态度，如对"两人以棍击僵尸剑"的条款有所轻视，然而亲身体验后，本研究认为在兵道竞技中，实际操作远比预想的更为严格和规范。根据兵道的官方规则，参赛选手必须通过规范的技术动作展示清晰的攻击效果，保持不断的攻防平衡，并具备清晰的得分策略。而某些看似有效但实际上违规的动作，如原地拜年、无限跳跃劈击以及无敌小陀螺，均不符合兵道的评分标准，反而会导致扣分。因此，要想在兵道实战中获得成功，仅凭一时的机智与即兴行动是不足以成就非凡的，这一发现挑战了本研究最初的观点，并展示了规范训练与明确策略的重要性。

二、安全与帅气并存

为了促进某一体育项目广泛普及并吸引不同年龄层的广大民众参与，该项目必须具备娱乐性、教育性及政治经济功能。兵道，这一武术竞技项目，在确保参与者安全方面至关重要。目前，兵道所使用的武器及防护装备仍在开发阶段。在兵道的对抗活动开始前，参赛者须全套装备经过认证的防护装备，包括护甲、头盔、护手、护档、护腿与护臂，确保安全性。所使用的武器为专门由海绵定制的兵道剑。

经过详细的文献审查，目前各大体育赛事中使用的护具款式存在差异，这一现象与赛事主办方及其合作的护具供应商之间的合作关系密切相关。在国家级锦标赛中，除头盔以外的护具大多采纳传统风格的设计理念，其外观简洁且干练，美观度高，提供了优越的保护性能。相比之下，实际训练过程中所使用的护具，其防护范围相对较小，但覆盖运动员得分的关键部位。在练习者遵循操作规范并进行理性竞争的前提下，比赛虽然激烈而精彩，但并未造成任何练习者的伤害。通过与参观训练的资深前辈交流得知，未来的兵道护具将采用更为坚固、具有更佳缓冲吸能效果且更加轻便灵活的材料，如此一来，将进一步提升护具的防护能力，推动更多具有民族特色的护具产品的开发。

在体育竞技的规范中，短兵器被界定为具有特定形态的竞赛用具。历史版本的规则中，此类装备还曾被称作"兵道棒"。如相关资料所示，在全国锦标赛中，参赛运动员手持的是棒状的短兵。然而，在实际训练期间所用的短兵，则呈现椭圆形状，类似于一把未经锋利加工、略显粗壮的中剑。规范还根据参赛者的年龄与体重级别，对兵道剑的重量和长度进行了细致划分。这一做法很可能是为了确保运动员能够便捷地使用装备，同时保障技术竞赛的公平性。兵道剑的主要材质是具有较好减伤效果的海绵材料，而笔者手持的这种兵道剑内部可能嵌入了硬质芯材。值得注意的是，仅有剑尖的 3 至 4 厘米部分由纯软海绵构成。在执行劈、砍、斩等动作时，可以清晰感受刀身的刃筋存在。

在穿戴完整的防护装备之后，兵道剑对运动员所造成的伤害极为有限。根据笔者的亲身经验，即便对手全力以赴地攻击，当剑击中护臂、护胫、肩部或肋下等部位时，虽感受到冲击，但疼痛感并不突出，类似于被一记力度不足的刺拳轻触。头盔在遭受连续击打时，仅能感知轻微的震动感。部分练习者经过数场实战体验，感觉下巴因头盔的压迫而略感酸痛。在正规且符合规定的兵道实战中，并不会出现以头部为目标的击打导致的击倒情形，同时，在击打其他身体部位时，练习者亦难以因对手的兵道剑而遭受显著伤害。

三、传统进步，兵道礼仪新发展

兵道强调手中有兵，心中有礼。尚武崇德，止戈为武，倡导练习者在握持武器进行竞技对抗之际，应坚守中国古代的礼仪文化。兵道亦提倡以人为本的现代体育理念，培养运动员敢于面对挑战、积极进取的品质，并通过体育活动锻造出勇敢、健壮及反应敏捷的体魄。

兵道礼仪以武德教育为核心，深入探讨武术兵道项目本质，在继承传统武术拱手礼的基础上，结合兵道项目特有的持武器属性，发展出独特的致礼形式——"抱兵礼"。具体方式为：左手握住兵器护手盘附近的兵身（兵器柄部向上，兵身向下），右手大拇指内弯，紧扣其他四指，双臂迅速上举至胸前，使右手四指在水平方向贴合持武器的掌与指关节，此时抱兵位置与肩膀保持一致，进行致礼时伴随着三十度的鞠躬，此礼仪方式不禁让人联想到秦汉时期的交互致敬，展现了深厚的礼仪文化特色。

在兵道比赛的整个过程中，礼仪的遵守显得尤为重要。当运动员步入竞技场时，他们首先需向自己的教练致敬。进入赛场之后，按照裁判员的指示，依序向观众、裁判员以及对手展示抱兵礼。比赛期间，若有选手受到处罚，比赛将被暂停，所有参与者需要返回起点线，待裁判员宣布处罚决定后，受罚运动员需要再次向裁判员表达抱兵礼。比赛终结时，裁判宣布结果，参赛者需要根据裁判的命令，再次依次向观众、裁判、对手以及对方教练行礼，这种复杂且细致的礼仪不仅是对运动员行为的规范，也是对其道德和谦逊的培养，反映了深厚的兵道文化和礼仪教育的意义，体现了"习武先习德"的传统理念。

第三节　武术兵道的得分标准及技术动作

一、得分标准

在武术兵道比赛中，评分机制精细而复杂，旨在确保每位参赛者的表现都得到精确且公正的评估，具体的评分体系包括几个关键的评价标准，每一项都对武术运动员的表现有着明确的要求。首先，技术动作的规范性是评分的基础。武术运动员在比赛和训练中展示的技术动作必须是规定的劈、砍、斩、刺等基本技术或其组合衍生，这些技术的准确执行可在一定程度上展现武术运动员的技能水平，并且可以成为得分的关键。任何偏离这些规定技术的动作都会被视为违规，因此，精确掌握上述几个基本技术对武术运动员至关重要。其次，击打效果的清晰性同样重要。武术运动员在使用兵器击打对手时，必须使对方产生位移或是产生明显的声响，声响或位移是评分的直接依据，确保了比赛的观赏性及动作的实战性，使观众和裁判能够清楚地看到每一次有效攻击。再次，得分意识的明确性是评判武术运动员战术层面能力的一个标准。仅仅机械地执行技术动作是不够的，武术运动员需要展现出有目的和有计划性的攻击，每一次出手都应是有预谋的、目标明确的进攻，而非无目的的乱打。最后，良好的攻防状态反映了武术运动员的应变能力和持续的战斗意识。无论是攻击的起势还是收势，武术运动员都必须保持对对手的专注和适当的防御姿态。一旦一轮进攻或防御结束，武术运动员应迅速回到警戒状态，准备应对下一波动作。

除此之外，了解哪些部位是得分部位，哪些是禁止攻击的部位也是武术运动员必须掌握的规则。比如，头部的大部分区域、躯干和腿部某些特定区域是得分点，而后脑、喉部等是受保护的部位，不得攻击。总的来说，武术运动员在武术兵道比赛中的表现不仅是技术的展示，更是对规则理解、战术应用和心理调控能力的全面考验，明确的规则和评分标准不仅是制约，更是引导武术运动员在保持公平公正的前提下，策略地展现其技术和智慧。

二、技术动作

武术兵道的基本技术，也就是持械对抗的基本招法，可以分为进攻技术和防守技术。合理有效的技术应符合竞赛规则的要求及人体运动的生物力学规律，武术兵道在继承传统短兵基本技术的基础上，提炼技术精华，将得分技术归纳为劈（力劈华山）、砍（石破天惊）、斩（苍龙探爪）、刺（仙人点画）。

（一）劈

劈是由上向下的直线劈击动作，劈击动作源自形意六合刀，技术表现为弓步劈刀，是在实战对抗中常用的得分手段。劈击主要采用弓步劈刀的姿势，要求练习者在执行时身体保持挺直，胸部略微内收且腹部紧凑，以确保整个上体的稳定。动作的关键在于手臂的运用，从准备姿势开始，手臂微弯，迅速伸展，通过腰和髋的转动带动劈刀动作。细节上，此动作要求腕部作为旋转的轴心，手臂在伸展时要保持放松，确保攻击的速度和力度。此外，劈击的方向需保持直线，避免身体出现过度弯曲或手臂挥动幅度过大，从而影响攻击的准确性和效率。在不同的对抗情景中，劈击技术可以与多种步法相结合，如前进、后退、跳跃或转身等，增加了动作的多样性和适应性。

（二）砍

砍是由上至下的斜线技术。砍击动作源自南刀，基本动作是从上到下的斜砍，具体动作涉及整个身体的协调运动。施展这一技术时，武术练习者需要采取正确的站立姿势，胸腔稍微收紧，腹部收紧，手臂轻微弯曲。动作开始时，练习者需将身体和臀部轻微向右转动，同时右手持刀上举，然后以右腰和左臀为动力源，带动整个上臂和前臂沿着45度的斜线向下砍出。在做该动作时，要注意制动迅速，需要高度的身体协调和肌肉控制能力，以防止身体出现反弓或手臂过度摆动。在实际对抗中，斜砍技术可以演变为多种形式，如向前步进的正反手砍、向后撤步的砍击、跳跃砍击以及在防守时的反击砍，每种变体都要求武术者精确掌握身体的平衡与力量发放，确保每一次砍击都精准有力。

（三）斩

斩为由左至右或由右至左的横线技术。斩击动作是青萍剑术中特定的剑技，具体涉及第一路第五十三势的斩击动作。该动作主要通过并步平斩的技巧来执行，其核心在于以腰胯为轴，通过转腰和转髋来驱动手臂，使得剑沿着水平线方向展开。在执行时，应保持上体轻微向右或向左旋转，右手手腕应从内侧向外侧或从外侧向内侧翻转，直至与水平线平行，借助腰髋的旋转动力，推动手臂前展，确保力量传至剑身前端。在施展此剑法时，切记应以腰胯为中心，实施横向力量的发力，确保动作的迅速和精准。斩击后应立即回收剑身，防止过度的动作扩张导致攻击路径延长，从而暴露攻击意图。在实际对抗中，该技术动作变化多端，包括正手斩、反手斩、防守反击斩、内侧旋转180°斩及外侧旋转360°斩等多种形式。

（四）刺

刺击技术源自青萍剑术中极具代表性的一势，在实战中以其快速、直接的攻击方式著称，通常被称为"仙人画图"。在执行此技巧时，武术练习者需要采取标准的准备姿态，随后迅速向前迈出右脚，同时伸臂并抬起肘部，利用肩部和臀部的力量推动剑尖向对手直刺，此动作要求动作迅猛精确，练习者在刺击过程中应避免手臂过多回收或回撤，以保持攻击的连贯性和效率。刺击技术变化多端，包括上步刺、撤步刺、弓步跳刺、防守反击刺以及转身刺等，这些多样的技术使得武术练习者可以根据对手的不同攻击方式灵活应对。在实际对抗中，防守技术也同样重要。尽管在武术兵道项目中没有严格的防守动作规定，但任何合理且有效的格挡或躲避都被视为成功的防守。有效的防守关键在于能够在对手进攻时及时采取明确的格挡动作，改变对方武器的行进路线，从而为反击创造机会。成功防守之后，练习者应迅速利用反击技巧得分，避免在自己主动进攻时与对方武器接触。由于缺乏具体的格挡技术规定，武术运动员需要根据个人的战术需要和自身优势挑选最合适的防守方式。防守手段的选择虽然多样，但其核心原则均是利用自己的武器有效干预对方的攻击。具体到格挡技术，可以根据对方的攻击路线大致分为三类：上格挡（力顶华山）、中格挡（左右逢源）和下格挡（沧海探针），这些格挡技术涵盖从正面到侧面、从内到外的各种可能的防御动作，为武术练习者在对抗中提供了丰富的应对策略。

第四节　武术兵道训练要点及手段

任何体育竞技项目训练都应以该项目特点和规则为准绳，因此，在实际的训练过程中首先要充分了解武术兵道运动项目的特点和规则，针对该项目的竞技特征及影响运动员竞技成绩的主要因素，制定科学正确的训练内容。运动员的竞技能力是由身体机能、运动素质、技术、战术、心理、智能等因素决定的，这些因素可近似地概括为体能、技术、战术和心理四个方面。

一、体能训练

体能是武术练习者技术和战术表现的基础。在武术运动中，武术练习者的体能状况通过各种身体素质得以体现，如力量、速度、耐力、柔韧性及协调能力等。其中，力量训练居于体能锻炼的核心地位，对于培养武术练习者的爆发力与快速力量以及其在比赛中的优异表现至关重要。特别是在武术兵道这类项目中，爆发力的展示与其他项目不同。例如，在举重比赛中，选手需利用身体的爆发力将杠铃推举至头顶；在短跑项目中，则需在最短时间内跑完一定距离。而在武术兵道中，武术练习者在对抗过程中挥舞或刺出手中兵器的力量与速度，以及瞬时步法的变换和机动能力，都是其爆发力的体现。因此，针对武术兵道的爆发力训练，应当在动作结构设计、肌肉收缩方式及肌肉用力序列上与专项技术紧密结合，以便将所培养的速度与力量高效转化为技术动作的实际应用。[①]

武术兵道在速度素质方面的需求主要表现在迅速变更步法、初始阶段的急速加速以及兵器快速发力三个方面。在竞技场上，为了有效实施攻击并规避对手的攻势，武术练习者必须不断地在不同方向上迅速移动并改变站位，此过程特征为移动距离短、方向转换频繁且节奏迅猛。基于上述特征，速度素质训练的策略和方法应当精心设计，重点强化武术练习者的反应速度、位移速度及动作执行速度。在实际对抗中，武术练习者的速度能力扮演决定性的角色。

在武术兵道的竞技场上，良好的耐力素质是武术练习者完成高强度训练及

---

① 王啸.武术兵道技术动作及训练浅析[J].拳击与格斗，2022（21）：16-18.

对抗的基础。在比赛或训练期间，练习者须展示能够在长时间内维持技术动作的优越性和持续对抗疲劳的坚韧性。初期可能表现出技术动作迅速有力、移动敏捷及反应迅速，但随着比赛进入后期，技术动作可能变形，移动及反应速度逐渐减慢。虽然武术兵道比赛单场时长较短，但武术练习者可能面临一天内多场比赛的情况，缺乏优秀耐力素质的武术练习者难以承担高负荷训练，在连续比赛的激烈强度下，可能会过早出现疲劳现象，进而影响其技战术表现水平。

此外，柔韧性与协调素质对于武术兵道选手亦不可或缺，作为一项双人持械对抗运动，武术兵道要求武术练习者在对抗中频繁进行身体形态的调整，实施突然的起动与制动，并在使用跳跃及转身技术时保持身体的平衡与稳定性，这些要求使武术练习者的柔韧性和协调性受到高度考验，只有具备出色的柔韧性与协调素质，武术练习者才能在比赛中展现更大的灵活性和优异的运动表现。

二、技术训练

在武术兵道训练中，确立一个全面且严格的技术基础是至关重要的。这种训练与其他格斗技巧相比具有独特性，要求技术动作要熟练，符合特定的评分标准，这项标准共同决定了攻击的完美性。在基础技术巩固扎实后，练习者需要将技术与手法、步法及身法整合，从而在实战中灵活运用。训练的初期阶段，特别强调兵器的操作路径和动作的规范性，这些都是竞赛中裁判评分的依据。初学者必须按部就班地练习各项基础技能，如手法、眼法、身法、步法以及攻防技巧，以确立正确的技术模式和形成肌肉记忆，只有在这些基本技能稳固后，才能有效地学习和掌握更高级的衍生技巧。在武术训练进入高级阶段时，训练方法变得更为复杂和专业化，主要包括打靶训练、双人规定实战、条件实战和模拟实战等多种形式。打靶训练专注于提高练习者对距离的感知和对目标的精确打击能力，这对于实际对抗中的准确性至关重要。双人规定实战训练则旨在提升武术练习者的观察、判断及时机选择能力，通过与对手的互动实现技术动作的自动化应用。条件实战训练是在特定的限制条件下进行，例如，限制打击的部位、战斗的距离或持续时间等，能够有针对性地强化特定技能的运用。模拟实战训练是通过模拟真实比赛环境，遵循正规比赛的规则和要求，没有任何附加的条件限制，让武术练习者充分展示自己的技术和战术水平，同时也使他们能够体验赛场上的压力和紧张氛围。教练员通过这种方式可以全面评估学员的技能掌握情况，及时发现并解决训练中出现的问题。

三、心理训练

心理训练在武术兵道训练中占据核心地位，在决定武术练习者比赛成败中起着关键作用。所谓实战心理能力，主要是武术练习者在对抗性比赛中的心理反应及行为表现，武术练习者的良好体能为技术和战术的执行提供基本条件，而优秀的心理能力则为技术和战术的最佳发挥提供内在推动力，武术练习者在接受系统的心理训练后，能够建立强大的心理资源储备，使自身在比赛中，特别是在面对强劲对手时能保持平常心态，甚至超常发挥。由此不难看出，心理训练可在一定程度上优化武术练习者的心理素质，提升他们的综合竞技能力。

四、战术训练

在武术兵道中，战术的运用类似军事策略中的兵法部署。在武术兵道比赛中，武术练习者根据比赛实际情况制定战术以有效得分并击败对手。一般情况下，战术的制定和执行建立在优良的体能、精湛的技术和坚强的心理素质之上，要求武术练习者综合运用自身的体力、技术和智力进行对抗，利用自身优势针对对手的弱点进行攻击。例如，运用较长的臂展针对对手较短的距离、以较大的力量对抗较小的力量或以较快的速度对抗较慢的速度。另外，根据武术兵道的技术动作得分特性，在适当的时机选择恰当的动作组合，无论是选择后撤闪避、近身换分还是防守反击，都是战术训练的关键内容。上述一系列训练使武术练习者能在比赛中做出合理的预判，及时进行战术调整，从而有效地克敌制胜。

第五节　武术兵道可持续发展

一、凝练精粹，创新发展

自 1979 年起，短兵项目已经历 40 余年的发展。然而，受规则与装备器材等因素的限制，短兵的普及与推广面临较大的困难。尽管如此，短兵项目中蕴含的传统武术技法仍具有传播潜力，成为其竞技武术版图中的关键组成部分。

鉴于此，体育总局武术运动管理中心主张对该项目进行系统性的改革与创新，并于 2020 年，在广泛调研短兵项目发展现状的基础上，经深入论证，正式启动了武术短兵项目的改革工作。

在 2020 年后半期，体育总局武术中心依托天津霍元甲武校，汇聚了全国范围内从事武术兵道领域的权威专家，共同召开全国武术短兵规则研讨会，标志着国家武术短兵队集训模式下的武术短兵项目改革与创新工作正式启动。经过一年的深入研究和全国武术界的广泛意见收集，新的规则体系及器材装备在 2021 年初得以实施，该项改革对原有的武术短兵项目名称进行了更新，更名为"武术兵道"，而且在原有短兵的基础上，扩展至包括长兵、暗兵、软兵及投射兵的五种器械格斗内容，丰富了武术器械格斗的多样性。

第一，此次改革初步实现了降低习练武术兵道门槛的目标，推动武术兵道项目沿着"易学、易练、易赛、易评价"的"四易"方向发展，极大促进了其普及和推广的程度，特别是对青少年群体具有重要意义。第二，此次改革增强了项目的安全性，优化了竞技武术的安全管理体系。第三，此次改革优化了项目的礼仪礼节标准，更加凸显了中华传统文化的特质与价值。第四，此次改革对竞技武术内容进行了充实，通过套路、散打及兵道的整合，形成互补发展的"三驾马车"模式，拓宽了竞技武术的受众范围，增加了项目内容的丰富性。最后，该改革为现代竞技体育贡献了中国特色的体育项目，作为东方器械格斗项目的典型，预期将与西方击剑在国际器械格斗领域展开竞争。

二、传承经典，文武相彰

武术兵道的魅力体现在其对古典与现代的完美结合上，此运动项目在保持传统武术对抗性的同时，注入了深厚的文化内涵。据文善恬教授介绍，武术兵道以使用武器为特色，让练习者在掌握经典武术动作的同时，还能通过运动展示中国文化的独特魅力，使文化与武术的力量相辅相成。并且为了进一步强化两种文化的交融，武术中心对兵道的器材与装备进行了大胆创新，融入了更多传统元素。例如，新设计的"抱兵礼"是基于传统武术的抱拳礼演化而来，更加贴合持械技击的实际需求，同时突显了中国文化的精粹。兵器本身采用类似古代短剑的形式，比赛中使用的护具设计则模仿了古代战士的盔甲，这些都让武术兵道不仅是体育竞技，更是一场文化的展演。

与剑道和击剑相比，武术兵道的特点在于运动员需要灵活运用多种招式进行攻防。攻击方常采用劈、砍、斩、刺这四种动作，形成连续的攻击序列，目标是对手的头部、躯干和小腿等关键得分区。防守方则通过技巧性动作，如架、格、卸等来化解或避开攻击，从而保护自身不受击打。上述这些技巧要求武术练习者需要具备高超的个人技能，而且需要把握战术的运用和时机。例如，劈招"力劈华山"源于形意六合刀，展现弓步劈刀的鲜明特色；砍招"石破惊天"则来自南刀，其技术动作中的震脚砍刀表达了强烈的攻击力。此外，"苍龙探爪"和"仙人点画"则来源于青萍剑术，展示了并步平斩和弓步探刺的独特技巧。武术兵道中一系列精细化的技术动作，一定程度上传承了中国传统武术的经典动作，且在现代竞技比赛中追求技术的不断完善和创新，为传统武术的传承与发展提供了现代化的舞台。

三、多方合力，推动武术兵道高质量发展

目前，我国体育总局武术中心力求走一条有中国特色、创立中国标准的体育项目发展之路。并和人民体育、央视动漫集团于 2021 年启动了一项创新的合作计划，目的是通过结合文化和体育元素，推动武术兵道项目的全球普及及进军奥运，这一战略合作旨在构建名为"文化体育融合发展平台"的项目，利用动漫等媒体形式，尤其是"健康中华少年动漫工程"，吸引青少年群体并普及武术文化。推广方案分为三个主要阶段，涵盖从国内到国际的推广、从竞技到全民参与的转变，以及从发展中国家到发达国家的扩展。此外，该方案还包括从青少年扩展到所有年龄段的人群，以及从普及到繁荣发展的进程，逐步实现武术兵道项目的全球化，增强项目的普及性和参与度。在这个过程中，中国武术协会与合作伙伴共同致力于创新和适应时代的发展需求，建立了"人民兵道"发展大平台，作为武术兵道运动管理、运营和服务的总枢纽，不仅推动了武术文化的传播，也为武术运动的国际化和奥运梦想铺平了道路。

通过建立特定的工作协调机制，平台为中国武术兵道的管理和服务体系制定了统一的规划，策略不仅仅局限于市场化资产的运营，还涉及文化的国际传播。例如，通过汇集高质量的文化内容和塑造典型的人民兵道形象，助力武术兵道文化的国际化进程。平台还着重于科技的应用，如开发专用的网络和数据库，为武术赛事的举办及其运营提供必要的技术支持，提高管理的效率，增强

用户的互动体验。教育领域同样被视为推广武术兵道的重要途径。将武术兵道引入学校，旨在通过教育系统培养年轻一代的兴趣和理解，同时，有助于构建服务于整个产业的生态圈。资金的筹集和产业体系的构建是推动武术兵道高质量发展的另一重要方面。通过改善供应链和推进市场化改革，解决行业发展中的矛盾和困难，为武术兵道的持续发展提供资金保障。数字经济的发展为武术兵道的管理和服务带来了新的机遇。利用大数据、虚拟现实等新兴科技，平台成功构建起智能管理服务系统，不仅提升了行业的整体质量和效率，也促进了创新和融合的发展。

科技的融入促进了武术兵道的发展。例如，利用智能靶人系统可以对武术练习者的表现进行科学评估，通过 AR 技术结合的线上线下竞赛模式则为练习者提供新的竞技练习平台。此外，智能护具的使用可以提高训练的安全性，提高训练的整体效率。现代化科技应用的不断深化，推动了武术兵道向着更高质量的发展迈进，使其在竞技体育领域实现了快速前进。

第七章　武术运动训练的思考与展望

第一节　武术运动训练中运动损伤与处理

一、武术运动损伤发生的原因

在探讨武术运动损伤的成因时，尤须关注初学者在主观认知及客观环境变化影响下所面临的挑战。明晰武术练习中损伤成因对于制定有效的预防措施具有重要意义。目前，在武术运动中损伤的成因可以概括为以下几个方面。

（一）缺乏热身活动或热身活动不正确

缺乏适宜的热身或热身活动不当，可能导致运动损伤的风险增加。热身的主要目的是通过多样化的练习方式激活中枢神经系统，提高器官系统之间的协调能力，增强肌肉的弹力和伸展性，克服生理机能的自然惰性，以减少或防止运动中可能出现的损伤。以下是热身活动不足所引发的常见问题：

第一，缺乏对热身重要性的认识，未进行热身便开始运动；

第二，热身时间不足，未能使身体达到理想的运动状态；

第三，热身时间过长，使得热身的效果逐渐消减；

第四，热身内容与武术运动的基础内容结合不当，或缺少针对性的武术运动专项热身活动。

（二）身体素质差

对于武术初学者来说，由于缺乏必要的身体素质，例如，力量、速度、柔韧性、耐力及灵敏性等方面的综合素质不足，其肌肉力量与弹性较弱，反应速度缓慢，同时关节的灵活性与稳定性也较为欠缺。鉴于武术运动对运动者的柔韧性、协调性和灵活性提出了较高要求，因此，身体素质较差的习练者在尝试执行一些较为复杂的武术动作时，极易遭受武术运动相关的损伤。

（三）技术动作错误

在技术动作方面，由于武术初学者对武术专项技术动作的掌握尚未达到熟练程度，未能形成稳固的复杂条件反射，因此容易出现技术动作的误差。这些不符合身体结构与机能特点的错误技术动作，违背了运动生物力学的基本原则，从而增加了运动损伤的风险。特别是在刚开始接受武术训练或学习新技巧阶段，这种情况成了运动损伤发生的主要因素。

（四）客观环境变化

环境因素对武术运动的影响尤为明显，尤其是在极端气候条件下。例如，在高温环境中进行武术训练时，练习者易受到中暑和疲劳的侵袭。高温促使人体大量排汗，从而干扰了体内的水盐平衡，增加了出现抽筋和虚脱的风险。相对地，在低温环境中，练习者可能会遭受冻伤，并且低温可使肌肉变硬、弹性降低，进而影响运动协调性，导致肌肉和韧带的拉伤。服装亦是影响运动安全的一个因素，如不适宜的鞋子尺寸可能导致运动损伤。场地和器材条件也是关键因素。武术套路的练习要求地面必须平整，若地面不平可能会增加运动损伤的风险。此外，武术套路中包含了各种器械的使用，如果练习者、教师之间在进行套路练习时未能注意彼此的动作和方向变化，也容易发生擦伤等物理损伤。

二、武术运动中常见运动损伤及其处理

（一）肌肉拉伤

1. 原因

肌肉拉伤通常发生在过度使用或未经适当热身的情况下对肌肉进行剧烈运动时。在武术运动中，快速的动作和突然的方向变化特别容易导致肌肉纤维超过其正常伸展的极限，从而引发拉伤。在硬地面上训练可能增加受伤的风险，因为硬地面对身体的冲击吸收能力较弱，增加了肌肉、韧带和关节的负担。适当的营养可以帮助肌肉保持健康和恢复力，而缺乏必要的营养素（如蛋白质、维生素 D 和钙）可能会减弱肌肉的性能和恢复能力。同样，水分不足也会导

致肌肉功能下降，增加受伤的风险。个体年龄、性别和遗传因素等，也会增加肌肉拉伤的风险。例如，随着年龄的增长，肌肉和韧带的弹性减少，更容易发生拉伤，并且一些遗传条件可能导致个体的结缔组织较弱，更易受伤。除此之外，长时间的训练或连续的高强度活动会导致肌肉疲劳积累，疲劳肌肉的协调能力下降，反应时间延长，增加了发生错误动作和受伤的可能性。

2. 症状

肌肉拉伤的症状可能因伤势的严重程度而异，通常包括：

疼痛：疼痛通常是肌肉拉伤最初和最明显的症状，尤其是在使用受伤肌肉时。疼痛可能在活动时加剧，休息时减轻。

肿胀和炎症：受伤区域可能出现肿胀，触摸时感觉温度升高，这是因为身体对损伤的自然反应是增加血液流向受伤部位。

活动受限：受伤肌肉可能导致活动范围受限，尤其是当拉伤较为严重时，可能会严重限制日常活动或运动能力。

肌肉痉挛和硬块：受伤的肌肉可能会不自主地收缩，形成痉挛，有时在肌肉中可以触摸到硬块，这是由于肌肉纤维受损导致的。

肌肉无力：拉伤的肌肉可能表现出无力，特别是在尝试进行正常负荷或应力时。

瘀伤：在某些情况下，肌肉拉伤可能伴随出血，血液在皮肤下聚集形成瘀伤，呈现皮肤颜色的变化。

3. 处理

对于肌肉拉伤的初步处理，常采用 RICE 原则，即休息（Rest）、冰敷（Ice）、压迫（Compression）和抬高（Elevation）。休息是防止伤口恶化的关键，冰敷则可以减少肿胀和疼痛。使用弹性绷带进行适度压迫可以支持受伤肌肉，并帮助减轻肿胀。抬高受伤部位至心脏水平以上也有助于减少肿胀。除了上述的初步处理措施之外，还应该考虑以下几个方面：

（1）医学评估

对于任何一种运动损伤，第一步应该是获得专业的医学评估。特别是在伤情复杂或症状持续存在时，应尽快进行专业的检查。医生可能会推荐进行 X 光或 MRI 等影像学检查，以排除骨折或更严重的软组织损伤。

（2）药物治疗

在某些情况下，医生可能会推荐使用非处方药物，如非甾体抗炎药（NSAIDs）来减轻疼痛和炎症。但是，药物使用应在医生指导下进行，以避免潜在的副作用。

（3）功能恢复和康复训练

康复过程中，物理治疗师可能会设计一套功能恢复方案，包括逐步的活动恢复，通过特定的运动来增强受伤部位的力量和灵活性，改善整体体能。功能训练包括平衡练习、协调训练和逐渐增加的负重练习，都是为了确保受伤部位能够在安全的环境下恢复到正常的运动水平。

4. 预防

预防肌肉拉伤的最佳策略包括：第一，适当热身。在进行武术练习或比赛之前，进行全面的热身活动，可以提高肌肉的温度和灵活性，减少受伤的风险。第二，增强肌肉力量和柔韧性。定期进行力量和柔韧性训练，可以增强肌肉和关节的能力，抵抗意外伤害。第三，改善技术。在专业教练的指导下练习正确的武术技巧，避免不当的体位和运动方式，可以有效预防肌肉拉伤。第四，避免过度训练。确保适当的休息和恢复时间，避免连续的高强度训练，可以减少肌肉过度使用和疲劳。

（二）急性腰部扭伤

急性腰部扭伤包括肌肉、韧带、筋膜及小关节扭伤。

1. 原因

急性腰部扭伤通常发生在练习者执行快速或大幅度的腰部运动时，如武术中的跳跃和旋转动作，这些动作要求练习者具备高度的身体协调性和力量，尤其是腰部和腹部肌肉的协同工作。当下肢的动作快于躯干时，或者在腰部和骶部肌肉力量不足的情况下，脊柱可能会在缺乏足够支持的情况下进行超常范围的运动，导致扭伤。此外，如果练习者在脊柱过度前屈的同时突然转身，也极易造成腰部的急性损伤。

2. 症状

腰部扭伤是常见的武术活动伤害，尤其在没有适当准备的情况下，进行突然的弯腰或扭转动作时更易发生。通常涉及多个组织结构，包括肌肉、韧带和小关节，每种组织的损伤都有其特定的症状和治疗需求。

轻度的肌肉扭伤通常表现为患处隐痛和活动受限，如不能自如弯腰。严重的肌肉扭伤可能伴有肌肉痉挛，甚至导致脊柱的曲线发生变形。这种疼痛有时会沿神经路径扩展，影响臀部和腿部，尤其是大腿后部和小腿。

针对韧带损伤，尤其是棘上韧带与棘间韧带的扭伤，患者在过度前弯腰时会感到疼痛加剧，而在腰部伸展时则感到疼痛减轻，在腰部有明显的局部压痛点。在极端情况下，如韧带发生完全断裂，可能会观察到压痛点处有凹陷，以及腰前屈时棘突间距的增大。

筋膜破裂也是腰部扭伤中较为严重的一种形式，通常发生在腰背筋膜的骶棘肌部以及嵴上下缘。这种损伤导致的疼痛在弯腰和扭转时更为明显，而在腰部伸展时疼痛相对减轻。这种情况下的疼痛和肌肉扭伤相似，但往往更加剧烈。

小关节交锁是由于腰部快速且未预备弯腰或扭转动作引起的，其特点是立即出现剧烈腰部疼痛，常使患者处于一种保护性的强迫体位，极力避免任何腰部活动。这种类型的疼痛深藏且不易直接触及，但通过敲击可引起剧烈的疼痛反应。

3. 预防

在预防武术运动中的肌肉拉伤方面，掌握正确的技术动作是关键，包括加强腰部和腹部肌肉的协调性和反应速度，以有效减少在进行快速伸膝、弯腰等爆发力动作时的受伤风险。此外，进行腰部力量训练时，适当使用护腰带也是有效的预防措施，它能够提供额外的支持，减少因过度用力或不当动作导致的伤害。

（三）关节韧带扭伤

外力作用下，使关节发生超常范围的活动而造成关节韧带的扭伤，为关节韧带扭伤。在散打运动中常发生腕关节、踝关节、膝关节、肩关节、肘关节、脊柱椎间小关节韧带扭伤。

1. 原因

在武术运动中，由于不均匀或过于光滑的场地条件，练习者在执行连贯性动作时容易受伤，尤其是踝关节和足部的小关节，这类伤害通常涉及踝关节外侧韧带的扭伤。从解剖学角度来看，足部的屈肌力量通常大于伸肌力量，内翻肌力量也大于外翻肌力量，再加上由于外踝的长度超过内踝，以及内侧的三角韧带较外侧三角韧带更为坚固，踝关节内翻的活动范围相对较大，从而使得外侧韧带更易受伤。在这种扭伤中，距腓前韧带的损伤较为常见，严重情况下甚至可能伴有跟腓韧带的损伤或骨折。不正确的技术动作或技术错误也常导致膝关节等其他关节的伤害。例如，当练习者在失去平衡或在对抗中突然发力时，可能会损伤膝关节的外侧副韧带，进而引发半月板的损伤。练习者如果训练水平不足，或者局部肌肉力量存在差异且发展不均衡，关节韧带脆弱或关节稳定性差，都可能导致韧带扭伤。在武术运动时，身体疲劳、技能状态不佳、注意力分散、准备活动不充分、自我保护能力差，以及存在先天性畸形等因素，也是造成关节韧带扭伤的常见原因。因此，为了预防这类伤害，练习者应确保充分的训练水平和注意力集中，同时场地环境也应保持适宜和安全。

2. 症状

关节韧带扭伤后的常见症状包括局部疼痛、肿胀和皮下出血。在受伤的关节处，如果涉及关节囊或滑膜层的损伤，整个关节会出现明显的肿胀。这种情况下关节的功能可能会受到影响，做某些武术动作时会受到一定限制。此外，受伤区域通常会在压力下感到疼痛，尤其是在牵拉受损韧带时。如果韧带发生断裂，关节可能会显得松动，甚至出现异常活动，如关节间隙的异常增大。

3. 处理

在处理这类伤害时，及时的冷敷和压迫包扎是非常重要的初步处理步骤，旨在减少出血和肿胀。受伤部位还应适当地固定和抬高，以利于恢复，也可以局部使用止血和消肿的药物。对于较为严重的损伤，患者可能需要服用止痛药，如云南白药等。在受伤 24 小时之后，可以开始进行轻度的局部按摩或物理治疗。如果是韧带完全断裂，应尽快送往医院接受专业治疗。对于简单的下肢关节韧带扭伤，固定后应逐渐开始进行静力性功能活动，并在 1 至 2 周后开始锻炼关节的协调性和平衡能力。

4. 预防

加强关节周围肌群的力量和韧带的柔韧性，提升关节的稳定性和活动范围；加强运动场地的安全性和医务监督，提高练习者的技术水平和熟练度也是必不可少的；武术运动前的充分准备活动不仅可以提高训练的质量，还能有效预防伤害；武术运动量的合理安排和避免全身以及局部过度疲劳也是关键。此外，加强对武术练习者科学选材和自我保护能力的培养，包括教育练习者在训练和比赛中应保持专注和认真的态度。

（四）擦伤

在武术训练中，练习者常常面临各种身体损伤，其中最常见的轻微开放性损伤便是擦伤。

1. 原因

擦伤通常发生在使用器械时或摔倒的过程中。例如，当练习者在进行剑术动作，如剑花时，由于手腕力度控制不当，可能导致剑尖画圈不规则，进而擦伤面部或其他部位。

2. 症状

武术训练中的擦伤主要症状包括表皮脱落、微小出血点以及组织液的渗出。尽管上述症状看起来不太严重，但正确的处理方式对于快速恢复和预防感染至关重要。

3. 处理

对于这种小面积且较浅的擦伤，练习者常在训练或比赛中使用如"好得快"等药物进行简单处理，快速消毒并减轻痛感，让练习者能继续参与活动。活动结束后，使用生理盐水清洁伤口并涂抹诸如 2% 的红汞药水或 1% 至 2% 的龙胆紫液进行消毒，一般不需要包扎。然而，并非所有擦伤都能简单处理。位于关节附近的擦伤需要特别注意，因为关节附近位置容易干裂并引发感染，影响练习者的活动能力。这种情况下，推荐使用 5% 至 10% 的磺胺软膏或青霉素软膏进行涂抹，避免使用干燥暴露的处理方法。若擦伤面积较大或伤口中有异物，首先应使用生理盐水彻底冲洗，然后用绷带进行加压包扎。对于污染严重的伤口，应彻底清除异物，并用凡士林纱布覆盖，之后由医生进行清创并使用抗菌药物及注射破伤风抗毒血清。

4. 预防

预防擦伤的策略包括在训练中注意安全距离和准确的动作执行。练习者在使用手持器械时应保持足够的距离以避免器械误伤自己或他人，同时确保动作的准确性，以减少因操作不当造成的意外伤害。如此一来，可以降低武术训练中的擦伤风险，确保练习者的安全和训练效果。

（五）挫伤

挫伤主要出现在武术散打运动中。

1. 原因

挫伤发生往往是由于练习者在比赛或训练中被对手踢中或击中，涉及身体的多个部位，包括大腿、小腿、胸部、头部及睾丸等。挫伤的严重性可分为从单纯到复杂不等，其症状和处理方式也有所不同。

2. 症状

对于单纯性挫伤，受伤者通常会经历疼痛（初始轻微但随后加剧，持续约24小时）、压痛、肿胀、出血和功能障碍等过程，这种类型的挫伤通常会造成局部瘀血，如瘀点、瘀斑和皮下组织的血肿，在严重的挫伤情况下，疼痛和功能障碍将更为明显。复杂性挫伤则表现得更为严重，涉及更深层的体内结构损伤。例如，头部严重挫伤可能导致脑震荡，甚至颅骨骨折和脑损伤，这些伤害可能危及生命。在腿部，严重的挫伤可能导致股四头肌和腓肠肌的肌肉或肌腱断裂；胸部严重挫伤可能引起肋骨骨折，甚至造成肺部损伤，形成气胸或血胸。睾丸挫伤则可能因剧烈疼痛引起休克，腰部挫伤可能伴有肾损伤。

3. 处理

在处理挫伤时，对于单纯性挫伤，推荐的措施包括局部冷敷、加压包扎、抬高伤肢和外敷新伤药。对于复杂性挫伤，治疗则需要更加慎重和紧急。首先要处理休克症状，通过止痛和止血措施来抗休克，同时应尽快将伤者送往医院接受专业治疗。在特定情况下，如睾丸挫伤，需要用三角带将睾丸吊起并采取冷敷措施，而肌肉或肌腱断裂时应立即固定和包扎伤肢。

4. 预防

在武术训练中，为了减少意外伤害，所有习武者必须佩戴专门的护具，如头盔、护胸、护腿等，可有效减轻因冲击而可能产生的伤害，并接受系统的自我保护训练，帮助自身在激烈的对抗中能更好地防守和减轻受伤风险。另外，严格的教练员会密切监控比赛过程，确保所有动作都在规定的范围内进行，尤其严禁攻击对方的敏感部位，如头部、颈部等，确保习武者不会遭受不必要的严重伤害，使武术训练过程既刺激又安全。

三、武术运动损伤的预防

（一）加强思想教育

通过系统化的教育活动，习武者可以深刻认识到避免损伤的重要性，从而在训练中更加注重安全措施。教育内容主要包括对损伤预防知识的普及、武术运动中应遵循的纪律，良好武德的培养，比如，严格遵守训练规程和教练的指导，等等，这些都是确保训练安全的基础。

（二）正确选择习武项目

由于武术项目多样，涉及不同的身体运动和技巧要求，因此选择与个人的身体条件和心理特征相匹配的项目是至关重要的。例如，对于老年人而言，练习动作柔和且节奏缓慢的太极拳比较适宜，因为其不仅强调身体的协调和平衡，而且对关节的压力较小。相反，年轻的成年人可能更符合练习要求体力和爆发力的散打等更激烈的武术形式。对于儿童来说，选择符合其生理发展阶段的训练内容同样重要，避免因不当的训练强度或技巧难度过高而导致的伤害。

（三）充分做好准备活动

在进行武术或任何体育运动之前，应开展一系列科学合理的准备活动，这些活动的核心目标是增强体内系统的活力，提升运动效率并降低受伤风险。通过预热身体可以激活中枢神经系统，提高酶的活性，促进血液循环和改善肌肉及其弹性，降低肌肉的黏滞性，增强肌肉和韧带的控制能力，从而克服身体功能的自然惰性。武术的准备活动通常分为一般性和专业性两大类。一般性准备活动旨在通过基本运动来调整身体，做好准备，通常包括慢跑、肢体活动以及关节旋转等，帮助提升体温至理想状态，使心率达到应有水平，促进血液循环，并增强肌肉的弹性。关节旋转，如腰部、胯部、膝盖和肘部的活动，特别有助于扩大关节的活动范围，为更复杂的动作做好准备。专业性准备活动则更加专注于武术特定的技能，如压腿、劈叉、抢背、翻腰、踢腿和跳跃等，活动准备过程中应按照从简到繁、由易到难的原则进行，确保运动者可以在不断提升的过程中调整自己的技术和力量。速度和力量的逐渐增加是为了确保运动者在正式训练或比赛能够安全地发挥出最佳水平。整体而言，准备活动的时间和强度应该得到科学控制。理想的准备时间通常是身体开始发热并略微出汗的时刻，持续时间以 1 到 4 分钟为宜。过长或过短的准备时间都可能导致运动表现不佳和增加受伤风险。

（四）合理安排教学和训练内容

运动生理学指出，学习武术应当有序进行，从基础到高级的技能层层递进。初学者应从基本功和基本动作入手，包括各种站姿、手法和脚法的训练，这些都是武术中最基础的组成部分。随后，练习者可以学习徒手套路和器械套路，只有当动作达到熟练并且体能有明显提升后，才可以尝试学习更高级的攻防实战技术。在进行复杂动作的训练时，教学方法应当遵循从简到难的原则。初期可通过分解动作进行练习，待动作逐步熟练后再进行完整的组合，有助于练习者更好地掌握技术细节，同时避免由于动作不熟练而导致的损伤。训练中还应包括辅助动作的练习，如伸展和加强某些特定肌群的动作，提升整体的运动效果和安全性。此外，训练计划中的运动量安排应该按照体能承受能力来逐步增加，通常采用大、中、小生理负荷相结合并交替进行的方法，这种训练节奏不仅可以提高身体各系统的适应性和整体健康，还能有效预防因训练过度而引发的伤害。

（五）加强易伤部位的训练

针对武术中常见的伤害，易伤部位的保护措施同样重要。例如，腰部是武术训练中较易受伤的部位。通过专门的力量训练，如针对性的核心肌群训练，可以减少腰部损伤的风险。此外，为了防止膝盖伤害，特别是髌骨的损伤，可以通过站桩等方法来加强大腿前侧的股四头肌力量，从而提高膝关节的稳定性和功能。

（六）场地、服装、器材的影响

在习练武术的过程中，为了确保安全和降低受伤的风险，应合理选择习武场地、服装、器材。场地必须保证其平整与清洁，杂物，如石子和碎玻璃，必须彻底清除，以防止练习者在移动或跳跃时不慎踩到而受伤。在户外草地训练时，应避开泥泞地带；室内训练，如在地毯上时，则须确保地毯的对接处完全平整，避免因地面不平而造成滑倒。在服装方面，练习者应选择大小合适的服装，不宜过大或过小，这样才能在训练过程中保持灵活性并避免因服装不当导致动作受限。同时，应避免穿着皮鞋、凉鞋或拖鞋等不适合武术训练的鞋子，这类鞋子无法提供足够的支持和保护，增加了受伤的风险。使用武术器材时，检查其是否牢固和安全是必不可少的一步。特别是器材的连接处，如枪头、刀把等，必须确保结实无松动，以免在练习中断裂伤人。在对抗性训练，如散打中，佩戴各种护具是必要的，包括头盔、护胸、护腿等，这些能有效减少受击的冲击力。同时，还需要定期检查护具的完好性，确保它们能在实战中提供足够的保护。

（七）加强保护与自我保护

保护和自我保护措施也是练习者预防受伤的重要环节。在执行一些高难度技巧，如后空翻时，教练的辅助和队员的自我保护能力同等重要。教练应在必要时通过手部托扶来帮助练习者维持平衡，而练习者在练习失败时，如力量过大或不足而失去平衡，应通过低头团身后滚或双手支撑地面来减少受伤的可能。在常见受伤部位，例如，腰部、膝盖、踝关节、肘部和腕部，应佩戴相应的护具，这些都是练习者预防和减轻受伤的有效方法。

（八）加强医务监督

在武术训练中，医务负责监督维护练习者的健康，涉及练习者自我监控以及教练和队医的专业监督，旨在预防运动损伤和过度训练，确保练习者能在最佳状态下进行训练。有效的医务监督通常包括对练习者的睡眠质量、食欲、情绪状态、脉搏、体重、血压和握力等多个方面的监控，以提供关于练习者健康状况和训练负荷的重要信息。例如，如果练习者出现睡眠问题、食欲下降、情绪低落、脉搏异常、体重波动、血压变化大或握力减弱等现象，可能是过度训练或潜在健康问题的信号。面对这些警示，教练和队医需要及时调整运动量或制定恢复措施，确保练习者的身体能够得到充分的恢复和适当的治疗，避免长期损伤。此外，教练在练习者的饮食和休息安排上也应实施科学的医务监督。合理的饮食和充足的休息是练习者恢复的基础，只有保证了这些基本要素，练习者才能保持健康，继续他们的训练与比赛。总之，通过综合的医务监督和科学管理，可以大大降低运动损伤的风险，提升练习者的整体表现和训练效果。

第二节　运动营养学视角——武术运动训练能量消耗与补充

一、运动营养学概述

（一）营养

营养是维持人体健康和生活质量的基石，覆盖从食物的摄入、消化到吸收和利用的整个过程，确保人体得到必需的营养物质，支持身体的正常运作。合理的营养可以促进身体健康，不合理的营养则可能引发健康问题。首先，营养物质的供给对人体有着重大影响。合理的营养有助于人体的生长和发育，还能为身体提供必要的热量，维护身体各器官系统的正常功能，并修复组织损伤。当营养供给不能满足人体需求时，可能会导致营养不良或营养缺乏症。营养不良不仅包括营养素的缺乏，还包括营养不均衡和营养过剩。营养不均衡指的是食物中各种营养成分的比例不合理，营养过剩则是过多摄入某一或多种营养素，如过多摄入脂肪和糖分，长此以往可能引起肥胖和其他慢性病。预防营养不良，关键在于选择合理的食物搭配，通过精心选择各类食物可以保证足够的能量摄入，确保获得各种必需的营养素。总结来说，营养是一个复杂而重要的过程，直接影响个体的生长发育、健康状况和生活质量。通过合理安排饮食，增加营养素的摄入，并注意营养的均衡，可以有效避免营养不良及其带来的健康问题。

（二）合理营养

1. 合理营养的概念

合理的营养是保障人类健康和生活质量的基石，适当的营养有助于人体正常的生长发育，增强人的健康状况，预防疾病，甚至延长寿命。根据现代营养学的研究，人体所需的营养素主要可以分为七类：蛋白质、脂肪、碳水化合物、无机盐（包括微量元素）、水、维生素以及膳食纤维，这些营养素不仅需要保证充足的摄入量，更需在饮食中保持合适的比例，以确保营养的均衡。

合理的营养并非简单地追求高标准和高水平的饮食，而是指根据个人的具体情况（如年龄、性别、健康状况、生理需求和日常活动量等）制订的科学饮食计划，以确保食物中的各种营养素能够被身体有效地吸收和利用，且能促进食欲，对身体无害。营养与健康之间的密切关系不容忽视。例如，美国营养学家和诺贝尔奖得主莱纳斯·波林斯曾提出，合理的营养能够使人的寿命延长达20年，强调了科学饮食对于生命质量的重要影响。在实际生活中，营养的重要性表现在多个方面，包括支持日常活力、提升运动表现，以及作为恢复健康的关键因素。不过，如果营养摄入不合理，则会导致一系列健康问题。例如，营养不均衡可能引发机体生理功能的紊乱，影响运动能力，甚至导致疾病和身体创伤。具体来说，营养摄入不足可能导致营养缺乏病，而营养过剩则可能引起肥胖症和动脉粥样硬化等疾病。

2. 合理调配膳食

要确保身体健康和营养均衡，适当的膳食规划至关重要。各国根据自身的环境、文化习惯以及食物的可获得性，制定了推荐的膳食供给量（RDA），以此作为评估公民营养状况的标准，标准涵盖不同年龄和性别群体的具体需求。在中国，传统饮食以谷物为主，大豆及其制品也被广泛利用。研究表明，谷物和豆类的混合食用能够在蛋白质的互补中起到重要作用，对健康非常有益。例如，谷豆混食能提供更完整的氨基酸谱，有助于维持身体的正常功能。从20世纪50年代初期开始，中国推行标准化的粮食加工方法，以保留更多的营养成分并预防维生素B缺乏症，如脚气病。中国的饮食结构特点是淀粉类食物比例高，简单糖类和脂肪含量较低，在一定程度上有助于控制与营养过剩相关的疾病，如肥胖和2型糖尿病，但这可能会导致某些营养不足的问题。目前，有关研究人员和公共卫生专家正在积极探索更合理的食物结构和膳食指导方针。普遍的观点认为，食物的多样性是实现营养均衡的基础，因此人们应广泛摄入各种食物，并注重食物的质量和其在日常饮食中的比例。

3. 合理营养的功能

合理的营养可以为武术练习者提供诸多益处。合理的营养能够增强能量储备，使个体能够在进行休闲健身活动时表现出更高的运动质量；良好的营养还能够帮助人体在剧烈运动后迅速恢复体能，有效地消除体力或精神上的疲劳；武术运动结束后，适当的营养补充也是推动新陈代谢、清除体内积累的有害物质的关键因素；对于有特定健身目标或属于特殊人群的个体，合理的营养能够帮助其达到健身目标，也能确保他们的特殊需求得到满足；从长远来看，均衡的饮食习惯有助于维持人体的正常生理功能，并促进其健康及生长发育；通过增强劳动能力、抵抗力和免疫力，合理的营养对于预防疾病、提升生活质量也起到了助力作用。

（三）运动营养学

运动营养学作为营养学领域中的专业分支，主要研究人体在运动过程中的代谢活动和营养需求。运动营养学采用现代营养学理论和生物化学的方法，帮助运动者维持最佳的健康状态，促进他们体能的持续提升。运动营养学的重要性体现在它如何通过合理的营养补充，帮助武术练习者恢复体力和增强竞技能力。在运动中，不同的营养物质根据其功能和作用，对运动表现有着直接影响。例如，碳水化合物和蛋白质是提供能量和修复肌肉的关键营养素。运动营养学应用于竞技领域，其原理和方法同样适用于普通健身爱好者和运动者的日常训练，这能帮助他们通过科学饮食改善体质和健康。此外，运动营养学与众多相关学科如运动医学、运动生理学等紧密相连，共同探讨如何通过科学的训练和饮食策略优化运动表现。在实际应用中，运动营养学也与食品科学、中医养生学等领域交叉，展现了其综合性和实用性。

认识到运动营养学的价值对于推广健康生活方式具有积极作用，有助于普及科学的饮食常识，促进社会各阶层，尤其是青少年和有慢性病风险的人群，形成正确的健康观念。适当的营养摄入能够改善个体的体能表现，还能够在预防疾病和康复过程中发挥关键作用。

运动营养学作为一门交叉学科，在体育和医学领域中越来越受到重视，这门课程既有助于提高练习者对健康饮食的认识，也特别强调运动过程中营养的重要性。随着体育竞技水平的不断提升，武术练习者在国际赛场上取得的成绩彰显了优质运动营养知识的重要性。因此，对运动营养学的教学内容进行拓展和优化尤为重要。教育者可以通过整合现代营养学的最新研究，将理论与实践结合，使课程内容更加丰富和实用。例如，可以增加实验室实践和案例研究，让练习者在实际操作中理解营养理论如何应用于运动实践。此外，强调团队合作和案例分析能有效提高练习者的批判性思维能力和问题解决能力。

对于专业武术练习者而言，个性化的营养指导尤为关键。学校可以通过课程教学，培养练习者的能力，使他们能够为不同需求的武术练习者设计合理的饮食计划。此外，这种教育还能普及至整个社会，提高公众的营养知识和健康意识，从而促进国民整体的健康水平和生活质量。

二、武术运动的供能特点及能量代谢

武术运动涵盖众多种类与套路，每种拳术的表现形式都有其独特之处。不同的武术形式在比赛中对时间的要求各异，相应地，在比赛中使用的能量系统也有所不同。了解并分析供能系统及其能量消耗对于优化练习者的营养补充策略至关重要，可以提升其综合表现能力。例如，依赖短暂而强烈爆发力的武术形式需要武术练习者具备高效的磷酸原系统。相反，长时间进行且对耐力要求较高的武术形式，则要求练习者具备良好的有氧氧化系统。因此，根据具体的武术形式调整营养补充，可以更好地支持武术练习者的训练和表现。

在人体中，能量供给是一个复杂且精细调控的过程，涉及多个系统的协同作用以适应不同类型和持续时间的运动需求（表7-1）。人体内存储着一定量的三磷酸腺苷（ATP），80至120克，ATP作为即时可用的能量储备，尤其能在短时间内需要快速释放大量能量时发挥作用。在短暂的高强度活动中，例如10秒以内的冲刺，主要依赖于磷酸原系统，该系统能迅速提供能量，但由于其依赖的底物有限，因此只能在短时间内维持高输出功率。当活动持续时间超过10秒后，体内的糖酵解系统开始发挥作用，通过分解肌糖原或葡萄糖在无氧条件下产生ATP，同时会生成乳酸作为副产品，尽管糖酵解系统的能量输出比磷酸原系统低，它可以支撑稍长时间的运动，但会形成乳酸的过度积累进而导致肌肉疲劳。对于持续时间超过3分钟的运动，有氧氧化系统成为主要的能量供给途径，系统通过氧化糖、脂肪和蛋白质来合成ATP，支持长时间的体力活动。尤其是在长期运动中，肌糖原是重要的能量来源，其输出功率是脂肪的两倍，因此需要最大限度地维持肌糖原的储备来维持长时间运动的持续性，在长时间无食物摄入的情况下，体内甚至会开始分解蛋白质来获取能量。人体内的能量系统并不是孤立工作的，而是根据活动的强度和持续时间相互配合，以最有效的方式满足能量需求。例如，在一场持续数分钟的中等强度运动中，体内可能同时动用糖酵解系统和有氧氧化系统，以确保能量供应的连续性和效率。

表 7-1　运动时人体骨骼肌的代谢能力以及 3 种能量系统的参数比较

能量系统	底物	贮量 / mmol·kgD^{-1}	可合成 ATP 量 / mmol·kgD^{-2}	最大功率 / mmol·ATP·kg^{-1}·s^{-1}	达到最大功率时间 /s	最大运动时间 /s	需氧量 / mmol·O$_2$·ATP^{-1}
碳酸源系统	ATP	25	100	11.2	<1	6 ~ 8	0
	PCr	77		8.6	<1		0
糖醇解系统	肌糖原	365	250	5.2	<5	120 ~ 180	0
有氧氧化系统	肌糖原	365	13000	2.7	180	3600 ~ 7200	1.167
	脂肪	49	不受限制	1.4	1800		0.177

（一）南拳、长拳类套路运动

　　武术套路运动涉及全身各种肌肉群，是高度协调的全身性活动，每个套路的完成时间约为 90 秒，需要武术练习者快速发力，在较短的时间内保持高强度的活动，因此具有很强的节奏感。在能量供给方面，武术套路主要依赖于无氧代谢过程，包括糖醇解系统，这是因为运动强度较高，且持续时间较短。温力通过测试表明，武术套路运动的平均强度相当于持续跑步 400 至 800 米的运动强度。因此，武术套路运动对武术练习者的体能和技术要求极高，需要良好的速度、力量和耐力的综合运用。[①]

（二）散手运动

　　散手运动是集中体现武术速度与力量的竞技形式，比赛通常在两分钟内完成，要求武术练习者不断变换动作，展示摔跤、踢击和打击等技巧。由于需要快速连续的高强度动作，散手运动对练习者的体能消耗极大。比赛采用五局三胜制，间隔的休息时间仅为一分钟，这种规则使得比赛非常激烈，武术练习者容易感到疲劳。赵萍等人从生理角度分析，认为散手主要依赖无氧醇解方式供能，即通过糖原分解产生能量，这一过程中生成的乳酸是导致武术练习者快速

---

① 温力 . 长拳运动的能量代谢特点及其训练 [J]. 武汉体育学院学报，1981（4）：49-50.

疲劳的主要原因。①

（三）太极拳类套路运动

相较于散手运动，太极拳则展现出截然不同的风格。太极拳动作缓慢而柔和，注重运动过程中的身体放松和呼吸节奏的调控，不涉及直接对抗，运动时间较长，主要通过有氧呼吸过程来供能。太极拳中练习者的能量主要来自糖类（如葡萄糖和肝糖）及脂肪的有氧代谢，这样的能量供给方式能够支持武术练习者进行持续而稳定的运动，避免了快速疲劳的问题。

二、武术运动的营养补充

（一）碳水化合物主要是糖类的补充

为了达到最佳状态，武术练习者通常会调整膳食中的糖类比例，使其占总热量的 60% 至 70%。特别是在耐力和高强度的武术比赛前，练习者会采取特殊的糖原负荷策略，在比赛前一周逐渐减少运动量，最终在比赛前一天完全休息，同时在最后四天实行高糖饮食，每天摄入糖量为每公斤体重 8 ～ 10 克。

这种高糖饮食主要包括高血糖指数的食物，以快速提升血糖水平，为身体提供即时能量。尽管日常饮食已经包含一定量的糖类，但在高强度和长时间的训练或比赛中，常规摄入量往往不足以满足身体的需求。因此，武术运动前、武术运动期间以及武术运动后的糖分补充尤为重要。

1. 武术运动前补糖

在准备参与武术活动之前，摄入适当的碳水化合物是提高武术运动表现的关键策略。特别是液态糖，因为其能够被身体迅速吸收，有效增加体内的能量供应。在进行武术运动时，可溶性淀粉的氧化速率相对较高，约为每分钟 0.9 克，这类食物的血糖生成指数（GI）并不高，因此，选择这种类型的碳水化合物可以补充运动过程中的能量需求。有研究建议，运动前 20 分钟补充糖分能够最大限度地提升体能表现，因为在此期间，体内的肾上腺素等激素的分泌会增加，同时胰岛素的分泌减少，有助于维持更高的血糖水平，从而支持运动时能量的需求。然而，关于在运动前 30 至 90 分钟内补糖的做法，目前还存在一

①赵萍,蔡莉.不同形式武术运动的能量代谢特征及训练方法[J].北京体育师范学院学报,1998（3）：72-74.

些分歧。一方面，某些观点认为在这个时间段内摄入碳水化合物会触发较强的胰岛素响应，可能对运动表现产生负面影响。另一方面，也有观点支持在此时摄入低 GI 食物，因为这类食物引起的胰岛素响应较弱，能在不影响血糖稳定的前提下，为体力消耗提供持续的能量支持。①

2. 武术运动中补糖

在进行剧烈的武术训练时，选用适当的运动饮料对维持能量和身体机能是非常重要的。理想的运动饮料通常包含 5% 到 10% 的低渗或等渗糖分，有助于保证饮料的吸收效率，并减少胃肠道不适。适量饮用，例如，每小时不超过 60 克的糖分摄入，是推荐的饮用剂量。在成分选择上，由于葡萄糖的渗透压相对较高，武术运动饮料常常采用低聚糖和小分子淀粉作为糖源，这两者的渗透压低，甜度适中且易于快速吸收。此外，这类饮料还会添加果糖、柠檬酸、牛磺酸、无机盐、维生素和肌酸等成分，有助于补充运动中消耗的能量和营养，同时支持身体的整体健康和活力。

3. 武术运动后补糖

在进行了激烈的武术运动之后，快速并恰当地补充糖分对于武术运动恢复极为重要。通常，武术运动结束后的最初六小时内，补糖是最有效的，因为在这段时间里，肌肉的糖原合成酶活性较高，有利于糖原的快速恢复。如果能在运动后立刻补充糖分，效果会更佳。例如，可以选择喝含糖及无机盐的饮料，帮助糖分吸收，促进糖原的合成。建议在运动后每小时摄入不超过 50 克的糖。然而，由于高强度的运动往往会影响武术练习者的食欲，加上其他活动如洗澡等，练习者常常错过最佳补糖时机。因此，除了运动后立即补充含糖饮料外，还应在接下来的六小时内，通过膳食和间隔 1 到 2 小时再次补充含糖饮料（主要是葡萄糖，因为其血糖指数高，有利于糖原合成），以确保身体糖类储备的迅速恢复。

（二）蛋白质的补充

蛋白质作为生命物质的核心，可以支持生物体的基本生理活动，且具备修复损伤组织和供能的双重功能。在日常生活中，蛋白质的主要职能是促进生长

---

① 毛浩德，乔玉磊.运动营养在武术运动中的作用探究 [J].食品安全导刊，2022（26）：101-104.

发育和维护组织健康。然而，当人体长时间处于无法获取充足能量的饥饿状态时，蛋白质将被转化为能量，每克可产生约 4.3 千卡的能量。尤其对于武术练习者来说，蛋白质的重要性更为显著。武术运动中高强度的身体活动往往会对肌细胞造成一定的伤害。这时，蛋白质便承担起修复这些微小损伤的重任，帮助缓解肌肉酸痛并促进恢复。因此，武术练习者在训练后需要迅速补充蛋白质，以确保肌肉细胞的及时修复。如果蛋白质补给不足，可能导致诸如贫血等健康问题。然而，蛋白质的摄入量也应控制在适当的范围内。过量摄入蛋白质可能会引起体内环境的酸化，从而影响肝脏和肾脏功能。对于一般成年人，每天约需摄入 60 克蛋白质，而对于经常进行高强度训练的武术练习者，这一需求量则更高，每公斤体重需要 1.2 至 2.0 克的蛋白质。为了满足这一特殊需求，练习者应该通过食用纯奶、鸡蛋、大豆等高蛋白食物来获取足够的蛋白质，以支持其高强度的训练需求。

（三）水的补充

水分在人体健康和功能中起着至关重要的作用，人体大约 60% 的质量由水构成，液态资源是人体生理活动的基础。水和无机盐共同形成体液，为细胞代谢提供了必要的环境。在人体内，大部分生化过程都需要水的参与，从营养物质的消化吸收到废物的运输和排除，都离不开水。例如，血液中约有 90% 是水，帮助运输营养和废物，通过参与化学反应来支持细胞功能。水对于调节体温也极为重要，在剧烈运动或高温环境下，通过汗液蒸发来散热，从而帮助维持体温的稳定。水还有助于关节和胸膜腔的润滑，这对于减少摩擦和防止损伤非常关键。尤其在武术运动中，例如，武术比赛，武术练习者在比赛前后的水分管理尤为重要。适量的水分摄入可以确保武术练习者的表现和耐力。通常建议在活动前摄入 200 至 400 毫升水分，而在活动期间则应定期补充淡盐水，大约每 30 分钟一次，每次约 120 至 250 毫升，这样的补水方法有助于保持适宜的水分平衡，同时避免在比赛前摄入过量水分，否则可能会造成胃部不适，进而影响运动表现。

（四）无机盐及电解质的补充

在人体内，无机盐和电解质是维持细胞内外液体平衡和电解质稳定的重要因素，这些营养素有助于保持体液的渗透压以及酸碱平衡，对于武术练习者来说，无机盐和电解质是不可或缺的。例如，武术练习者在剧烈运动后，体内会损失大量的电解质，特别是钠离子和钾离子，如果未能及时得到补充，极有可能导致电解质失衡，影响肌肉功能和整体健康。因此，适量饮用淡盐水和通过食用富含钾与钙的水果及乳制品来补充必需的无机盐和电解质是非常必要的。

（五）脂肪的补充

在长时间的武术训练中，脂肪是在耗时较长的运动中持续提供能量的主要来源，具备维护体温和保护内脏的功能。特别是在高强度的间歇性训练中，脂肪能有效替代碳水化合物作为能量来源，可以节省碳水化合物的使用，从而延长训练时间，增强武术练习者的耐力。然而，脂肪的过量摄入同样会带来负面影响，如体重增加和体脂肪的累积，影响武术动作的执行，尤其是需要腾空和轻盈动作的技术表现。过多的脂肪还可能增加心脏和肝脏的负担，并对呼吸和循环系统造成压力。因此，对脂肪的摄入需要严格控制，建议将每日脂肪摄入量控制在总热量的 25% 以内，并且注意不饱和脂肪酸与饱和脂肪酸的比例应为 2：1，以保证健康和有效的能量利用。

（六）维生素的补充

维生素、矿物质的补充在运动中必不可少。水溶性维生素特别是 B 族维生素（维生素 B1、维生素 B6 等）可以参与某些酶的合成，对物质代谢起到一定的作用。脂溶性维生素（维生素 A、维生素 D、维生素 K 等）可以维持机体的正常发育及细胞健全，调节钙磷代谢，促进凝血因子合成。维生素 B1、B2 等可以消除神经疲劳；维生素 B6、B12、B15 等参与体内糖、脂肪及蛋白质的代谢。补充维生素对武术练习者来说非常重要，其可以提高机体对微量元素的吸收利用，因此，平时在饮食中，武术练习者要多摄入新鲜水果蔬菜来补充维生素。

武术运动之所以能够深受人们的喜欢，主要是由于其具有独特的节奏性和高度的观赏性，武术运动可以极大地促进体内多个系统的协调性，特别是有助于提升神经系统的敏感度和平衡能力。武术练习对增强自身耐力和柔韧性也大有裨益。除此之外，武术训练强调动作的敏捷和协调，如同步眼手的协调和连贯动作加强了身体的灵活性，也优化了前庭功能的稳定性。通过对各种武术形式的详细分析，结合体能供能系统的需求，科学的营养搭配对练习者在训练的不同阶段都是必不可少的，系统的营养管理可在一定程度上提升练习者的武术训练效率，为我国武术训练的标准化贡献力量。

第三节　现代信息技术赋能武术运动训练的发展

一、相关解读

现代信息技术是指运用计算机科学和通信技术来收集、处理、存储和传递信息的技术，包括各种硬件设备、软件应用、网络通信以及数据管理技术。现代信息技术的发展极大地推动了信息的数字化和自动化处理，改变了人们的工作方式、交流方式和生活方式，使企业和个人能够以前所未有的速度和效率收集、分析、存储和共享信息。

在现代信息技术的众多分支中，大数据和云计算是两个最具影响力的概念，它们正在悄然改变商业结构、政府政策和全球经济。

（一）大数据

大数据是指规模巨大、复杂性高的数据集，传统的数据处理应用软件难以有效处理这些数据。大数据的特点通常总结为"5V"：

体量（Volume）：数据量极大，从 TB（太字节）到 PB（拍字节）不等。

速度（Velocity）：数据流入速度极快，需要实时或近实时的处理能力。

多样性（Variety）：数据来自多种类型，包括结构化数据、半结构化数据和非结构化数据。

真实性（Veracity）：数据的质量和准确性可以变化，影响数据分析的可信度。

价值（Value）：数据本身的价值不易提取，需要通过复杂的工具和分析技术来发掘。

随着技术的发展，尤其是互联网技术的更新迭代，日常生活和工作中生成的数据量急剧增加。这些数据不仅仅限于传统的文本格式，还包含图片、音频和视频等多媒体形式，广泛分布于多个行业和领域。

在商业领域，企业利用大数据分析市场趋势，预测用户行为，从而更准确地进行产品推广和服务优化，数据的运用提升了企业的市场敏感度，增强其在激烈竞争中的立足点。科学研究中，大数据的应用也日益突出，帮助研究人员从海量数据中挖掘信息，进行模式识别，甚至支持复杂的模拟实验，加速了科学发现和技术创新的步法。在医疗健康领域，大数据的应用可以说是革命性的。通过分析大量健康数据，医生能够精确地诊断疾病，制订个性化治疗方案。大数据也在药物研发和健康管理领域展现出其独特价值，极大地提高了医疗服务的效率和质量。金融行业同样从大数据中获益匪浅。银行和其他金融机构利用大规模数据分析来评估信贷风险，监测欺诈行为，以及优化投资策略，这都极大地增强了这些机构的风险管理能力和决策效率。在交通领域，大数据技术通过预测交通流量、监控路况、优化交通管理，极大地提升了交通系统的安全性和运行效率。

大数据已成为现代社会的宝贵资源，其应用潜力及经济价值不言而喻。然而，在挖掘这些数据时，必须克服一系列的挑战。首先，随着数据量的激增，如何有效地存储和管理这些数据成为关键问题，要求有大容量的存储解决方案，需要高效的数据管理系统以支持复杂的数据操作。其次，数据的质量和隐私安全也同样重要。数据中可能包含错误或不准确的信息，需要通过精确的数据清洗方法来解决，且随着信息泄露事件的增多，还应深入探究如何保护个人隐私和数据安全。最后，有效地分析和挖掘大数据需要依赖先进的算法及专业的技术人才，这些技术人员不但需要具备数据科学知识，还要了解相关的行业知识，以便更好地解读数据结果并应用于实际。

（二）云计算

1. 云计算的定义

云计算是一种基于互联网的计算模式，通过网络将计算资源、数据存储和应用程序提供给用户。云计算基于虚拟化技术，将计算资源以服务的形式交付给用户，用户可以随需求按使用量进行付费，实现资源的共享和动态分配，使用户能够快速获取所需的计算能力，提高了资源利用率和灵活性。[①]

2. 云计算的特点

（1）弹性伸缩

云计算可以根据用户的需求进行弹性扩展或收缩。用户可以根据业务量的变化，灵活调整计算资源的规模，避免了过度投入或资源浪费问题。

---

① 殷红梅.云计算平台下的大数据分析与处理[J].企业科技与发展，2023（9）：88-91.

（2）按需自助服务

用户可以根据需求自行选择和使用云计算服务，无须提前申请或等待审批。用户可以随时随地进行资源订购、配置和使用，提高了效率和便捷性。

（3）资源共享

云计算通过虚拟化技术将物理资源进行资源池化，用户可以共享这些资源。不同用户之间可以按需共享计算资源，提高了资源利用率，降低了成本。

（4）高可用性和可靠性

云计算采用分布式架构，通过冗余和备份机制保证了服务的可用性和可靠性。即使某一台服务器发生故障，用户的服务也可以通过其他服务器保持运行。

3. 云计算的服务模型

（1）基础设施即服务（IaaS）

提供了基础的计算资源，包括虚拟机、存储和网络等。

（2）平台即服务（PaaS）

提供了应用程序开发和部署的平台环境，包括开发工具、编程语言和运行环境等。用户可以基于 PaaS 平台开发和部署自己的应用程序，无须关注底层的基础设施。

（3）软件即服务（SaaS）

是一种基于云计算的软件交付模式，用户可以通过互联网使用软件，无须本地安装和维护软件。

4. 云计算的应用场景

云计算的应用场景十分广泛，包括以下领域。

（1）大数据分析

云计算为大数据处理和分析提供了强大的支持，用户可以在云端存储海量的数据，并利用云计算的分布式计算和存储能力，对数据进行实时分析和处理。

（2）电子商务

云计算使得在线购物和交易变得更加便捷和高效，商家可以利用云计算来存储和保护客户信息，进行实时交易处理，并提供各种在线购物服务。

（3）社交媒体

社交媒体平台利用云计算来处理大量的用户数据和实时请求，提供消息推送、在线聊天、动态分享等丰富的服务和功能。

（4）在线教育

云计算使得在线教育变得更加灵活和方便，教育机构可以利用云计算来提供在线课程、学习资料和互动教学等服务，练习者则可以通过云端随时随地进行学习。

5. 云计算的优点和缺点

（1）优点

通过共享和动态分配资源，降低了 IT 成本；根据业务需求快速调整资源规模；提供高级别的数据保护和隐私控制。

（2）缺点

依赖互联网连接，无连接则无法访问云数据或应用；更换云提供商可能面临兼容性和集成问题；存储在第三方服务器上的敏感数据可能面临安全风险。

二、大数据与云计算在武术训练中的应用意义

（一）提升武术训练效果

在现代武术训练中，大数据和云计算技术的融合已逐渐成为推动训练方法革新的关键力量，使训练过程不仅依赖于传统的教练观察，而是更多地结合科技手段来提高教学质量和效果。具体而言，通过分析大量的训练数据，如武术练习者的动作姿态、力量分布以及身体的平衡状态，武术教练和练习者可以获得更深入的训练反馈，帮助他们识别出练习中的不足，如不正确的姿势或力量应用，从而更有针对性地调整训练计划。随着数据的积累和分析，武术训练变得更加科学化和系统化。例如，通过持续跟踪武术练习者的训练数据，可以及时发现可能导致受伤的错误动作，进而调整训练策略以预防伤害，保障武术练习者的长期发展和健康。此外，大数据技术还提供了与全球训练数据的对比，使教练和练习者能够了解国内外的训练趋势和新技术，增强其竞争力。

总体来看，大数据和云计算在武术领域的应用，极大地丰富了训练内容和方法，为教练和练习者提供了全面而精准的指导，推动了武术训练的整体进步

和发展。[1]

（二）制订个性化训练计划

大数据和云计算技术通过综合分析练习者的身体条件、训练目标与实际进度，能够设计出符合每个人需求的专属训练方案，该方法不仅针对练习者的个体差异，调整训练内容和强度，还能实时监控训练效果，确保每项训练都能达到预期目标。现代信息技术的应用使练习者能更深入地了解和掌握各项武术技巧，不断提升自身的技术水平和竞技状态。此外，持续的数据分析和训练计划的动态调整，为练习者提供了持续成长的空间和更加丰富的学习体验。总之，这种结合了科技与传统武术的训练模式，为武术的学习与发展开辟了新的路径。

（三）实时监控和反馈

在现代武术训练中，运用大数据和云计算技术是一种极具创新性的方法。通过收集和分析练习者的表现数据，为教练和练习者提供详细反馈，极大地提升了训练的质量和效率。首先，利用智能传感器和设备，教练可以实时捕捉练习者在练习中的动作数据，包括动作的姿态、角度和速度，数据被传输到云端，进行快速的分析并与标准动作模型进行比对，使得教练能够立即识别出练习者动作的任何偏差，并提供具体的改进建议。其次，大数据和云计算技术同样适用于监测练习者的力量输出。通过分析从传感器收集的力量数据，如力量的大小和分布，教练可以详细了解练习者在执行各种技巧时的力量应用情况，使教练能够有效指导练习者如何平衡和增强力量输出，确保每一次训练都能达到最佳效果。最后，大数据和云计算还可以追踪和分析练习者的训练进度，包括训练的持续时间、频率和强度，帮助教练制订或调整个性化的训练计划，以适应练习者的具体需求和进度，确保每个练习者都能在自己的训练旅程中持续进步。综合以上几点，大数据和云计算通过对关键指标的精确监控和实时反馈，教练能够更有效地识别和解决训练中的问题，练习者也能在更短的时间内达到更高的技术水平。

---

[1] 陈剑.大数据与云计算在武术训练中的应用 [J].文体用品与科技，2023（24）：130-132.

三、大数据与云计算在武术训练中的应用方法

(一)通过数据分析来优化训练计划

在现代武术训练中，数据收集和分析已成为提升训练效果的关键手段。第一，通过使用传感器和监测设备，教练员可以收集练习者的心率、肌肉活动以及动作准确度等多项数据，这些能全面反映出练习者的身体状况和训练状态。第二，对收集到的数据进行处理是至关重要的一步，去除异常值和噪声，确保数据的准确性和可靠性，为后续分析打下坚实基础。第三，在数据分析阶段，统计学和机器学习方法被广泛应用，这些方法能够揭示数据之间的关联和趋势，帮助教练员更好地理解练习者的训练状态和进步情况。例如，通过分析心率变化和肌肉活动，教练员可以判断练习者的疲劳程度和恢复状态，从而做出相应的训练调整。第四，基于数据分析的结果，教练员可以对训练计划进行调整，实施个性化的训练安排，更好地满足每位练习者的需求，提高训练效果。例如，如果数据分析显示某位练习者在某些动作上的准确度较低，教练员可以针对这一问题进行专项训练，帮助其提升技能。第五，实时监控也是数据驱动训练中的重要环节。通过实时监控练习者的训练数据，教练员能够及时发现问题并进行干预调整。例如，若发现练习者在训练中出现疲劳迹象，教练员可以立即调整训练强度，避免其受伤。第六，持续改进是数据分析在武术训练中应用的最终目标。通过不断地收集和分析训练数据，教练员可以持续优化训练计划，不断提升训练效果和练习者的表现。总的来说，数据驱动的训练方法能够帮助教练员更科学地制定和调整训练计划，促使练习者在武术训练中不断进步和提高。

(二)提供远程教学和指导

随着云计算技术的快速发展，传统的模式正在发生变化。尤其是在武术训练领域，云计算不仅为教练和武术练习者之间的沟通提供了新的可能，极大地扩展了教学的地理边界，而且使教练能够通过网络平台实时与练习者进行交互，采用视频会议、在线聊天和屏幕共享等多种方式进行直接沟通。这种技术的应用，有效解决了因地理位置带来的限制，使练习者能够接受到高质量的教学。在远程模式中，教练可以实时传输视频，观察练习者的每一个动作。通过高清视频，教练能看到练习者动作的每个细节，即时提供反馈，指出需要改进

之处。云计算技术还支持在线文档的共享和编辑功能。教练和练习者可以共同制定训练计划，并持续跟踪训练成果，使教学更加系统化，也便于随时调整训练计划，以适应练习者的实际进展，练习者也可以将自己的训练成果记录下来，供教练评估和指导。云计算还带来了虚拟实境（VR）和增强实境（AR）技术，为练习者提供了仿若真实的训练体验。在虚拟环境中，练习者可以进行模拟战斗，对抗虚拟敌人，增加了训练的趣味性，还提高了练习者的应变能力。因此，可以说，大数据和云计算技术已经成为推动现代武术教育进步的重要力量。

（三）分析比赛数据，改进战术技术

在现代武术竞技中，采用科学的数据分析方法对比赛过程进行研究已成为提升选手和教练团队表现的关键手段。首先，系统地搜集关于对手在比赛中常用动作的信息非常关键，包括了解对方偏好使用的进攻动作，如直拳、勾拳或踢腿以及他们的防守反应，如是选择闪避还是格挡，这种信息能帮助教练和选手识别出对手的偏好和习惯，并据此设计出应对动作的具体战术。其次，除了单一动作的分析，掌握对手的攻防策略同样重要，包括观察对手在不同比赛环境下的战术选择，如何在快速进攻与持久压制之间转换，以及他们的防守态度是主动出击还是被动防守。通过了解这些战术布局，可以更好地预测对手的行为模式，制定出有效的反战术策略。再次，评估对手在不同环境下的表现同样重要，分析他们在各种场地条件、对不同对手以及在不同比赛时段的表现，帮助教练团队了解对手的适应能力和可能的变化趋势，为调整自身的比赛策略提供依据。最后，对对手过往比赛成绩的详细记录和分析可以揭示他们的竞技水平和稳定性。通过这一步骤，可以辨识对手的强项和潜在弱点，这对于制定战术和技术策略来说至关重要，以便在未来的比赛中取得优势。

（四）创设虚拟实境训练环境

在现代信息技术快速发展的背景下，大数据和云计算技术的应用已经渗透到各行各业，包括武术训练领域。特别是在武术训练中，通过构建虚拟实境训练环境，大数据和云计算技术能够为武术爱好者提供一个更为丰富和多样化的练习平台。首先，大数据技术通过分析和整理大量关于武术的数据，如不同流派的技术动作、基本姿势以及动作要点等，为训练提供了科学的数据支持，这些数据被储存在云平台上，练习者可以随时访问和利用。在虚拟实境中，练习者可以通过身体传感器和头戴式虚拟现实设备与程序中的虚拟教练或对手互动，让练习者能够在模拟的环境中练习武术，同时系统通过对比练习者的动作与标准动作数据，提供即时的反馈和指导，从而帮助练习者更快地纠正动作，提高技术水平。其次，大数据和云计算技术运用还能创设逼真的训练场景，提升训练的真实感，通过分析武术比赛和实战中收集到的数据，练习者在虚拟环境中与虚拟对手对抗，能够增强自身应对实际对战的能力，也能在安全的环境中尝试和学习应对各种战术的方法。最后，个性化学习和训练计划是这项技术应用的另一个重要方面。系统能根据每位练习者的身体状况、技术水平和训练目标来定制训练计划，并且可以根据练习者的时间安排和能力进行调整，确保每位练习者都能在最适合自己的节奏下进行训练，系统还会根据练习者的训练表现和进步情况实时更新训练计划，确保训练效果最大化。

（五）通过数据挖掘发现潜在训练问题、制定优化方法

在现代武术训练中，大数据技术通过收集和分析训练过程中产生的大量数据，教练和练习者能更精确地识别出训练中的不足之处，并据此制定更为有效的训练策略。首先，大数据允许教练对练习者的每一个动作进行详细的记录和分析，包括动作的速度、力量、角度等多个维度，通过这些数据可以准确地找出如起始位置错误或动作节奏不稳定等具体问题，精细化的分析可以有效提高诊断的准确性，使训练调整更加有的放矢，直接针对问题进行改正，有效提升练习者的技能水平。其次，利用大数据分析还可以揭示那些不易察觉的训练误区或技术盲点。例如，通过对练习者的击打数据进行深入分析，教练会发现其某些动作的执行频繁出错，有助于指导练习者在未来的训练中避免相同的错误，从而更快地掌握正确技巧。最后，大数据分析还有助于优化整体的训练计划。通过分析训练强度和时长等数据，教练可以识别出是否存在过度训练或训练不足的情况，基于这些信息可以调整训练计划，确保每个训练环节都能达到最佳的效果，从而帮助练习者在保证健康的同时，使训练成效最大化。总而言之，大数据在武术训练中的应用通过详细的数据分析，可以精确地识别和纠正技术错误，发现并改善那些不易察觉的训练盲点，同时合理优化训练计划，确保训练的科学性和高效性。

（六）提供个性化训练方案

随着科技的进步，云计算技术在个性化武术训练领域展现出了巨大潜力，可以根据每位练习者的具体情况制定专属的训练计划，从对练习者身体条件的

全面分析开始，包括身高、体重、肌肉质量和柔韧性等，通过详细数据可以准确了解一个人的身体状态。云计算不仅仅停留在数据收集，更重要的是通过这些数据对练习者的技术水平进行分析，包括动作的准确性和力量表现，这些都是制定训练计划的关键因素。有了这些数据支持，云系统能够为每个人定制符合其发展阶段的练习方案，比如，增强肌肉、提高爆发力或是优化动作准确性。与此同时，该系统通过持续监控练习者的进度和表现，能够实时提供反馈，并根据需要调整训练强度和内容，确保训练的实时性和适应性，使训练效果最大化。除了实时反馈，云计算技术还提供了丰富的教育资源，如训练视频和教学资料，帮助练习者更好地理解训练动作和技巧，从而更有效地掌握技术要求，并且系统还能展现多样化的训练内容，从不同武术流派到具体技术要点，练习者可以根据个人兴趣和需求，选择最适合自己的训练项目。

附录一　常用武术动作术语

一、手型

拳：五指并拢卷紧，拳面要平，拇指压于食指、中指第二指节上。

掌：拇指外展或屈曲扣于虎口，其余四指伸直并拢向后伸展。

勾：屈腕，五指撮拢，或拇指与食指、中指撮拢成勾。

二、手法

（一）拳法

冲拳：拳从腰间旋臂向前快速击出，力达拳面。侧冲拳和上冲拳要求相同，唯方向不同。

劈拳：拳自上而下快速劈击，臂伸直，力达拳轮，抡劈时臂抡成立圆劈击。

撩拳：拳自下向前上方弧形直臂撩击，力达拳眼或拳心，反撩力达拳轮、拳背或拳心。

贯拳：拳从侧下方向斜上方弧形横击，臂微屈，拳眼斜向下，力达拳面。

砸拳：臂上举，然后屈臂下砸，拳心向上，力达拳背。

抄拳：拳自下向前上方抄起击打，高不过头，拳背向前，力达拳面。

（二）掌法

推掌：掌从腰间旋臂向前立掌推击，速度要快，臂要直，力达掌外沿。

挑掌：臂由下向上挥动翘腕，立掌上挑，力达四指。

穿掌：手心向上，臂由屈到伸，沿身体某一部位穿出，力达指尖。

劈掌：由上向下侧掌劈击，直臂，力达掌外沿。

砍掌：仰掌向左，俯掌向右击打，力达掌外沿。

亮掌：臂微屈，抖腕翻掌，举于体侧或头上。

搂手：手心向下，向斜外侧画弧，力达掌外沿。

缠手：以腕关节为轴，手掌由内向上、向外缠绕，同时前臂外旋，使手心向上抓握。

（三）肘法

顶肘：屈肘握拳，手心向下，肘尖前顶或侧顶，力达肘尖。

盘肘：手臂平举，拳心向下，前臂由外向内盘肘。

三、步型

弓步：两脚前后开立，前脚微内扣，全脚掌着地，屈膝半蹲，大腿成水平，膝部约与地面垂直；后腿挺膝伸直，脚尖内扣斜向前方，全脚掌着地。

马步：两脚左右开立约为脚长的三倍，全脚掌着地，脚尖正对前方，屈膝半蹲，大腿接近水平。

虚步：两脚前后开立，后脚尖斜向前，后腿屈膝半蹲，大腿接近水平，全脚掌着地；前腿微屈，脚面绷紧，脚尖虚点地面。

仆步：两脚左右开立，一腿全蹲，大腿与小腿靠紧，臀部接近小腿，全脚掌着地，膝与脚尖稍外展；另一腿平铺接近地面，全脚掌着地，脚尖内扣。

歇步：两腿交叉靠拢，屈膝全蹲，前脚全脚掌着地，脚尖外展；后脚脚跟离地，臀部外侧紧贴后小腿。

四、步法

盖步：一脚经另一脚前横迈一步，两脚交叉。

插步：一脚经另一脚后横迈一步，两脚交叉。

击步：重心前移，前脚蹬离地面腾空的同时，后脚弓击碰前脚跟，后、前脚依次落地。

跃步：后脚提起前摆，前脚蹬地起跳，在空中换步，接着后脚、前脚向前依次落地。

垫步：一脚提起，另一脚蹬地前跳落地。

五、腿法

正踢腿：支撑腿伸直，全脚掌着地；另一腿膝部伸直，脚尖勾起前踢，接近前额。要求动作轻快有力，上身保持正直。

里合腿：支撑腿自然伸直，全脚掌着地；另一腿从体侧踢起经面前向里作扇面摆动落下。其他同正踢腿。

外摆腿：同里合腿，唯方向相反。

弹腿：支撑腿直立或稍屈；另一腿由屈到伸向前弹出，高不过腰，膝部挺直，脚面绷平，小腿快速有力弹出，力达脚尖。

蹬腿：支撑腿直立或稍屈；另一腿由屈到伸，脚尖勾起用脚跟猛力蹬出，高不过胸，低不过腰。前蹬腿时上身正直；侧蹬腿时上身稍侧倾；后蹬腿时上身前俯与后蹬腿成水平。

踹腿：支撑腿直立或稍屈；另一腿由屈到伸，脚尖勾起内扣或外摆，用脚底猛力踹出，高踹与腰平；低踹与膝平；侧踹时上身倾斜。

勾踢：支撑腿微屈；另一腿屈膝微收小腿，脚尖勾起，由后贴地向对侧斜前方踢出。高不过膝，用踝关节发力。

六、平衡

提膝平衡：支撑腿直立站稳，上体正直；另一腿在体前屈膝高提近胸，小腿斜垂里扣，脚面绷平内收。

望月平衡：支撑腿伸直或稍屈站稳，上体侧倾拧腰向支撑腿同侧方上翻，挺胸塌腰，转头回视；另一腿在身后向支撑腿的同侧方上举，小腿屈收，脚面绷平，脚底朝上。

燕式平衡：支撑腿直立站稳，上体前俯略高于水平，挺胸展腹；另一腿伸直后举，高于水平，脚面绷平。

七、跳跃

腾空飞脚：摆动腿高提，起跳腿蹬地跳起并上摆伸直，脚面绷平，脚高过肩，击手和拍脚连贯快速、准确响亮。

腾空摆莲：摆动腿里合上摆，起跳腿蹬地腾起后在空中伸直外摆。要求脚面绷平，脚高过肩，两手依次击手、拍脚共成三响，不能有一响落空。

旋风脚：摆动腿直摆或屈膝上提，起跳腿蹬地腾起后里合上摆，空中转体270°，用异侧手击拍起跳腿脚掌。要求脚高过肩，击拍响亮，转体360°落地。

旋子：一腿摆起，另一腿起跳腾空；两腿伸直后上举，在空中平旋。要求脚面绷平，挺胸、塌腰、抬头，转体一周落地。

大跃步前穿：起跳腿蹬地跃起，两臂依次画弧上摆，同时摆动腿和起跳腿在空中换步并依次落地成仆步。要求前跳距离须大于弓步，在空中挺胸抬头，肢体伸展。

附录二　武术兵道得分技法及类型

一、得分技法

得分的四种技法：力劈华山（劈）、石破天惊（砍）、苍龙探爪（斩）、仙人点画（刺）。

二、得分类型

（一）得 1 分

1. 击中对方得分部位，得 1 分。

2. 对方被警告一次，得 1 分。

3. 开局起手式直接得分，主裁在原得分基础上再加 1 分。

（二）得 2 分

1. 成功的接触性防守之后，紧接着击中对方得分部位，得 2 分。

2. 使用腾空的技术击中对方得分部位，得 2 分。

3. 对方被严重警告一次，得 2 分。

（三）得 3 分

使用转身技术击中对方得分部位，得 3 分。

三、禁击部位及得分部位

（一）禁击部位

后脑、喉部、裆部、手部（腕关节以上）、足部（踝关节以下）。

（二）得分部位

1. 头部：禁击部位以外的整个头部，包括头顶、面部及两侧。

2. 躯干：躯干的前面、侧面、背部及肩部护具包裹部位。

3. 腿部：踝关节以上到膝关节以下的护具包裹部位，不含膝关节和踝关节。

四、得分标准及得分判定

（一）得分标准

1. 规范的技术动作。

2. 清晰的击打效果。

3. 明确的得分意识。

4. 良好的攻防状态。

（二）得分判定

1. 在比赛时间内使用规定的得分技术击打对方得分部位，并同时符合四个得分标准，则判定为得分。在主裁发出"暂停"或"比赛停止"的指令之后，即使做出的技术动作有效也不能得分，违反者甚至会因此受到处罚。

2. 双方运动员皆在场外，任何技术动作（包括有效的技术动作）都不能判定为得分。攻击已经出界的运动员不得分。在主裁喊停之前，一方运动员身处场内做出一记有效的技术动作后，对方出界，这个技术动作判定为得分。

附注：

得分：

1. 主裁叫停的同时进行有效攻击，判定为得分。

2. 双方同时使用技术动作击中对方，按双方各自的技术动作判定相应得分；一方连续使用技术动作击中对方时，只要每一个动作都符合得分标准，则都判定得分。

3. "成功的接触性防守"必须是对手进攻时，通过短兵的格挡技术，成功地破坏对方得分。对手无进攻技术的情况下，己方主动进攻或者试探性地撞击对手短兵除外。

4. 腾空技术是指明显双脚同时离开地面的技术。

5. 成功的"转身技术"必须是反向转身180°或者正向转身360°以上，并且转身和击中之间必须紧密衔接，中间不能停顿。

起手式得分加一：

1. 每场比赛开始时，"准备"口令后，双方运动员做一个固定的起手式，在"开始"口令后20秒内，起手式的攻防意识和动作连续不变的情况下，做出有效的得分技术，主裁喊"停"，在原有技术动作得分的基础上，判定得分方"加一"。

2. 双方运动员各有一次起手式得分加一的机会。

3. 一方出现进攻或者主动改变兵器方向的接触性防守，视为该方起手式得分加一的机会结束。

4. 虽没有明显的进攻和防守动作，只要攻防意识和动作改变或者不连续，也视为该方起手式得分加一的机会结束。

5. 眼神游离、不再专注对方运动员，视为攻防意识的改变或者不连续。

6. 动作的虚晃、格斗姿势的跳动、兵器的方向改变视为动作的改变或者不连续。

7. 一方运动员起手式得分机会的结束，不影响另一方运动员起手式得分机会的保持。

8. 在起手式加一的时间段内，主裁依然可以根据运动员消极、逃避等的情况正常判罚犯规。

以下情况不得分：

1. 没有明确的用意、技法不清楚、击中效果不明显，不得分。

2. 用兵身以外任何部位击打对方者，不得分。

3. 裁判喊停以后的技术动作，不得分。

4. 出界、倒地后的技术动作，不得分。

5. 攻击出界、倒地的对手，不得分。

6. 反把／反握的技术动作，不得分。

关于得分标准：

1. 规范的技术动作包括规范的起动姿势和标准运行轨迹两个部分。

2. "规范的起动姿势"是指运动员使用进攻技术动作时的准备姿势必须符合基本的格斗姿势原理，保持基本的身体平衡，保持进攻和防御兼顾的状态。规范的技术动作结束后，必须回到下一个起动姿势。

3. "标准的运行轨迹"指的是运动员自身和兵器从开始位置到结束为止所经过的路线符合相应得分技术的标准。得分技术的运动轨迹方向、运动轨迹形式必须符合兵器实战的发力规律，运动幅度必须既保障击打效果的运行距离，又保持合理的防御距离。

4. 本着现代武道和体育运动竞赛的精神，兵道运动应该"斗智、斗勇"，而不是"斗气、斗狠"，得分的技术应强调"有控制的技术"和"不以伤害为目的"，在运行轨迹的控制方面应该避免"过度击打"。"过度击打"指的是不受控制和明显超出得分效果的击打，包括"直臂的劈砍""身体呈反弓的劈砍""使用技术动作时短兵杵地"等。

5.清晰的击打效果指的是：进攻技术必须有充分的速度、力量，形成明显的击打效果。可以结合"进攻技术动作的速度、加速度、力量""被击打运动员的防守技术动作""被击打后的身体反应""击打的声音"等因素综合判定。

6."明确的得分意识"指的是专注力、得分思路与得分动作的一致性。

7."良好的攻防状态"指的是击中后必须回归格斗姿势和警戒，保持自我保护和尊重对手的敬畏心。

参考文献

[1]宋博.高校武术基本训练与教学[M].长春：吉林出版集团股份有限公司，
2024.

[2]冼慧.武术套路运动教学与训练导论[M].北京：中国原子能出版社，2020.

[3]李锐.高校高水平武术运动队建设与科学训练研究[M].长春：吉林人民出
版社，2018.

[4]刘松.武术文化与训练研究[M].北京：中国原子能出版社，2018.

[5]刘晓梅.传统武术教学与训练的创新研究[M].北京：九州出版社，2018.

[6]申霖，吉灿忠.训练学基本问题视角下的传统武术训练理论省察[J].成都
体育学院学报，2023，49（6）：122-128.

[7]田洪涛，张路.武术训练服饰设计方案的优化分析[J].棉纺织技术，
2023，51（11）：94-95.

[8]刘振亭.辅助器材训练在竞技武术中的应用研究[J].文体用品与科技，
2023（19）：160-162.

[9]唐云.变量分析武术训练对大学生身体健康的影响[J].武术研究，2023，8
（9）：51-54.

[10]邱月月.运动生物力学视角下武术训练方案研究——以"腾空飞脚"为例[J].
武术研究，2023，8（8）：80-83.

[11]李文涛，王玉光.浅析武术长拳套路训练在全民健身运动中的运用[J].文
体用品与科技，2023（16）：43-45.

[12]朱振宇.提高体育武术专项成绩的技巧及训练策略探究 [J].产业与科技论坛,2023,22(16):189-191.

[13]葛新宇.运动生物力学在传统武术套路训练中的应用及作用综述研究 [J].武术研究,2023,8(7):32-33,46.

[14]李大鹏.武术训练对 8～9岁儿童身体协调能力的影响研究 [J].当代体育科技,2023,13(19):150-153.

[15]单永亮.大学生心理健康视角下武术训练方法探究 [J].当代体育科技,2023(18):135-138.

[16]王雄,李华尹,王子阳.内江市威远县青少年武术代表队发展现状研究 [J].文体用品与科技,2023(12):135-137.

[17]张鹏.青少年武术训练体系构建研究 [J].武术研究,2023,8(4):39-42.

[18]王娟.武术训练干预对女大学生身体形态、机能及素质影响的实证研究 [J].滁州学院学报,2023,25(2):77-81,105.

[19]马程浩.表象训练在武术训练中的应用研究 [J].武术研究,2023,8(3):22-25,58.

[20]李文涛,孙廷广,王振水.武术训练在全民健身运动中的运用分析——以武术兵道为例 [J].文体用品与科技,2023(5):19-21.

[21]彭李明,王超群.武术套路训练日志系统后台的设计与开发 [J].武术研究,2023,8(1):41-44.

[22]罗俊伟.体教融合视角下青少年武术教学训练策略研究 [J].武术研究,2022,7(10):80-82.

[23]高振兴.高校学生武术训练中预防腿部肌肉拉伤的方法分析 [J].武术研究,2022,7(9):49-50,60.

[24]张博.传统武术训练模式在散打训练中的运用 [J].当代体育科技,2022,12(23):25-28.

[25]季电力，刘亚兴，李鸿雁．快速伸缩复合训练在武术中的应用研究[J]．武术研究，2022，7（7）：56-57，137．

[26]李伯渊．武术训练对大学生的体质的影响[J]．文体用品与科技，2022（13）：98-100．

[27]董世龙，刘昀．全民健身视阈下民间武术训练体系研究——以玉林上水浸社十八路庄为例[J]．武术研究，2022，7（5）：38-40，46．

[28]牛凯，陈皓．动作捕捉技术下武术训练系统浅探[J]．武术研究，2022，7（4）：57-59．

[29]黄颖祺，钟彩红，庄莹莹，等．核心力量训练在武术训练中的应用探讨[J]．福建体育科技，2022，41（1）：76-80．

[30]周倩，左长辉．关于武术训练中青少年的武德初探[J]．文体用品与科技，2021（24）：114-115．

[31]马庆宇，郭兆霞．核心力量训练对武术套路动作影响作用的研究[J]．武术研究，2021，6（10）：62-63．

[32]郝震．武术训练与运动营养的结合研究——评《运动营养全书》[J]．食品安全质量检测学报，2021，12（19）：7895-7896．

[33]孙楠楠．武术教学与武术训练关系论略——评《高校武术教学的多维度思考研究》[J]．林产工业，2021，58（9）：140．

[34]周囡．浅谈武术套路训练对青少年身心发展的影响[J]．文体用品与科技，2021（18）：109-110．

[35]李鑫傲．论田径运动中的速度训练对武术运动员影响分析[J]．田径，2021（7）：33-35．

[36]闫慧玲．武术训练对青少年儿童身心器官系统的影响[J]．文体用品与科技，2021（13）：103-104．

[37]宋玲．分析快乐体育在小学武术训练中的应用[J]．文体用品与科技，2021（12）：145-146．

[38]窦树江.传统武术文化背景下小学武术训练模式研究[J].文体用品与科技，2021（10）：9-10.

[39]宋义潮.普通高校武术专选生核心力量训练[J].武术研究，2021，6（3）：109-110，141.

[40]王立峰.竞技武术套路运动训练存在的问题及优化策略[J].当代体育科技，2021，11（8）：74-77.

[41]许敏华.幼儿武术训练的运动应激因子研究[J].文体用品与科技，2021（5）：3-4.

[42]曹兵.传统武术的训练方法与观念分析[J].文体用品与科技，2021（3）：5-6.

[43]吴春成.念动训练在武术套路中运用探析[J].文体用品与科技，2021（3）：185-186.

[44]张玉茜.武术套路训练促进儿童身体素质的思考[J].文体用品与科技，2021（2）：13-14.

[45]刘汲伟.高校武术套路中表象训练法的运用分析[J].文体用品与科技，2020（24）：83-84.

[46]郭野，蔡纲.健康中国推进中高校武术训练的积极意义与对策[J].文体用品与科技，2020（21）：29-30.

[47]梅娇娇.武术训练对儿童体质健康影响的研究进展[J].武术研究，2020，5（9）：54-57.

[48]刘少峰，陈昇，刘志远，等.BFRT法融入竞技武术训练的可行性分析[J].武夷学院学报，2020，39（9）：66-70.

[49]陈泽刚，许思毛.不同传统武术训练对肥胖女大学生减脂作用的比较分析[J].辽宁体育科技，2020，42（4）：78-82.

[50]钱凯娟，颜军，张文杰.武术训练对小学生心理健康的影响：自我认识和生活满意度中介作用[J].四川体育科学，2020，39（4）：52-56.

[51]杨中皖.武术基本功训练和身体运动功能训练的内在联系与启示 [J]. 安徽师范大学学报（自然科学版），2020，43（4）：392-398.

[52]王玉霞.基于虚拟现实技术的武术训练动作模拟系统设计 [J]. 现代电子技术，2020，43（12）：127-129，132.

[53]张传碧.技校阶段武术训练应注意的问题 [J]. 冶金管理，2020（11）：229-230.

[54]王红亮.高职院校重视武术教学的德育、意志品质的训练研究措施 [J]. 中国新通信，2020，22（11）：205.

[55]刘杰.中学武术教学中训练方法的研究与应用 [J]. 运动精品，2020，39（5）：28-29.

[56]尹程.运动人体科学研究方法在武术训练科研中的应用现状及策略 [J]. 农村经济与科技，2020，31（8）：340-341.

[57]庄竣博.浅谈武术套路训练对青少年身心发展的影响 [J]. 当代体育科技，2020，10（11）：55，57.

[58]赵保强.武术军事基础训练科目对官兵的影响 [J]. 当代体育科技，2020，10（7）：41-42.

[59]窦万东，解乒乓.武术技击性特点下"打练结合"训练模式的探索 [J]. 中华武术（研究），2020（3）：108-110.

[60]刘磊.功能性训练在武术基本功训练中的结合与应用探讨 [J]. 当代体育科技，2020，10（6）：49，51.

[61]刘晓燕.有效开展青少年武术训练的策略研究 [J]. 当代体育科技，2020，10（4）：11-12.

[62]胡长伟，单锡文.论传统武术在普通高校开展的必要性及发展建议 [J]. 搏击（武术科学），2011，8（3）：50-51，95.

[63]薛文忠，能建坤，王晓旭.对武术功力比赛市场化发展的研究 [J]. 广州体育学院学报，2011，31（2）：67-70.

[64]谌俊斐，刘晓娟.论竞技武术套路的发展 [J].商业文化（下半月），2011（3）：268.

[65]杨建营，谢恩杰，王常龙.武术的现代化演进对其本质和定义的影响研究 [J].西安体育学院学报，2011，28（2）：181-185.

[66]杜德全.比较视野下武术文化发展的时代抉择 [J].泉州师范学院学报，2011，29（2）：105-109.

[67]韩冰.对武术礼仪规范的研究 [J].体育世界（学术版），2011（3）：11-12.

[68]蒋晓丽，彭昕.中华武术传播未来发展走向研究 [J].赤峰学院学报（科学教育版），2011，3（3）：114-115.

[69]王奇.文化全球化视野下的民族传统体育发展——论武术发展的同质化危机与异质化生存 [J].赤峰学院学报（科学教育版），2011，3（3）：116-119.

[70]李燕.苏北地区普通高校武术教育发展的现状研究 [J].赤峰学院学报（科学教育版），2011，3（3）：120-122.

[71]黄义军.中国武术运动在韩国的发展现状分析及思考 [J].当代韩国，2011（2）：66-74.

[72]柏阳.河南省武术学校短兵项目的开展现状问题与对策研究 [D].西安：西安体育学院，2023.

[73]张鹏.融媒体视域下武术文化在"Z世代"群体的传播力研究 [D].成都：成都体育学院，2023.

[74]吴越.武术套路艺术化演绎与发展研究 [D].武汉：武汉体育学院，2023.

[75]樊忠义.登封市少林武术训练体系研究 [D].长春：吉林体育学院，2017.

[76]曹华.经警用武术训练的执法警员核心心理素质特征的研究 [D].上海：上海体育学院，2016.